KB093349

조선 무인의 역사,
1600~1894년

朝鮮武人

조선무인의 역사, 1600~1894년

유진 Y. 박 지음 · 유현재 옮김

조선 후기 사회질서를 생각해보면 왜 계급이 계층보다 더 명확하게 설명할 수 있는지 알 수 있다. 비록 조선의 사회시스템이 태생에 따라 신분을 규정해왔음에도 불구하고, 무과시험은 신분의 체제를 넘어서려는 자들에게 문화자본의 지위가 되었다.

영남 지방의 귀족들이 무과에 얼마나 관심이 있었는지 계량할 수는 없지만, 관심이 상당히 높았다는 추론으로 가늠된다. 적어도 일부의 영남 양반들은 중앙 관직 사회로 나가기 위해 무과를 택했던 것으로 보인다.

이렇게 관직과 관직 없이 사마시에 통과하려고 애썼던 현상은 부르디외의 문화자본의 개념을 통해 이해할 수 있다.

매관을 통해 얻은 관직에 비교적 경외심을 가졌던 평민들조차 자식들이 관직을 산다고 해서 양반 신분으로 산다고 믿지 않았다. 불행히도 조선 후기에 아무리 관직을 돈으로 산다고 해도 진정한 양반이 되기는 어려웠다.

그렇다면 왜 무과 응시가 금지되었던 향리의 시험에 응시할 수 있게 된 것은 누구의 이득을 위해서였을까? 무과급제자들이 차지한 관직 자리가 이미 문화 상태였다면 조선은 향리에게 기회를 준 것이었을까?

전반적으로 조선 후기 무과는 크게 두 가지 역할을 담당했다. 첫째는 양반사회에서 입지를 보장해주는 정치적 역할이었고, 둘째는 강고한 신분구조 속에서 생각날 수밖에 없는 긴장관계를 완화시켜주는 사회문화적 수단으로 기능했다.

푸른역사

Between Dreams and Reality: The Military Examination in Late Chosŏn Korea, 1600–1894,
by Eugene Y. Park, was first published by the Harvard University Asia Center,
Cambridge, Massachusetts, USA, in 2007. Copyright © 2007 by the President and
Fellows of Harvard College. Translated and distributed by permission of the
Harvard University Asia Center.

이 책의 한국어판 저작권은 하버드대학교 아시아센터를 통해
저작권자와 독점 계약한 '도서출판 푸른역사' 에 있습니다.
저작권법에 의해 한국 내에서 보호를 받는 저작물이므로
무단 전재나 복제, 광전자 매체 수록 등을 금합니다.

이 책의 영문 초판이 출간된 2007년 이후, 조선시대 무인에 관한 연구 성과가 지속적으로 축적되었다. 하지만 조선 후기 전 기간의 정치, 사회, 문화를 아우르는 거시적인 시각에 입각한 논의는 그리 활발하게 진행되었던 것 같지 않다. 이러한 단편적 연구 경향은 역사를 전공하지 않은 일반 독자들의 무인에 대한 인식에도 어느 정도 영향을 끼친 것으로 보인다. 일반 독자의 경우 조일전쟁과 조청전쟁 이후부터 열강의 침투가 시작되기 직전의 200여 년간 조선시대의 무인에 대해서는 명장 이순신, 다수의 의병장 등 왜란과 호란 당시 활약했던 이들 외에 다른 무인들이 누가 있는지 떠올리기 쉽지 않다. 그러나 이러한 점이 해당 시기 외세의 침략 없이 평화를 누렸다는 사실을 증명하는 것은 아니다.

뿐만 아니라 일부 논저는 조선시대 무인에 관한 오해를 기반으로 서술되어 있다. 무과제도를 포함, 조선 후기의 군사제도가 워낙 혼란스럽게 운영되어 무과급제와 무반직 획득이 하층민의 신분 상승 도구로 전락했다는 방식의 잘못된 이해가 대표적일 것이다. 이와 관련하여 조선 후기의 무인은 양반 신분이 아니었다는 주장도 등장했다. 조선 후기를 근대 이행기로 보고 무과급제자들을 근대화를 주도한 세력으로서 중간계층 또는 '중인'의 한 부류로 이해하면서 '무반'으로 간주한 논저도 있다.

이 책에서 필자는 조선시대 무인에 대한 인식을 종합적으로 살피며 무인의 위상에 대해 조망해보고자 했다. 물론 조선시대 무인에 대한 인식의 한계가 이 책으로 갑자기 극복될 수야 없겠지만 하나의 시도라는 점에 의미를 부여하고 싶다.

20여 년 전 박사논문을 준비하며 시작한 필자의 무인에 대한 연구는 많은 분들과의 교류 없이는 불가능했을 것이다. 연구 초창기 분석의 기본적인 틀을 잡는 데 소중한 조언을 주신 분들로 존 B. 던컨John B. Duncan 선생님, 고故 에드워드 W. 와그너Edward W. Wagner 선생님, 마일란 G. 헤이트마넥Milan G. Hejtmanek 선생님, 카터 J. 에커트Cater J. Eckert 선생님, 앤 월설Anne Walthall 선생님, 캐스린 래그스데일Kathryn Ragsdale 선생님이 계시다. 이분들 외에도 필자의 연구에 조언을 아끼지 않으신 다른 여러분들께 감사하는 마음은 여전하다. 특히 무인과 가장 직접적으로 관련 있는 자료인 무과방목을 찾아 분석하는 과정에서 심승구 선생님, 정해은 선생님 두 분의 가르침과 도움을 받았다. 조선시대 정치, 사회, 문화에 대한 이해는 한영우 선생님, 이태진 선생님, 고故 정두희 선생님, 김인걸 선생님, 홍순민 선생님, 양진석 선생님, 김호 선생님 등 많은 연구자분들과 대화를 통해 심화되었다.

끝으로, 한국어 번역본의 출간을 흔쾌히 허락해준 도서출판 푸른역사, 그리고 영문 원전과 장기간 씨름하며 번역을 완성한 동학 유현재 선생에게도 진심으로 감사의 뜻을 전하고 싶다.

2018년 5월
미국 필라델피아에서

17세기 중반부터 19세기 중반에 이르는 200여 년 동안, 조선은 외부 위협으로부터 자유로웠다. 그 기간에도 조선의 수많은 장정들이 경전 지식을 습득하는 한편, 계층을 초월하여 궁술, 방포放砲 등 무과 합격을 위해 필요한 전쟁 관련 기술들을 연마했다. 조선 후기에는 성리학을 사상적 기반으로 한 문신들이 정치를 장악하고 있었으나, 무과시험의 횟수도 늘어나고 규모도 커지고 있었다. 일반적으로 중앙관료집단 내에서 정치권력은 문과 출신들이 장악했지만, 소수의 무과급제자들도 고위직에 임명되고 있었다. 19세기에 들어와 조선이 대내외적으로 위기에 처하면서 마침내 군사력이 필요하게 되었지만 위기를 막아내기에는 역부족이었다.

그렇다면 여기에서 몇 가지 질문을 던져볼 수 있다. 조선 후기에는 무과 급제에 따른 보상이 줄어드는데도 불구하고 왜 무과에 응시하는 사람들은 점점 늘어났을까? 그리고 실제 필요한 인원이 많지 않았음에도 국가는 왜 군사기구를 유지했을까? 또한 조선 후기에 군사제도가 존재하지 않았던 것도 아닌데 조선은 왜 국가방어에 실패했을까?

이러한 질문들에 대한 해답은 무과제도의 본질과 깊은 관련이 있다. 조선 후기에 소수의 벌열閥閱가문이 중앙 문관직을 차지하게 되면서 그 밖의 양반들은 정치적으로 소외되었다.[1] 이때 중앙관직에서 소외된 몇몇 가문들은 무과를 통해서 정치적으로 문반보다 덜 중요한 기능을 담당하던 무반으로 변신할 수 있었다. 그리고 무관이 되는 대가로 국가로부터 여러 가지 혜택과 문관의 후원을 받았다. 또한 삼남지방에 거주하는 양반들도 중앙정치의 장에서 그들의 입지를 유지하기 위해 무관이 되는 길을 택했다.[2] 그러나 이처럼 문반과 차이가 나는 무반이 되었음에도 불구하고 삼남지방의 귀족가계와 중앙의 문무관 후계가문들은 여전히 서로를 귀족으로 인식하고 있었다. 그리고 시간이 지나면서 다른 지역에서는 유력층을 비롯하여 피지배층에 이르기까지 무과에 응시하는 인원이 증가하고 있었다. 무과에 급제할 경우 사회적으로 명망을 얻을 수 있었고 이러한 상황이 유지되었기 때문에 피지배층들은 신분상승을 꾀하고자 무과를 선택하고 있었다. 그러나 무과에 급제했다는 사실만으로 정치적인 영향력이나 실질적인 지위를 보장받는 것은 아니었다. 전반적으로 조선 후기 무과는 크게 두 가지 역할을 담당했다. 첫째는 양반사회에서 입지를 보장해주는 정치적 역할이었고, 둘째는 강고한 신분구조 속에서 생겨날 수밖에 없는 긴장관계를 완화시켜주는 사회문화적 수단으로 기능했다.

　이후 무과의 규모가 커지고 새로운 모습으로 바뀌는 과정에서 차츰 갈등이 드러나게 되었다. 조선 왕조가 안정적으로 긴 시간 동안 유지되었던 것은 정치·사회·경제·문화적으로 변화를 시도했기 때문이었다. 일반적으로 조선 후기에는 중앙권력의 구조적 변화, 서울과 향촌에서 귀족 사이의 관계 변화, 경제적 자유와 사회경제적으로 역량을 가진 피지배층의 신분 변화, 유교적 가치관과 생활관습에 대한 피지배층의 비판 등이 나타나기 시작했다.[3] 무과제도에 대해 비교적 중립적인 시각을 견지한 연구에서도 조선 후기를 안정된 사회로 보고 있지 않았다. 또한 이와 같은 조선 후기의 불안정성 때문에 19세기 민란이 나타났고, 조선은 서구 및 근대화된 일본에 비해 허약하게 되었다고 보고 있다.

　지금까지 조선의 무과급제자들에 대한 연구는 활발하게 이루어지지 않고 있다. 가장 큰 이유는 문과의 경우 전체 혹은 다수의 합격자가 기록된 방목榜目이 남아 있지만 무과에 대한 기록은 매우 적기 때문이다.[4] 대다수의 개별《무과방목》은 유실되었기 때문에 총 15만 명에서 17만 명으로 추정되는 무과급제자들 가운데 현재 2만 4,000명 정도만을 확인할 수 있다.[5] 더욱이 무반들은 관찬 역사서와 같은 주요 역사적 기록이나 문집 같은 일차적 자료에서도 문반들에 비해 등장하는 빈도가 훨씬 낮다.[6]

　1980년대 후반까지 무과에 대한 연구는 제도를 이해하는 수준에 머물렀고, 사료의 제약 때문에 깊이 있는 연구가 진행되지 않았다. 한 예로 1974년에 나온 무과 관련 자료의 해제를 보면, 문과급제자들은 조정에서 중요한 역할을 한 것으로 기록하면서, 무과급제자들은 신분 배경이 좋지 못해 문과 대신 무과에 응시해 급제했고 관직에 나아가 양반으로 신분이 상승한 것으로 서술하였다.[7]

　무과제도 연구가 좀 더 진행되면서 1980년대에는 조선의 중앙관료체제에서 무관직이 사회변혁의 주된 통로라는 가설에 대한 의문이 제기되기 시작했다. 당시 다수의 소장파 학자들은 10여 년에 걸친 독재정권의 지배에 좌절하면서 한국 역사의 변화를 설명해줄 수 있는 틀로 마르크스주의 사관을 받아들이기 시작했다. 이런 관점에서 진보적인 남한 역사학자들이 마르크스주의 역사관을 역사학에 적용시키는 북한학자들에 공감하였다. 그러나 남한에서는 북한보다 학문의 자유가 폭넓게 보장되었던 만큼 조선의 사회변화를 다양한 관점에서 해석할 여지가 있었다. 더욱이 지난 20여 년 동안, 그중에서도 최근 10년 동안 방대한 양의 조선시대 자료들이 새로 발굴되었다. 이처럼 전체적인 자료와 정보가 증가하면서 무과 연구에서도 다양한 시각이 나타날 수 있었다.

　최신 자료를 바탕으로 한 조선 후기 무과제도에 대한 새로운 해석은 크

게 세 가지로 나누어볼 수 있다. 첫 번째는 1980년 이전 연구들로, 무과급
제자 숫자의 증가와 이러한 증가가 사회질서에 미친 영향에 주목한 것이
다.[8] 초기에 진행된 연구들은 조선 후기 무과의 사회적 중요성을 설명하는
데 선구적인 역할을 했다. 이와 같이 조선 후기 무과의 특징을 제도의 쇠락
과정으로 간주한 연구는 이후의 연구들과 맥락을 같이한다.

최근 발표된 다수의 연구들은 조선 후기에 빈번하게 시행된 무과시험과
무과급제자의 증가를 이해하려는 시도를 하고 있다. 특히 이러한 현상을
제도를 제대로 관리하지 못한 부정부패의 증가라는 측면에서 바라보기보
다는 조선 후기 정치적 맥락 속에서 해석하려고 시도하였다.[9]

두 번째 부류는 조선 후기 무과를 좀 더 넓은 사회적 맥락 속에서 파악하
는 연구들이다.[10] 이들 가운데 상당수는 조일전쟁(1592~1598) 및 두 차례에
걸친 조청전쟁(1627, 1636~1637)과 같은 조선 중기의 위기가 종래 연구자
들의 주장처럼 과연 조선 전기 사회질서의 대대적인 개편 및 하층민의 신
분상승을 초래했는지에 대해서 보다 조심스러운 입장을 보이고 있다.[11] 이
연구들에서는 무과급제자들의 사회적 배경을 실증적으로 분석하기 위해
이전에는 이용되지 않았던 《무과방목》과 같은 자료를 보다 심층적으로 분
석하고 있다. 다만 대부분의 연구가 조선 후기의 특정 시기를 분석하는 데
그쳐 좀 더 거시적인 해석을 하지 못했다는 아쉬움이 남는다.

세 번째 부류는 중앙관료체체 내에서 무과급제자의 역할에 초점을 맞춘
연구이다.[12] 이러한 연구는 정치권 내에서 무과급제자들의 위상을 파악하
려고 했다는 점에서 중요하다고 할 수 있다. 연구자들은 무과급제자들의
위상에 대해 문제를 제기하면서 무과가 양반관료를 충원하던 제도에서 운
영의 문제로 하층민들이 신분을 상승시키기 위해 사용하던 수단으로 변질
되었다고 보는 경향에 반대하고 있다. 대신 그들은 무과가 중앙정치권에서
집권층의 분화에 어떤 역할을 담당했는지에 대한 해석을 시도하고 있다.

　지금까지 무과에 대한 기존 연구들은 무과제도의 기능 및 특정 시기와 배경 속에서 무과급제자들이 보이는 특징에 대한 이해를 넓혀주었다. 그러나 무과제도에 대한 연구들을 전근대 한국 사회의 변동이라는 패러다임 안에서 어떻게 규정지을지에 대해서는 아직 이견이 있다. 비록 한국사에서는 중요하지만, 현재 세계사의 흐름 안에서는 미미할 수 있는 이 패러다임에 대해 한국의 역사학자들은 여전히 논쟁 중이다.

　많은 역사가들은 사회 계층화, 그리고 신분 간 다른 지위를 향유하는 집단 사이의 관계를 통해 조선 사회의 변화를 설명하고 있다. 비록 그 의미가 정의되지는 않고 있지만 학자들은 전근대 한국에 대해 연구하면서 잠재적이고 자생적인 '구조'를 보여주려고 했다. 한국사의 구조를 분석할 때, 그 변화 요인을 조일전쟁으로부터 19세기 후반 서구 제국주의의 침략 같은 외적 요인에서 찾는 경향이 있다. 최근 20년간 대다수 조선 후기 연구자들은 조선의 구조 자체 내에서 변화 요인을 규명하려는 노력을 지속하고 있다. 이들은 이러한 과정을 통해 식민지시기 일제가 그려놓은 조선 역사의 정체성을 극복하려고 하였다.[13]

　정체성론을 극복하기 위해 기존 학자들은 한국 역사에서 통시대적으로 존재했던 두 가지 지속적인 흐름을 발견하였다. 첫 번째는 정치에 참여하는 사회적 기반이 확대되었다는 것인데, 그 과정은 실제 현실과 성리학적 이념에 기반한 통념 안에서 펼쳐졌다. 두 번째는 소수가 중앙권력을 행사하는 모습이다.[14] 귀족층으로 상승하기를 바랐던 계층의 신분 변동과정을 시대별로 살피는 것은 한국사의 장기적인 흐름을 확인하는 데 중요하다. 8~9세기 사이, 통일신라시대에는 귀족층으로의 신분상승이 제한되었지만 고려시대(918~392)에는 통일신라시대와 달리 신분상승이 다소 허용되었으며, 그 이후에는 다시 제한되었다. 한국의 역사학자와 외국의 한국사 연구자들은 정치적 참여를 하고자 하는 사회적 세력을 국가가 수용하지 못해 통일신라가 멸망했다거나 조선과 같이 체제가 약화되는 결과를 가져올 수밖에 없었다고 이야기하고 있다.

한국 역사에서 장기적인 변화를 해석하기 위해서는 조선의 사회계층에 대한 이해가 전제되어야 하며 이것은 연구자들이 반드시 짚고 넘어가야 하는 문제다. 조선 사회의 전기와 후기가 다르다는 것은 대부분 동의하고 있지만 전기와 후기를 구분하는 기준에 대해서는 의견이 분분하다. 필자는 이 연구에서 조선시대 사회계층을 구분하는 기존 방식 대신, 피지배층들이 자신의 지위를 변화시키려고 노력하는 내용에 따라 세분하여 조선시대 사회계층을 살펴보고자 한다. 물론 조선시대를 다룬 최근 연구들이 '계급class' 대신 '신분status'을 분석적 범주로 선택해야 하는지에 대해서는 논쟁의 여지가 있다. 보통 조선시대 연구에서 조선시대의 사회계층을 '신분'이라고 지칭하고 있는데 이는 '계층'을 지칭하는 것이라고도 이해할 수 있다. 다음에는 이 연구에서 조선 후기 사회의 '계급'이라는 용어 대신 '계층'을 사용하는 근거에 대해 설명하도록 하겠다.

예를 들면 '계급'은 비슷한 생활을 영위하고 직업도 비슷한 지주, 소농, 소작농, 자기 소유의 토지가 없는 소작농, 노비 등과 같은 일군의 사람들을 지칭하는 용어로 쓰인다. 마르크스주의자와 베버주의자가 계급에 대해 정의한 규정과 달리, 톰슨E.P.Thomson은 계급에 대해 정의할 때 행동과 사상으로 나타나는 '인간의 주체성human agency'에 많은 의미를 부여하고 있다. 톰슨은 계급을 자본주의적 생산양식에서 불가피하게 나타난 것으로 이해하는 마르크스의 계급에 대한 관점과, 자본주의적 시스템을 구성하는 구성요소로 계급을 보는 기능주의적인 관점을 비판하고 있다. 대신 톰슨은 자신의 의지와 상관없이 귀속된 생산관계에 따라 정해진 계급적 경험을 통해 계급의식이 나타난다고 주장했다. 톰슨은 계급이란 다수의 사람들에게 전승된 전통, 가치체계values, 관념ideology 그리고 여러 제도들을 통해 다른 이들의 상황과 이해관계에서 서로 다르다는 것을 인식할 때 나타 난다고 보았고, 그래서 계급은 이상화된 구분 대신 생생한 물질관계를 반 영한다고 보았다.[15]

막스 베버의 독창적인 정리에 따르면 '신분status'은 경제외적인 명예 honor, 위신prestige 그리고 종교에 따라서 구별될 수 있다고 보았다.[16] 베버 는 사회적 불평등이 구별될 수 있도록 시장의 경제적 관계에 따라 결정되 는 사회계급social class, 정치적 관계와 다른 사람에게 끼칠 수 있는 영향력 의 정도에 근거해 구별될 수 있는 정당계급party class 그리고 신분집단status group으로 사회적 신분을 세 가지로 구별하였다. 정확하게 특히 조선의 상 황과 관련지어 생각해보면, 베버는 신분을 대대로 세습되는 지위, 정규교 육, 직업에 대한 지위, 적절한 사회 활동, 그리고 전체적인 생활습관의 차 이에 기반을 둔다고 보았다. 이러한 특성에 기반을 둘 때에 최상층은 다른 집단보다 더 존중받게 되고 그에 비해 노비의 경우는 어떠한 존중도 받지 못하는 계층이 된다.

조선 후기 사회질서를 생각해보면 왜 계급보다 계층이라는 개념을 사용 할 때 조선 후기 사회를 더 명확하게 설명할 수 있는지 알 수 있다. 17세기 후반, 혹은 그 이전부터 조선의 사회구조는 네 개의 신분으로 구성되어 있 었다. 최상층은 '양반'인데, 관직에 몸을 담고 있는지 여부와 빈부에 관계 없이 세습적인 지위를 누리고 있었으며, 전체 인구의 5퍼센트가 채 되지 않았다.[17] 양반 바로 아래의 신분은 전체적인 비중은 양반보다 크지만 상 대적으로 숫자가 많지 않았던 '중인中人'이다. 가장 부유하고 특출한 중인 은 궁궐에 소속된 기술관들이었고, 넓게는 군교軍校나 장교, 이서, 서리, 서 얼이 포함되었다.[18] 세 번째는 양인, 양민, 상민으로 불리는 '평민'이었다. 이들의 직업과 부의 정도는 일정하지 않았으나 주로 소작농peasant이 많았 으며 상인과 장인匠人들도 이들 그룹에 속해 있다. 평민들은 대부분의 세금과 국역을 부담하고 있었다. 맨 아래 신분은 천민인데, 천민에는 노비와 함께 사회적으로 차별을 받는 무당과 기생 등이 여기에 속하였다.

이 연구에서는 신분의 개념을 사용하겠지만 조선 후기 사회에 계급이 존재하지 않은 것은 아니었다. 한쪽에서는 공노비나 가난한 소작농이 있었고, 다른 한쪽에서는 신분이 높은 양반 지주들이 질적으로 전혀 다른 세상에 살고 있었다. 사회적인 위신과 관련 있는 신분과 빈부라는 경제적인 조건에 기반을 둔 계급 사이에는 상관관계가 있다. 예를 들면 토지 소유는 귀족들에게 집중되어 있는 반면에 평민들은 토지를 소유하지 못한 채 소작하는 비율이 매우 높게 나타난다. 더욱이 조선 후기 경제가 자유로워지고 상업과 제조업이 활발해지면서 사회의 계층화는 더욱 강화되었다.

그럼에도 조선 후기에 계급 개념을 사용하는 것은 문제가 있다. 무엇보다도 조선의 상업과 제조업은 19세기 후반 서구 제국주의에 종속될 때 불행히도 그에 적절하게 대응할 수 있는 상태가 아니었다. 이에 대해 많은 학자들이 조선의 경제구조가 자본주의와 질적으로 차이가 있다고 주장하기도 했다. 그러나 일제의 침탈이 없었다면 조선은 19세기 후반에 완전한 자본주의 생산체계와 자본주의 체제를 갖추었을 것이라는 설명이 통설로 자리 잡고 있다.[19]

19세기 후반 이전에 계급은 비교적 명확하게 정립되어 있었지만 신분과 계급 간의 상관관계는 상대적으로 낮았다. 그래서 상위신분이 땅을 많이 소유한 지주일 수도 혹은 소농일 수도 있었으며, 노비를 소유할 수도 있는 반면 땅을 소유하지 못했을 가능성도 있었다. 따라서 계급은 현대 미국에서 사용하고 있듯이 직업과 그에 따른 수입이라는 기준을 사용해서 다른 방식으로 정의할 수 있으나 특권이라는 요소는 계급을 정의하는 데 고려하지 않았다.[20]

19세기에 들어서 조선의 불평등 구조는 신분과 계급이 서로 상응하지는 않았지만 법적·사회적으로 알려진 신분을 기반으로 나타났다. 즉, 다양한 신분이 경제적 차이 때문에 나타난 것은 아니었다. 제국주의와 자본주의라는 외적 요인이 사회 분화와 기본적으로는 지주-소작이라는 경제적 관계에 기반한 계급관계를 명확하게 한 것은 조선의 마지막 10년간이라고 할 수 있다. 하지만 이러한 문제는 본 연구의 주요한 논의사항이 아니며, 이번 연구에서는 조선 사회의 다양한 계층과 그중에서도 그늘에 가려진 사회계층에 대해 논의하고자 한다. 반면에 계급을 구분하려는 시도는 하지 않으려 한다. 그리고 연구과정에서 명백해지겠지만 정치권력은 조선 후기 사회신분을 정의하는 데 중요한 요소가 아닐 수도 있다.

조선 후기 계층 간 이동에 대한 논의는 유구한 한국 역사에서 사회변화의 역동성을 분석할 때 꼭 필요한 부분이고, 이러한 분석은 다양한 시각에서 접근할 수 있을 것이다.[21] 여기서는 역사적인 논의를 반복하기보다는 전체적인 흐름을 기술하고자 한다.

이전의 역사 서술에서는 조선이 양란兩亂을 기준으로 기존 체제와 단절되었다고 강조하였는데 이러한 서술은 양란이 조선의 기존 사회체제를 흔들고 새로운 사회계층에게 자유로운 경제적 기회를 제공하는 기반을 마련한 것으로 간주한 것이다. 이러한 관점에서 보자면 발달한 농업기술 덕택에 많은 피지배계층이 부를 축적하였고 상위계층으로 나아갈 수 있게 되었지만, 전통적인 양반층의 경제적 기반은 흔들릴 수밖에 없었다. 기존 연구에서는 조선 후기 역사를 설명하는 데 있어서 자본주의 경제양식의 확대, 강고했던 사회질서의 해체 그리고 사회적 유동성 증가를 강조했다.[22]

그러나 기존 역사 연구에서와 달리 최근 20여 년간의 연구에서는 어떻게 정치권력이 서울에 기반을 둔 소수의 가문에 집중되었는지 살펴보았다.[23] 몇몇 연구들은 고려부터 이어진 귀족계급이 조선 초기에도 명확했고 법적인 특권을 여전히 누렸다고 보았다.[24] 반면 조선 초기의 구조를 비교적 개방적으로 본 연구들도 있다. 이 연구들은 조선 초기에 천민만이 법률상의 사회적 제약을 받았고, 천민을 제외한 나머지 그룹들은 과거에 합격함으로써 관직에 나아갈 가능성을 가지고 있는 신분으로 폭넓게 규정되었던 것으로 보았다. 이 같은 관점에서 진행된 연구들은 세습되는 최상위계층이 대부분 조선 후기에 이르기까지 확립되지 않았고, 학자관료는 신분보다 능력에 따라 관직에 등용되었다고 보았다.[25]

필자는 조선 초기의 최상위층이 고려의 귀족층에서 연속적으로 이어졌다고 보는 학자들의 견해에 동의한다. 조선의 귀족들은 문과를 통해 상당한 명예와 주요 지위를 얻을 수 있었을지라도 지방에서 실질적으로 세습적 지위를 누렸던 향리 같은 기득권층을 권력구조에서 제외함으로써 고려의 귀족보다 더욱 엄격하게 권력을 독점하였다. 조선의 귀족 신분은 태어나면서부터 결정되었고, 1392년에 귀족의 지위를 얻지 못한 그룹은 이후에도 귀족이라는 지위는 얻을 수가 없었다. 조선이 개국하기 이전에 최상위층에 속하게 된 귀족층들은 그들이 포함된 최상위층을 유지하기 위해 필요한 과거급제, 관품 혹은 관직 등이 없어도 되는 세습적 지위를 영구화했다. 과거 합격과 관직 종사가 귀족의 자격으로서 중요한 사항이었으나 기존에 귀족 신분을 획득하지 못했던 자들이 그를 통해 귀족의 지위를 부여받을 수는 없었다. 이는 조선의 귀족층이 다양한 후계가문으로 나누어진다는 것을 의미하는 것이기도 하다. 즉, 어떤 가문은 높은 관직을 대대로 역임하고, 어떤 가문은 미관말직만 양산하고, 어떤 가문은 아무도 중앙 관직에 나아가지 못하는 등 다양한 층위가 나타났다.[26]

최근 조선 후기를 연구하는 학자들은 중심부에서 벗어나 주변부로 관심이 바뀌어가는데 아직도 오래된 귀족체제와 비교해 새로 등장한 사회적 요소의 중요성을 구분해서 바라보고 있다. 한국에서 대다수 역사학자들이 사회적으로 신향新鄕, 구체적으로는 요호부민饒戶富民의 등장을 봉건질서의 해체에 중요한 부분으로 보고 있지만, 서구의 한국사 연구자들은 양반층이 중심이 된 구체제의 안정이 적어도 19세기 초반까지 지속된 것으로 보는 것이 일반적이다. 간단히 말하면 역사학자들은 조선 후기 사회변화 규모와 크기에 대한 의견에서 크게 두 가지 견해로 나뉘고 있다. 그 차이점은 지방귀족들이 일제 식민지가 되기 전에 실질적으로 향권鄕權을 빼앗겼는가라는 질문으로 요약할 수 있을 것이다. 이에 대한 필자의 의견은 3장에서 설명하도록 하겠다.

조선 후기 사회에서 무과제도가 차지했던 위상을 이해하는 것은 사회변화를 분석하는 데 도움이 된다. 왜냐하면 무과는 다른 시험보다 훨씬 다양한 신분의 사람들이 응시할 수 있었기 때문이다. 필자는 본문에서 몇 가지 단계를 거쳐 실증적으로 논지를 펴고 있다.

첫 번째로, 조선시대 전체 무과급제자의 5분의 1에 해당하는 3만 2,327명의 무과급제자에 대한 정보를 데이터베이스화하였다. 물론 이 데이터베이스가 전체 무과급제자들의 다양한 특성의 분포를 완벽하게 알려주는 것은 아니기 때문에 통계적으로 대표성을 갖는 샘플은 아니다. 하지만 현존하는 자료로 데이터베이스를 구성했기 때문에 무작위로 추출된 표본도 아니라고 할 수 있다. 또한 이러한 자료 구성은 무과급제 연구에 대한 분석 중에서 가장 방대한 샘플이기도 하다. 따라서 필자는 이 자료를 기반으로 새로운 사실을 밝혀낼 수 있고 조선 후기를 새롭게 바라보는 시각을 제공할 수 있을 것으로 기대하고 있다.

두 번째로, 이전에 간과되었던 무과제도 관련 자료에 대해 보다 비판적이고 종합적으로 접근해 보았다. 이를 위해 필자는 법전, 호적戶籍, 읍지, 문집, 방목榜目, 그리고 족보 등과 같이 비교적 새롭고 중요한 자료들을 조사하였다. 연구자 개인의 선호에 따라 이전 연구에서는 이러한 자료들이 충분히 이용되지 않았거나 심지어 빠지기도 했다.

　세 번째, 본 연구에서는 무과제도가 당시의 서민문화를 어떻게 반영하였는지를 고찰하였다. 본래 무과의 기능은 국가가 중앙관직의 무관을 뽑기 위한 가장 주요한 수단이었으며, 이는 1894년 무과제도가 폐지되는 날까지 지속되었다. 그러나 구전되거나 기록으로 전해지는 자료에 따르면 평민들은 말 타기와 활쏘기 같은 기능을 시험하는 무과를, 현실의 여러 제약을 극복할 수 있게 해주는 역동적인 수단으로 보았음을 알 수 있다. 이러한 평민들의 바람은 주로 현실에서의 신분상승이란 측면에서 나타났는데, 구체적으로 실제 삶보다 역동적이며 비현실적인 영웅 혹은 여걸을 통해 열망을 구체화해서 보여주고 있다.

　네 번째, 이 책에서는 무과에 대한 기존 연구에서 종종 간과되어왔던 방법론과 이론적인 이슈에 대해 고찰해 보았다. 필자는 사회시스템이 기능하는 방식을 설명할 수 있는 숨겨진 구조를 밝히는 데 관심이 있다. 본질적으로 자체 재생산하는 구조와 일상의 도전에 직면하고 적응해가야 하는 인간의 행위주체 사이에서 연구자들이 균형을 잡기 어렵다는 것을 필자는 공감하고 있다. 본 연구에서는 무과와 같은 조선 후기의 특정 제도들이 어떻게 피지배층들의 신분상승에 대한 욕구를 인식하는 데 도움을 주었는지, 그리고 정부의 부정부패와 농민의 몰락과 같은 문제가 계속되는데도 왕조가 지속되는 데 어떻게 공헌했는지를 설명하려고 한다.

　조선 후기 사회체제의 잠재력과 한계를 분석하는 데, 앤서니 기든스 Anthony Giddens의 이론과 피에르 부르디외Pierre Bourdieu의 '아비투스 habitus' 개념을 차용한 윌리엄 스월William Sewell의 논의가 매우 유용하다는 것을 확인할 수 있다.[27] 스월은 기든스의 '규칙'-'자원'이라는 이중모델 dual model은 행위자가 구조에 어떻게 영향을 끼치는지는 설명할 수 있지만, 그 행위자가 무엇을 어떻게 의식하게 되는지를 정립해주지는 못한다고 주장한다. 그는 부르디외의 아비투스 혹은 '스키마' 개념이 이 문제를 더 잘 다룰 수 있다고 보았던 것이다. 스월은 '금지'의 뜻을 풍기는 규칙보다 스키마라는 용어를 더 선호하는데, 이는 행위자의 실천임과 동시에 그 실천의 인식틀이다. 그런데 문제는 아비투스 또한 변화를 거부한다는 데 있다. 스월은 이 문제를 이중성으로 특징 지워지는 구조의 개념으로 해결한다. 이 이중구조의 한쪽에는 사회적 삶의 실천이나 재생산에 적용되는 스키마로서 행위자의 마음속에 있는 비물질적인 차원virtual existence이 있고, 다른 한쪽에는 물체와 사람에 대한 권력의 원천으로 제공될 자원resources의 세계 속에 있는 물질적인 차원real existence이 있다. 스키마는 전이될 수 있는 것이며 그래서 시공간을 가로지르는 꽤 광범위한 상황에서 활성화 될 수 있다. 또 스키마는 오로지 실천practice을 통해서만 드러난다는 점에서 비물질적이다. 이 구조는 전이 가능한 스키마에 대한 지식과 특정 자원에 대한 접근권을 가진 사람들에게 내재화되어 있다. 구조는 스키마의 영역에서 그 깊이가 얕거나 혹은 자원의 영역에서 권력이 약할 때 가장 쉽게 변형될 수 있다. 사회의 모든 구성원들은 일상의 삶에서 여러 행위를 표출하지만, 그 행위의 성격과 힘은 행위자의 사회적 환경에 따라 결정된다. 즉, 이 사회적 환경에 따라 행위자들은 자원과 지식 혹은 스키마에 접근하여 그것들을 이용하게 되기도 하는 것이다.

조선 후기의 다층적 구조 가운데, 이 연구에서 중요한 것은 정치적 장場arenas, 사회적·문화적으로 구획된 영역들regions, 그리고 민중문화의 장르들genres이다. 이 구조를 재생산하고 주조한 스키마는 귀족들이 지배하고 있는 유교담론에서부터 글이나 구전으로 평민들에게 감동을 주는 영웅 이야기를 통해 나타난다. 이러한 스키마는 여러 가지 자원들 때문에 활성화된다. 예를 들면 양반 가계, 유교 경전에 기반한 교육, 유교·불교·샤머니

즘의 영향을 받은 제사, 국가에서 내려주는 지위와 등급 그리고 관직, 정
치적·지적 혹은 혈연관계에 기반한 개인적인 교유, 토지를 소유하거나 상
업이득을 통해 얻는 부가 그것이다. 스키마나 자원의 효과는 구조가 어떤
기능을 하느냐에 따라 다르게 나타난다. 그래서 이 연구에서는 예를 들면
무과에 급제하는 숫자의 규모가 어떻게 개인이나 집단이 속한 환경에 따
라 변하고 있는지 설명하고자 한다. 19세기에는 성리학의 서사나 대중의
서사와 같은 조선 후기의 스키마가 줄어들고 있다고 알려져 있다. 그러나
동시에 조선의 정규군은 조선 후기에 일어난 여러 봉기들을 진압할 수 있
을 정도로 강력해지고 있었다. 19세기에 작용했던 스키마와 자원들은 새
로운 것은 아니며, 어떤 것은 달라진 구조에 맞게 변형되어 국가의 보수적
인 개혁이나 국가에 필요한 행위자를 만들어내고 있었다. 이러한 시스템
아래에서 그들은 서구나 일본과 같은 입헌군주제나 공화정을 요구하기보
다 근면한 성리학적 군주가 당색에 관계없이 인재를 등용하는 왕정을 요
구했다.

　스월의 구조이론의 관점에서 몇 가지 개념은 부르디외의 문화자본으로
구체화되었는데 이러한 개념은 조선의 현실을 이해하는 데 도움이 된다.
부르디외에 따르면 문화자본은 가문의 배경, 사회계급, 교육과 같이 함께
성공으로 이끌 수 있는 비경제적인 자산의 총합을 말한다.[28] 본 연구에서
이러한 개념을 사용하기 위해서는 부르디외의 '오토넘autonom'과 '아비투
스의 지체 현상hysteresis'이라는 두 가지 개념을 살펴봐야 한다. '아비투스
의 지체 현상'에 따르면 계급의식과 상승하고자 하는 사회적 요소는 인증
된 증서가 필요한데, 이것은 이미 귀족 사이에서 필수적인 사회적 지위를
나타내는 표식으로 가치가 떨어진 것이라고 한다. 조선에서는 이에 해당
하는 것이 무과급제라고 볼 수 있다. 무과급제자에게 내려주었던 홍패紅牌
와 같은 증서는 '오토넘' 내에서는 영향력이 있었다. 하지만 피지배층 가운

데 일부는 아마도 실제 그들의 성취 가능한 일을 좇기보다는 고의적으로 아무런 관직을 택하지 않을 수도 있다.[29]

부르디외의 통찰을 한국에 활용하면 우리는 조선 후기의 맥락을 보다 잘 이해할 수 있을 뿐만 아니라, 더 나아가 부르디외의 이론을 상이한 역사적 시기moment에 적합하도록 적절히 조정해볼 수 있지 않을까 한다. 비록 조선의 사회시스템이 태생에 따라 신분을 규정해왔음에도 불구하고, 무과시험은 신분위계를 넘어서려는 자들에게 문화자본의 자원이 되었다. 무과가 존속했던 500년 동안 지속적으로 위상이 추락하고 있었고 무관을 모집하고 혜택을 누리는 쪽은 귀족들이었지만, 조선에는 부르디외가 말한 아비투스의 지체 현상이 나타났음에도 불구하고 피지배층들은 여전히 무과에 응시하고 있었다. 직위를 얻는 것은 여전히 교육과 문화의 변동과정을 수반하게 마련인데, 과거합격자가 기존 집권층 내부에서는 받아들여지지 않더라도 합격을 국가로부터 공인받았다면 그는 권력의 핵심은 아니더라도 자신의 오토넘 내에서 사회적으로 존경의 대상이었다. 19세기에 들어 피지배층들과 세력이 약해진 양반들은 무과를 통해 비록 임지에 발령을 받지는 못하더라도 급제했다는 사실만으로 족한 것이었다. 그와 함께 조선 후기 귀족을 정의하는 데 있어 무반 중앙관료 가계들은 부르디외가 주로 프랑스 관련 사례들을 근거로 제시한 문화자본론을 상당부분 보완해주는 중요한 측면이 있다.

조선 후기에 일어난 변화를 이해하기 위해 1장에서는 고려귀족, 관료 그리고 군사제도에 대해 설명하고, 조선 왕조가 무과제도를 어떻게 확립했는지 개관해보고자 한다. 그리고 제도의 역사적인 맥락과 함께 무과와 그 급제자들에게 영향을 주었던 요소에 대해 살펴볼 것이다. 2장에서는 조선 후기의 정치, 사회, 그리고 문화 속에서 무과의 위치를 다섯 가지로 분석해보고자 한다. 이 장은 무과 응시자들의 다양한 사회적 배경을 살펴보기 위해 주제별로 구성했다. 2장에서는 서울과 가까운 곳에 기반을 둔 문신관료와 일반 무반과는 구별되는 특별한 중앙 무반 가계의 형성을 논의해보고자 한다. 이러한 양상은 조선 초기에는 내적으로 분화되지 않은 귀족들에게서 출발한다. 이러한 하위 구분에 영향을 준 것은 무엇이며 무관들의 정치적인 위상은 어떠한지 살펴봐야 할 것이다.

　이러한 질문에 대답하기 위해 그다음 두 개의 장은 주제를 주변부로 옮겨간다. 3장에서는 다른 지역의 지역 지배층들을 기술하고 무과의 중요성에 대해 조사해보고자 한다. 이 논의는 역사적, 사회적으로 의미 있는 세 개의 지방그룹에 대해 살펴볼 것이다. 첫 번째는 영호남의 지방귀족들, 두 번째는 고려의 수도였고 조선시대 내내 상업적으로 중요한 역할을 했던 개성지방 지배층들, 세 번째는 비교적 늦게 유교문화의 경쟁력을 획득한 북부지방 지배층들이다. 세 부류 가운데 중앙 귀족들은 영호남 지방의 귀족들을 사회적으로 동등하게 인정했다. 다양한 지방 지배층들이 거주 양상, 지역에서의 영향력, 문화적 지향 그리고 중앙정계에 참여하는 정도에서 각각 다르다는 것을 염두에 두면서, 4장에서는 중앙 문반관료, 중앙 무반관료, 그리고 계속해서 강력한 귀족계급을 구성한 영호남 지방의 귀족들을 살펴본다. 무과는 정치적 기능에 따라 귀족을 하부그룹으로 나누는 원동력이 되었다. 그렇지만 귀족의 하부그룹이었던 이들도 자신들을 사회문화적으로는 귀족들과 큰 차이가 없다고 생각하고 있었다.

　모든 무과급제자들은 급제된 사실 자체만으로도 위신을 세울 수 있었으나, 모든 무과급제자들이 귀족은 아니었다. 5장에서는 신분상승을 도모한 피지배층들에게 무과가 어떤 의미를 가지고 있었는지 고찰해보도록 할 것이다. 그들 중 사회·경제적으로 문화자본을 축적한 자들은 국가가 승인한 신분을 획득했다. 하지만 무과에 급제한 내역만으로는 기존의 귀족들과 동등한 사회적 인식을 얻지는 못했다. 5장에서는 이전의 많은 조선 후기 사회사 연구가 해온 것처럼 논의를 여기서 끝내기보다 피지배층의 열망에 대해 가늠해봄으로써 대중문화 차원에서 무과의 의미를 탐색해보도록 하겠다.

결론에서는 조선 후기의 사회변화부터 시스템의 위기까지 다루고자 한다. 필자는 이 책을 통해 문무과 귀족, 서울과 주변부의 관계, 18~19세기 서민문화의 발달에 대해 다시 평가해 보고자 한다. 그리고 좀 더 넓게는 무인들이 어디서 유래했는지 그리고 무武와 나머지 사회가 어떻게 대면하고 있었는지, 그리고 무의 가치가 나머지 문치文治의 문화에 어떻게 받아들여지고 있었는지 질문을 제기하면서 무의 시스템에 대한 연구에 밑거름이 되고자 한다.

1.
조선
초기
무과제도

고려의 무과와 조선의 건국 ... 국가를 위한 군대 ... 새로운 무과제도
무과급제자들의 추락하는 정치적 위상 ... 귀족들의 지속적인 무과 장악 ... 소결

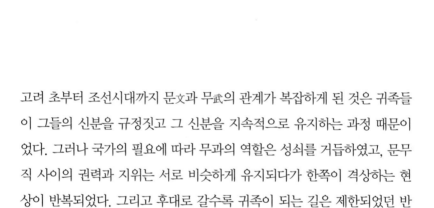

고려 초부터 조선시대까지 문文과 무武의 관계가 복잡하게 된 것은 귀족들이 그들의 신분을 규정짓고 그 신분을 지속적으로 유지하는 과정 때문이었다. 그러나 국가의 필요에 따라 무과의 역할은 성쇠를 거듭하였고, 문무직 사이의 권력과 지위는 서로 비슷하게 유지되다가 한쪽이 격상하는 현상이 반복되었다. 그리고 후대로 갈수록 귀족이 되는 길은 제한되었던 반면 그 특권은 점점 확대되었다.

고려 후기 동안 그치지 않았던 나라 안팎의 위협이 차츰 사라지면서, 문신은 조선의 행정체계를 독점하였고 무신들은 이러한 구조에 흡수되었다. 조선은 사병私兵을 없앤 뒤 중앙정부가 군사를 직접 통제하였고, 뒤에 서술하듯이 국왕과 측근의 귀족들은 중앙정부의 군대를 명령을 받드는 관료조직으로 변모시켰다.

조선은 초기부터 의도적으로 관료제를 재편했는데, 조선 초기 무과제도를 정부의 주도 아래 당대 사회경제적인 배경에 따라 개혁해야 했던 맥락과도 상통한다. 특히 중요했던 것은 귀족 신분의 본질적인 변화였다. '양반

兩班은 여전히 특권적인 신분을 유지했고 조선 초기 양반이었던 가문 이외에 양반의 지위를 획득하는 것은 거의 불가능했다. 귀족들에게 유교와 가문家門은 양반이라는 특권적인 지위를 유지하도록 하는 보완적 요소였는데, 이를 통해 양반들은 일반 백성들과 구분될 수 있었다. 귀족들은 엄격한 교육, 올바른 도덕적 가치, 그에 상응하는 적절한 의례를 강조했을 뿐만 아니라, 경제적 안정과 자신들의 지위를 보장하기 위한 군사 충원 문제 등의 사안에 대해서도 고심할 수밖에 없었다.

이 장에서는 조선 초기에 군사조직과 무인의 지위가 규정되어가는 과정을 추적해보고자 한다. 조선은 군제를 재편하면서 새로운 무과제武科制를 도입했고, 이후 이를 세부적으로 조정하였다. 점차 낮아지는 무과시험의 정치적 위상과, 무과시험의 제도적인 문제점, 무과의 하락하는 사회적 지위에도 불구하고 양반들은 문과와 마찬가지로 무과를 장악하고 자신들의 지위를 재확인하는 수단으로 삼았다.

고려의 무과와 조선의 건국

지난 역사에서 등장한 제도들의 역사적 기원을 명확하게 밝히기는 매우 어려운 일이다. 하지만 근대 사회까지 한국을 효과적으로 지배한 지배계층과 그들이 특권을 위해 활용한 제도들, 그리고 그 기저에서 실행되고 체계화되었던 이념은 의심의 여지없이 고려시대까지 소급될 수 있다. 10세기 고려의 왕과 귀족들은 복잡한 중앙관료체계를 만들어냈다. 958년 고려는 중국의 시험 방식을 채택했는데, 이것은 표면적으로는 능력 있는 이들을 관료로 선발하기 위한 것이었다.[30] 비록 과거제科擧制가 새로운 관료 채용의 최우선 방법이 되기까지는 몇 세기가 걸렸지만—이론의 여지가 있기는 하나 14세기까지—고려시대의 중앙귀족들도 지방 상류층들과 마찬가지로 과거를 통해 중앙관리가 된 경우를 흔히 찾아볼 수 있다.[31]

완성된 고려의 관료제는 문반과 무반, 즉 '양반兩班'이라는 귀족체계를 갖추었다. 중앙의 관리는 서울과 지방 어느 곳에 거주하는지와 관계없이 어떻게 벼슬에 들어왔는지에 따라 문반과 무반에 임명되었다. 혹시라도 문반이 무관 지위를 갖게 되거나 그 반대의 경우라도 문반과 무반에 대한 규정은 동일하게 적용되었다. 중앙관료직을 얻는 다른 방법들은 시간이 지나도 변하지 않았는데, 과거를 통하지 않은 중간층 이상 상위관료의 친족이나 자손들은 음서제를 통해 서리와 검교檢校 같은 음관蔭官을 하사받았다. 비록 과거제가 기존 귀족계층이 자신의 권력을 유지하고 이외의 사람들이 관직을 차지하는 것을 제한하는 수단으로 바뀌었지만, 고려시대에는 귀속적 성격이 강한 음서제도보다 과거제의 중요성이 강조되었다. 문무반 중앙관료는 자신들을 제외한 이들이 관직에 진출하는 것을 점점 어렵게 만들었고, 그 결과 늦어도 여말선초에 양반이 귀속적 지위집단을 형성하게 되었다. 이런 상황 속에서 양반은 실질적 지위나 벼슬자리에 상관없이 귀족 지배계층에 속하게 되었다.[32]

몇 세기 이후의 양반과 달리 고려 초기의 양반 범위는 좀 더 엄격하게 정해졌는데, 그 범위에 따르면 양반은 문무관을 모두 포함하고 있다.[33] 그러나 무관은 정치적 입지와 사회적 지위가 문관보다 낮았다. 고려의 과거제는 문관을 뽑기 위해 만들어진 시험이기 때문에 무반은 일반백성들도 지원 가능한 군대의 장교에서 차출되었다. 그러므로 무관들은 상대적으로 문관들보다 열악한 사회적 환경에 처해 있었다. 사실, 고려 초 군대조직의 핵심은 평민 출신의 세습군역을 지는 이들이 복무에 대해 경제적으로 국가의 지원을 받는 것이었다.[34]

고려 초에 고려군은 거란족의 침략을 성공적으로 물리치고 심지어 왕위계승 분쟁에서도 중요한 역할을 했다. 그럼에도 불구하고 문관들은 무관들을 차별했다. 예를 들면 무과는 1109년부터 시행됐는데 문관을 선발하는 과거제와 무과의 시험체제가 동일한 것을 탐탁지 않게 여긴 문관 귀족들의 반대 때문에 곧 폐지되었다. 이후 문무관 사이 갈등이 커져갔고 결국 1170년에 무관들이 무신정변을 성공시키면서 무신정권기가 시작되었다. 무관 지도자들은 기존의 관료구조를 버리거나 문관들을 숙청하지 않는 대신 무관 독재자들 자신이 문관의 지위를 대신하기 시작했다.[35] 이후 13세기를 거치면서 무관들은 문관들과 협력하며 혼인관계를 맺었고 문무관을 구별하는 오래된 사회적 차별은 모호해져, 귀족가문에서 문무관리 모두가 나오는 경우가 많아졌다.[36]

이러한 과정을 거치면서 고려 군대는 군대로서의 효율성이 크게 떨어졌다. 11세기부터 12세기까지 오랫동안 평화가 지속되고, 지휘관들이 사병을 제대로 통제하지 못하면서 고려 군대는 그 기능을 상실했는데, 몽골제국이 고려를 침입하기 훨씬 이전부터 이러한 현상이 나타나고 있었다. 무관들이 고유의 기능을 상실하고 허울만 남게 됨에 따라 국가에서도 무관의 능력은 고려하지 않은 채 충원에만 급급할 수밖에 없었다. 무신정권 후, 원(1271~1368) 간섭기에 고려의 군 조직과 무신들은 원나라의 엄격한 통제를 받았다.[37]

14세기 중반부터 고려는 다시 외적의 침입에 맞서야 했다. 가장 골치 아픈 적은 주로 해안 지대를 습격하던 왜구倭寇들이었다. 또한 쇠퇴하던 원나라에 대항하는 반란군인 홍건적과 만주의 여진족도 국경을 침범하고 있었다. 이러한 군사적 위기 상황에서 고려는 무관에게 의지할 수밖에 없었다. 문무관 상관없이 분쟁지역에 파견되는 고위관료인 절제사節制使는 해당 지역민을 징집해 군대를 편성했다. 그 결과 절제사 휘하의 군대는 사병私兵의 성격을 띠었는데 특히 지휘관들이 자신들의 개인적 바람이나 야망

을 채우기 위해 사병들을 부릴 땐 더욱 그러했다.[38]

고려 말의 무관은 사회적 배경이나 경력에 있어 다른 중앙관료들과 별반 차이가 없었다. 중앙관료들은 문무관을 사회적 지위로 확연히 구별 짓기보다는 문무관을 가리지 않고 자신의 경력으로 임용을 받아들이는 편이었다. 주요 양반 가문들이 문무관을 모두 배출한 반면, 몇몇 지휘관은 무관만 배출했던 가문 출신이었다. 그들 중 이성계(1335~1408)는 급진적 개혁 성향의 사대부들과 협력하며 동북면 출신 군사들을 이끌었다. 1392년에는 이성계와 휘하의 무리들이 고려를 무너뜨리고, 이성계는 조선의 왕으로 옹립되었다. 따라서 조선 건국에 참여했던 무인세력의 군대는 곧 내부적으로 정치적 투쟁과, 외부적으로 왜구·여진족과의 군사적 갈등을 모두 해결하기 위해 군사체제를 재정비하게 되었다.[39]

국가를 위한 군대

조선은 개국 초기 두 가지 핵심 목표를 세웠는데, 사병 철폐와 새로운 무과 제도를 만들어 모병 절차를 표준화하는 것이었다. 군대를 정부의 완벽한 통제 아래 두려는 이 목표는 비록 순탄치 않게 진행되었지만 결과는 성공적이었다. 개병제皆兵制의 원칙하에 조선 군대는 재편성되었고 중앙집권화되었다. 군사력은 더 이상 영향력 있는 무장武將 개인의 자원이 아닌 왕과 문신관료들이 행사하는 국가권력의 도구가 되었다.

고려 말 계수관界首官이 담당하던 지방 방어에 대한 책임은 조선 초기에는 이름을 바꾸어 절제사가 그 역할을 수행했다. 조선 초기 중요한 정치적 사건이 있을 때 혁혁한 공을 세워 정부로부터 토지와 노비를 하사받은 왕족이나 관리들은 자신의 병사들을 본인이 지배하는 각 지방에서 징집했다. 비록 그들의 군대가 주기적으로 번갈아가며 수도에 가서 시위패侍衛牌로서 복무해야 했지만 절제사들은 별도로 징집 명부를 가지고 있었다.[40] 그런데 새 왕조가 들어서고 두 달 뒤, 조정에서는 절제사들이 도평의사사都評議使司에 알리고 왕의 윤허를 받은 후에만 병사들을 징집할 수 있도록 하는 사항을 결정했다.[41]

동시에 정부는 정해진 형식의 시험을 통해 중앙 무반관료를 선발하는 방법을 모색했다. 이 시험은 고려 말에 이미 이론상으로 도입되었으나, 태조 이성계의 공표로 비로소 기존의 무과제도에 대응하는 지위를 얻은 것이다. 태조는 조선 왕조 개창 시, 급진적 개혁 성향의 사대부와 동북면 출신 장수들의 지지를 받은 무관으로서 문무의 가치를 차별하지 않았다.[42] 그런 이유로 태조는 무관을 선발하는 시험을 통과한 자들에게 충분한 무술 실력뿐만 아니라 경전에 대한 깊은 학식을 갖출 것을 강조했다.

즉위 후 얼마 지나지 않은 1392년 8월에 태조 이성계는 모든 군사 관련 사안에 대한 책임과 권한을 병조兵曹에 위임했다.[43] 한편 조정에서는 문무과 모두를 중요시하는 이념에 기초하여 군대를 좀 더 확실하게 국가의 지배하에 두려는 노력을 추진해나갔다. 이듬해에는 의흥삼군부義興三軍府가 창설되었는데 이는 군대의 규정, 관리, 재정, 야전野戰 등을 총괄하기 위해서였다. 의흥삼군부를 통해 고위무관들은 중추원中樞院의 권한을 대신하여 최상위에서 군령을 행사했다.[44] 그렇다고 해도 삼군부의 휘하에 놓인 동북면 출신 무관들은 많지 않았다. 동북면 출신 무관들은 개별적으로 태조에게 충성하면서 의흥친군 좌우위義興親軍 左右衛에 속해 있었고 중앙군의 대다수를 차지했다.[45] 지방군 가운데 상당수는 여전히 절제사 휘하에 있었다. 이 지방군을 조정의 명령으로 진관첨절제사鎭管僉節制使로 교체한 것은 1397년 이후였다. 이들은 지방의 군수품을 관리하는 임무를 맡아 각자 지역의 문반 출신 순찰사巡察使에게 보고하는 일을 했다.[46]

태조의 통치 기간 동안 중앙 고위무관과 잔존했던 사병들 사이에 갈등이 계속되었는데, 이는 고위무관들이 사적으로 군사 문제에 영향력을 행사하려 했기 때문이었다. 삼군부三軍府의 현실적 위상을 높이려는 조정의 노력 뒤에는 정도전鄭道傳(?~1398)이 있었다. 정도전은 태조의 신임을 받는 조언자이자 새로운 왕조를 실질적으로 이끌어나가는 사람이었다. 정도전은 중국과의 군사적 대립과 위협이 있기 때문에 군대를 중앙집권화하는 것을 정당화했는데, 이는 1398년 명나라 태조가 정도전이 쓴 외교문서에 모욕감을 느끼고 그의 송환을 요구했을 때였다. 정도전은 태조의 전폭적인 신뢰를 받으며, 군사 문제에 대해 최상위 의결권이 있는 삼군부를 활용하여 명나라를 선제공격할 것을 주장했다. 그즈음 정도전은 다른 무관들의 큰 반감을 사고 있었는데 그가 외침에 대비하는 것과 날이 갈수록 커지는 의흥삼군부의 권력 때문이었다.[47]

중국을 치려던 정도전의 계획은 태조의 다섯 번째 아들이자 태조를 왕위에 오르게 하는 데 중요한 역할을 했던 이방원李芳遠 때문에 무산되고 말았다. 이방원은 정도전을 역적모의에 연루시켜 살해했다. 태조가 퇴위하고 정치적 야심 없는 둘째 아들이 정종定宗으로 즉위했지만 실질적 권력은 이방원이 쥐고 있었다. 이방원은 정도전의 군사 개편 계획에 따라 군사를 중앙집권화하는 일을 계속했다. 이방원은 정종을 압박하여 그가 신뢰하지 않는 몇몇 고위무관을 해임하게 했고, 잔존해 있던 사병은 이방원에게 충성을 바친 자들이 장악하게 되었다.[48]

2년 뒤인 1400년에는 군대를 중앙에서 완벽하게 통제하기 위한 주요 정책이 시작되었는데, 당시 왕실에서는 또 다른 분열이 일어나고 있었다. 이방원은 넷째 형의 습격을 받지만 이를 제압하고 승리하면서 권력을 더욱 공고히 하게 되었다. 이후 이방원의 발의로 정종은 사병 철폐를 실시하게 되었다. 결과적으로 조정은 군의 모든 권력을 절제사에서 삼군부 직하에 있는 진관첨절제사에게로 넘기게 되었다. 그해 후반 정종은 퇴위했고 마침내 이방원이 왕좌에 앉게 되었다.[49]

태종은 임금으로서 지방 무관의 권력을 사실상 문관들 지배하에 놓는 변혁을 완료했다. 또한 별시위別侍衛(1400)와 내금위內禁衛(1407)라는 왕실 정예 근위대를 만듦으로써 왕실의 권위를 증대시켰다. 별시위와 내금위는 양반가 젊은 자제들을 대상으로 했지만 무술을 시험과목에 포함시켜 선발했다.[50] 그러나 궁극적으로 태종은 지원자들의 무술 실력보다는 충성심에 중점을 두고 선발했다.[51]

이 시기에 태종은 중앙군도 재편했는데, 초창기에 대부분이 태조의 사병들로 구성되어 있던 중앙군의 규모는 1400년부터 다른 사병들을 흡수하면서 더욱 확대되고 있었다. 당시 창설한 부대들은 궁궐을 호위하는 임무와 서울을 순찰하는 임무를 나누어 수행했다. 1457년에 이르기까지 명칭, 조직, 계급 등의 많은 변화 끝에 중앙군은 오위五衛의 형태로 정리되었고, 조선 초기 군사조직의 재편은 성공적으로 마무리되었다.[52] 오위도총부五衛都摠府의 감독하에 오위장五衛將으로도 알려진 위장衛將이 교대로 군을 이끌었다.

오위장은 무관에서 종2품에 해당하는 높은 관직이었는데, 이는 맡고 있는 책임이 그만큼 중요하다는 사실을 반영한 것이다.[53] 사령부는 도총관都摠管—정2품 관직으로 보통 왕족이나 왕족의 사위나 고위문관이 임명되어 왕에게 직접 보고할 수 있었다—의 휘하에 있었고 장군들은 무관인 경우가 많았다. 그렇지만 가장 고위관직에 있는 문관의 경우 도총관과 장군직을 겸할 수 있었는데 이는 문관이 무관보다 우월한 관례를 반영하는 것이다.[54]

도성을 벗어난 지역은 병마절도사兵馬節度使(종2품), 수군절도사水軍節度使(정3품)가 진관군鎭管軍을 지휘했다. 조선의 개국부터 진행된 군사개혁은 15세기 무렵에 완성되었으며, 각 지역에 문제가 생길 경우 상기한 지휘관들이 한양에 직접 보고하였다.[55] 조선의 지방제도는 팔도체제가 변동 없이

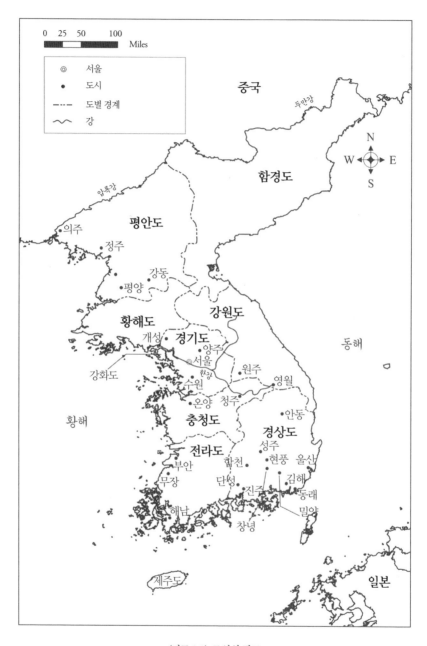

〈지도 1.1〉 조선의 팔도

지속되었는데 각각의 도에는 1개에서 3개까지의 병영兵營이 있었고 1~2개의 수영水營이 있었다. 각각의 사령부들은 다수의 거진巨鎭과 포진浦鎭(혹은 포浦)들을 관리했는데, 가장 가까운 곳의 수령이 진관군鎭管軍을 통제했다. 문무에 상관없이 지방관은 한 고을을 다스리고 그 고을과 몇몇 인근 관할권 내 군대를 지휘함과 동시에 사법권도 행사할 수 있도록 중앙정부가 임명했다. 이와는 대조적으로 지역의 수군 전력을 담당하던 첨절제사僉節制使와 만호萬戶는 비록 중앙정부가 임명한 것은 마찬가지였지만 무관이 담당하던 자리였다.[56]

지방과 중앙 군대를 감독하던 군대 지휘관은 왕과 고위관직의 문반들이었다. 현실적으로 왕이 군대를 장악하는 범위는 왕이 관료조직 내에 있는 다양한 관료들에게 미치는 영향력과 밀접한 관련이 있다. 강력한 왕권을 행사하고 있던 태종과 세조는 실제로 군의 통수권을 행사했으며, 이와 대조적으로 즉위 당시 아직 소년에 불과했던 단종의 경우 명목상으로 통수권을 행사했을 뿐이었다. 1506년과 1623년 두 차례의 반정으로 국왕이 폐위되었던 사실은 군의 실질적 통수권이 임금으로부터 유력한 대신들에게 넘어갈 수 있다는 것을 보여준다.[57] 이들은 대부분 문반이었는데, 품계상 최상위의 두 관품은 문반직밖에 없었기 때문이다. 사실 군사와 안보 문제를 다루던 비변사 대신들은 병조판서를 비롯해 모두 문반이었으며, 게다가 말단 지휘관직까지도 종종 문반에게 돌아갔다. 무관들은 문반이 차지한 자리 이외에 대략 4,000여 개의 자리에 배치되었다.

조선 초기의 군대는 16세에서 60세 사이의 성인 남자로 구성되었는데 징집된 자는 한양의 오위五衛에 상번하여 복무했다. 한양에서 복무가 끝나면 고향이나 그 가까운 지역의 지방군에 배정되었다. 중앙관리들과 공식적으로 인정된 유생들을 제외하고는 나이가 찬 모든 남자들은 실제로 군복무를 하거나 그렇지 않으면 보인保人으로서 보포를 납부해야 했다. 보인의 임무는 매년 정부에 미리 정해진 일정량의 면포 등을 납부함으로써 군 복무를 하는 이들의 비용을 제공하는 것이었다.

조선 초기에는 양인과 양반이 동일한 군역을 부담했다. 양인 장정들은 으레 정병正兵이나 수군水軍으로 1년에 2개월을 복무하거나, 유방군留防軍 으로 3개월을 복무했고, 왕족이나 왕의 외척, 공신이나 다른 양반들과 같 은 지배층들은 왕을 친위하거나 수도를 지키는 특별 경비부대로 복무했 다. 한 통계에 따르면 병역 의무를 지도록 정식으로 등록된 장정 수는 1406 년의 경우 37만 명, 1460년대에는 80만~100만 명 정도로 증가했으며, 그 들 중 3분의 1은 정병으로 복무했고 나머지 3분의 2는 보인이었다.[58] 1388 년 요동 정벌에 고려군 3만 명 정도가 채워졌던 것을 감안했을 때, 이는 매 우 높은 수치라고 할 수 있다. 하지만 실상 군 복무를 하도록 등록되어 있 는 이들 중 한 시점에서 실제 복무하고 있는 자들의 수는 총 병력의 일부분 에만 해당되는 것이었는데, 이는 번상하는 군병들이 여러 곳의 군문에 복 무했지만 군문마다 별개의 인원으로 등록되어 있었기 때문이다.

이런저런 병역의 의무를 다하는 남자들의 수가 매우 방대하게 계산되었 으나 무관직을 채운 수는 4,000명 이상을 넘지 않는 데에 의문이 생길 수 있다. 무관직 중앙관료와 군 전체의 관계는 무엇일까? 달리 말해 무관들이 하위계급부터 올라왔던 것일까, 아니면 사회적 신분에서 비롯된, 원래부 터 다른 집단이었던 것일까? 조선 초 문무관들은 대부분 양반가 출신이었 지만 그와 대조적으로 오늘날의 하사관들과 일반 병사에 해당하는 하급군 인들은 중앙관료집단이 아니었으며 대부분은 양반이 아니었다. 조선 사회 에서의 신분과 무武의 연관성에 대한 중요한 문제를 고찰하기 위해서는, 1402년에 만들어져 1894년까지 지속적으로 유지되었던 무과제도의 성격 을 더욱 깊이 이해할 필요가 있다.

새로운 무과제도

조선은 개국 초기 문인 위주의 중앙관료체제를 만들기 위한 방안의 일환으로 과거제를 세부적인 부분까지 조정했다. 문과와 잡과는 각각 문관과 기술관을 선발하였고, 이와 더불어 무과는 새로운 무관들을 채용하기 위한 취지로 신설되었다. 제한적이고 하찮은 기술만을 평가한다는 '잡과'와는 대조적으로, 양반이 치르는 문무과 시험은 그 명칭이 '대과大科'일 정도로 훨씬 큰 존중을 받았다. 양반은 이에 필요한 지식을 공부하고 준비했다. 1402년 무과를 재확립하면서 조선은 백성을 다스리기 위한 두 가지 방도를 찾았는데, 도덕적 감화moral persuasion와 강제force가 그것이었다.[59] 중앙관직의 문무과 관료체제는 백성들을 통치하는 하나의 방법이 되었던 것이다.

조선 초기의 무과제를 이해하기 위해서는 과거제도 전반에 대한 기본적인 이해가 필요하다. 조선의 과거제는 세 가지 큰 범주가 있었는데 이를 통과한 자들은 적어도 원칙적으로는 관직에 오를 자격이 있었다. 과거합격자들은 각각 중앙관료조직의 문·무·잡직에 배정되었다. 문과 혹은 무과에 합격했는지 여부에 따라 합격자는 각각 평생을 문반文班과 무반武班으로 불렸는데, 이 호칭은 나중에 문관이 무관을 겸하거나 심지어 무관직만을 수행하더라도 바뀌지 않았다. 이는 무관의 경우에도 마찬가지였다.[60]

과거합격자들이 누릴 수 있는 영화와 위세는 어떤 종류의 과거에 응시해 합격했는가에 따라 달라졌다. 조선 초기에 문관이 높은 직위로 올라가는 과정은 처음에 생원진사시生員進士試 혹은 사마시司馬試를 통과해야 했는데, 이는 소과小科로 분류되는 것이었다. 이 시험에서 합격한 사람들은 한양의 성균관에 들어가 예조에서 주관하는 시험을 준비할 수 있었다. 무과는 병조에서 주관했는데, 문과와는 달리 이와 같은 일종의 자격시험이 필요하지 않았다. 가장 등급이 낮았던 잡과는 중앙정부에 필요한 여러 가지 전문

적인 자리를 채우기 위해 치러졌다.[61]

원칙적으로 조선은 3년에 한 번씩 문과와 무과, 잡과 그리고 사마시를 시행해야 했다. 문무과에는 세 가지 단계가 있었는데 첫 번째 단계는 지역 내 할당된 인원을 뽑기 위해 전국적으로 시행된 초시初試였고, 다음 단계는 수도 한양에서 열렸던 복시(회시會試)였다. 마지막 단계는 복시에서 뽑힌 합격자들의 등수를 결정짓기 위해 궁궐에 모여 국왕 앞에서 치르던 전시殿試였다. 이와 달리 잡과는 생원진사시나 전시 없이 초시와 복시만을 보았다. 이렇게 3년마다 주기적으로 실시하는 식년시에 할당된 합격자 수는 문과 33명, 무과 28명, 잡과 48명 그리고 사마시 200명(생원시와 진사시 각각 100명)이었다. 식년시 외에도 비정기적으로 별시別試를 치렀는데, 왕실에 경사가 생겼을 때 열렸던 증광시增廣試 등이 그것이었다.[62]

1402년 2월에 처음 무과가 시행되면서 조선시대 과거제도는 대체로 완성되었다고 할 수 있다.[63] 식년시에서는 대체로 경서에 관한 시험(강서講書, 강경講經)과 무술시험을 치렀다. 식년시의 예비단계에서 응시자들은 목전木箭, 철전鐵箭, 편전片箭, 기사騎射, 기창騎槍, 격구擊毬(騎擊, 〈그림 1.1〉) 등 총 여섯 가지 무술 실력을 평가받았다.[64] 두 번째 단계에서 응시자들은 위에서 언급한 무술 실력을 다시 한번 평가받을 뿐 아니라 1469년 조선 정부가 공포한 《경국대전》[65]과 고전에 대한 지식을 상세히 설명해야 했다. 《경국대전》은 모든 응시자가 공부해야 하는데 비해 경전은 사서오경 중 한 권, 무경칠서武經七書 중 한 권, 그 외에 여러 고전에서 한 권씩 선택할 수 있었다. 각 과목에서 시험관은 응시자가 선택한 책에서 한 곳을 골랐고, 그러면 응시자가 그 부분을 읊고 뜻을 설명해야 했다. 마지막 단계인 전시를 치를 때 응시자들은 임금 앞에서 격구와 보격步擊 등의 기예를 선보여야 했다.[66]

비정기적으로 치러졌던 시험은 비교적 경쟁이 치열하지 않았다. 증광시에서는 식년시와 같은 과목을 치렀는데 사서오경과 무경칠서까지만 보고

삼경三經과《경국대전》은 제외시켰다. 다른 별시들은 그보다 한 단계, 혹은 두 단계까지 줄이고 강서講書보다는 무술시험을 강조했다.[67] 앞으로 살펴보겠지만 이와 같은 별시들은 후대로 갈수록 더욱 빈번하게 치러졌다.

조선 초기에 실시된 무과는 문과에 비해 기준이 낮게 책정되어, 두세 개 정도의 경전과 응시자들이 직접 선택한 무예를 시험 보는 정도였다. 무과와 관련된 조정의 논의는 강서講書의 최소 합격 기준에 대한 토론을 중심으로 전개되었는데, 유교 군주와 관료들은 문무과를 동등하게 생각하지 않았고 문학적 소양이 무과 소양보다 우월하다는 것을 전제로 했다. 태종은 태조와는 대조적으로 무과를 문과와 동등한 제도적 기반하에 설립했지만 이것도 무과 소양을 중시한 것이기보다는 새롭게 중앙집권화된 군대조직을 강화해야 할 필요성이 반영된 것이었다.[68]

〈그림 1.1〉《무예도보통지武藝圖譜通志》(奎 2891)에 실린 격구擊毬 장면.
(서울대 규장각한국학연구원 소장)

태종의 아들 세종 때에는 각종 무술에서 필요한 세부 기술에 대해 면밀히 검토하였다. 궁술弓術에 대한 기술적인 토론이 활성화되었으며, 격구 폐지 여부에 대한 논의가 나타났다. 당시 격구가 성행하여 구경꾼들이 모이고 취태醉態와 같이 점잖지 못한 행동이 나타나면서 신하들은 격구를 폐지하자고 주장했다. 하지만 세종이 격구는 무예로 수련할 가치가 있다며 신하들의 의견에 반대했다. 결국 1425년에는 격구가 무과의 필수 과목으로 채택되었으며, 세종의 재위기간에는 격구가 식년시의 정규 과목이었다.[69] 조선 중기 들어 더욱 빈번히 치러진 별시에서 격구는 대부분 생략되었는데, 1470년 병조에서 탄원을 넣어 격구가 부활되었다.[70]

이러한 정부의 노력에도 불구하고 과거에서 무술시험과 경서의 이해 정도를 가늠하는 강경講經 모두를 높은 수준으로 유지하려던 목표는 달성되지 못했다. 따라서 일반적으로 무과를 쉬운 시험으로 인식하는 현상이 지속되었다. 당시 기록에는 양반가 젊은이들이 쉬운 강경 때문에 무과로 몰린다는 불평이 다수 나타난다.[71] 이 때문에 1430년 병조는 강경과 무술시험을 모두 강화해야 한다고 청원했다.[72] 문文을 중시하는 유교적 편향과 함께, 상대적으로 쉬운 무과시험으로 인해 무관의 명예가 문관보다 낮을 것이라는 인식은 처음부터 분명하였다. 15세기 말 무렵에는 무과가 문과에 대적할 수 없음을 국가에서도 거의 인정하는 상황에 이르렀다.[73]

무과의 내용에 대한 논의가 거의 마무리되던 15세기 말, 왕과 대신들은 증가하는 무과의 빈도와 규모에 대해 고심해야 했다. 무과 시행의 빈도와 규모는 그 이전에도 수십 년 동안 꾸준히 증가해왔다. 15세기 말엽에 이르러, 무과가 지속되기 위해 해결해야 할 문제점으로 규모와 빈도가 거론되기 시작한 것인데, 다음의 통계를 통해 그 내용을 살펴볼 수 있다. 선조의 재위기간 동안(1567~1608) 무과 시행은 2년에 한 번에서 6개월에 한 번으로 늘어났고(〈그림 I. 2〉), 이에 따라 1년 동안의 무과합격자 수도 25명 정도

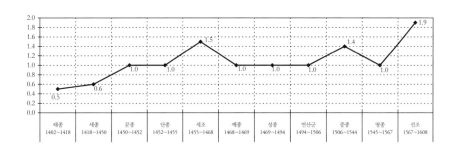

〈그림 1.2〉 무과 시행의 빈도 변화

전거: 《무과방목武科榜目》, 《조선왕조실록》, 《무과총요》, 《교남과방록嶠南科榜錄》,

심승구, 〈조선 초기 무과제도〉, 《북악사림》 1, 1989.

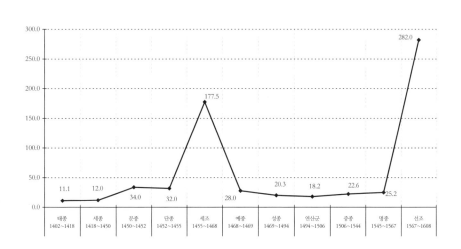

〈그림 1.3〉 1402~1608년 무과 합격자 추이 변동

전거: 《무과방목》, 《조선왕조실록》, 《무과총요》, 《교남과방록》,

심승구, 〈조선 초기 무과제도〉, 《북악사림》 1, 1989.

에서 282명으로 급격히 늘어났다(〈그림 I.3〉).

이처럼 무과합격자가 급증한 이유는 다양한 별시가 시행되면서였다. 별시는 정원이 없는 데다 정치적 이유 때문에 더욱 자주 시행되었다. 예를 들면, 1519년에 시행된 현량과의 취지는 개혁 성향의 소장파 성리학자들을 선발하기 위함이었고, 이에 부합하여 현량과 무과도 시행되었다. 또 별시의 또 다른 형태로 정시庭試가 있었다. 정시는 이 시기부터 시작되어 이후로 더욱 빈번하게 시행되었다. 1489년부터 성균관 유생들은 매년 봄과 가을에 응시할 수 있었고, 성적이 우수한 유생은 직부直赴할 수 있는 특전이 주어졌다. 이 시험은 합격을 인정받는 정시가 되었고, 1506년에는 이에 상응하는 정시 무과도 시행되었다.[74] 절차가 생략되면서 정시는 나라에 경사가 있을 때 시행되었지만, 왕족들은 증광시에 응시할 수 있었으므로 정시는 이들에게 중요함이 덜했다. 이러한 정시와 달리 시행되었던 별시들을 통해 더 자주 그리고 큰 규모로 치러진 무과시험들을 설명하는 데 도움이 될 것으로 보인다. 15세기에는 두 차례의 무과에서만 100명 남짓 되는 합격자가 배출된 것과는 달리, 16세기 조일전쟁 전까지 무과는 적어도 여섯 차례 이상의 무과를 통해 100명 이상의 급제자를 양산했는데, 모두 16세기 중반 이후에 시행된 것이었다.[75]

16세기 상황이 이처럼 변화한 가장 주된 요인은 붕당정치가 과열됨에 따라 권력자들이 자신들의 자리를 지키기 위해 충성스러운 자들을 뽑으려 했기 때문으로 보인다. 당시 개혁적인 신진사대부 관료들은 대부분 문무과가 과하게 시행된다고 비판했다. 하지만 보수적인 왕과 공신들은 이 시험들이 단지 일종의 자격을 조금씩 나누어줌으로써 사람들을 달래는 적절한 수단이라고 생각했기 때문에 대체적으로 이를 장려했으며 실행에 옮겼다. 중종(재위기간: 1506~1544) 대에는 중종반정에서 공을 세워 권력을 차지한 대신들을 중심으로 문무과 시험을 같은 위상에 두는 작업이 이루어졌다. 그들

은 '문무일체文武一體'라는 이상적인 이론을 통해 이를 정당화했다.[76]

정치적 혼란이 계속됨에 따라 왕과 대신들은 자주 무과를 시행해서 합격자를 양산하는 것을 더욱 선호하게 되었다. 중종 사후인 1544년, 왕의 외척으로 서로 경쟁하던 두 가문이 훈구와 사림으로 나뉜 구도를 재편하려는 바람에 대립 국면이 나타나게 되었다. 중종의 맏아들인 인종이 즉위하면서 외척들이 정권을 장악했고, 뒤이어 그의 동생인 명종(재위기간: 1545~1567)이 왕위를 이었다. 명종이 어린 나이에 즉위하자 명종의 생모 문정왕후가 수렴청정을 하였고, 윤원형과 윤원로가 문정왕후와 함께 실질적 권력을 행사했다. 1565년에 문정왕후가 사망하기까지 그들은 무과시험을 포함하여 다양한 방법을 통해 협력자, 부하, 제자, 측근들에게 권력을 주거나 포상을 했다. 대간의 비판에도 불구하고 명종은 의정부와 같은 고위관리들의 지지를 받으며 계속해서 과거를 빈번하게 시행하도록 승인했다.[77]

조선이 빈번하고 간략화된 특별한 무과를 계속 시행하면서 급제자들의 자질은 더욱 낮아졌다. 1599년부터는 간단한 궁술시합에 나간 참가자마저도 무과급제자로 인식될 지경이었다.[78] 이에 따라 16세기 자료들에서는 무과응시자들의 무예능력이 떨어지는 것을 염려하는 기록을 쉽게 발견할 수 있다.[79]

15세기 후반부터 16세기 중반까지 평화로운 시기가 계속되면서 조선 초기의 군사제도는 근간부터 붕괴되어갔다. 15세기 후반에 접어들면서 양반들은 피역避役하기 시작했지만 표면상으로는 왕의 친위대에 소속되어 있거나 보인 역할을 하고 있었다. 비록 양반들이 군역을 면제받는 법 규정이 아직 명확히 확인되지 않지만 양반들은 군역 면제를 세금을 면제받는 것과 비슷한 혜택으로 생각했던 것으로 보인다. 당시 이러한 양반층들의 군역 면제는 바로 전투에 투입될 수 있는 능숙하고 훈련된 군대가 더 이상 존재하지 않는다는 것을 말해주는 것이다. 보병이나 수군으로 징발된 평민들은 보인들에게서 받은 면포로 대립代立하거나 고립雇立을 자주 행했다. 보통 사노비나 부랑자들이 대립의 대부분을 채웠는데 이들은 실제로 군역을 담당하는 대신 요역徭役에 동원되었다.[80] 그러나 대립을 구해야 했던 대부분의 농민들에게 그 대가는 재정적으로 가혹한 부담이었고, 이 때문에 많은 농민들이 피역하기도 했다. 급료병을 유지하기 위해 정부는 1537년 군역을 부담하는 모든 남자에게 군포를 거두었으나 나라의 전반적인 재정 상태는 계속 나빠지기만 했다.

군포에 의지하는 것은 그 자체로 조선이 군인을 채우는 데 어려움을 겪고 있다는 증거일 뿐 아니라 나라의 전반적인 재정 상태가 취약했던 것을 보여주고 있다. 조선 초기의 세금은 전세田稅, 요역, 공납貢納 세 부분으로 이루어졌는데 당시에는 세금 징수를 최소한으로 유지하고 소작농들의 생계를 최소한으로나마 보장하고자 했다.[81] 이러한 제도는 농업기술의 발전과 더불어 15세기 중반 경작지가 최대로 확대되었기 때문에 얼마간은 원활하게 작동하고 있었다.[82]

15세기 말 무렵부터는 공납제도 무너지기 시작했다. 필요할 때에 특산물을 충분히 걷을 수 없는 경우가 생기자 특산물의 조달을 담당했던 여러 관서들이 현물을 미리 사놓기 시작했기 때문이다. 이렇게 새로 만들어진 방납防納제도는 여러 단계의 중간상인들을 거치는 것이었고 이 때문에 개인이 상업 활동을 할 수 있는 여지도 생겨났지만 동시에 그 과정에서 관리들이 저지르는 부정도 늘었다.[83] 공물을 공급하는 계약자로서 공인貢人들은 실제 세금보다 많은 양의 이득을 취할 수가 있었다.[84] 보인은 정병을 강화하기 위해 군포를 내는 것이었지만 양반들이 점점 군역을 지지 않고 빠져나가는데다 군포까지 내지 않는 경우가 많았기 때문에 다른 이들이 부담하는 세금이 무거워지고 있었다.

16세기 조선의 주된 근심은 백성들의 빈곤이었는데, 인구가 급격히 증가하는데도 불구하고 백성들이 노비로 전락하여 군대에 병사들이 제대로 충원되지 못하는 상황이 나타났기 때문이다.[85] 엄밀히 말하면 15세기 조선의 건국과 중앙집권화 정책은 지방 향리와 같은 사회집단을 희생시켜서 국가와 양반에게 이익을 주려는 것이었다. 16세기에는 새로운 사회경제적 발전과 더불어 양반들이 국가와 양인 납세자들의 희생을 통한 이득을 보기 시작했다.[86]

이러한 상황 때문에 16세기 조선은 임시변통으로 국경을 경비할 군대를 확보하기 위해 무과를 시행했다. 당시 상황을 조금 더 잘 이해하기 위해 먼저 무과급제자들이 합격 이후에도 관직으로 나가지 못했던 상황에 대해 생각해보아야 한다. 무과급제자 중 소수만이 중앙관직의 중요한 자리를 맡을 수 있었던 당시 상황은 조선 후기에 이르기까지 문제로 이어졌다.

무과급제자들의 추락하는 정치적 위상

전통적으로 무과의 권위가 문과보다 떨어졌던 것은 사실이지만 그래도 15세기 무과급제자들은 대체로 정당한 대우를 받고 있었다. 그들은 중앙관료 내에서 무관직을 얻을 수 있었으며, 심지어 그중 다수는 중요한 고위문관직을 차지하기도 했다. 그러나 16세기 붕당이 등장하고 외척들이 권력을 장악하고, 인맥으로 얽힌 무관들에게 관직을 주는 관행이 나타나면서 인맥이 없는 사람들은 관직을 받기가 매우 힘들었다. 다음에서 살펴볼 것은 전반적인 무과급제자들의 정치적 위상 하락을 보여주는 현상을 어떻게 평가할 것인가에 대한 문제이다.

1402년 조선에서 무과가 처음 시행되었을 때, 무과의 제도상의 지위는 문과와 동등했고, 이조와 병조가 각각 문과와 무과의 인사를 관리했다.[87] 병조는 16세기 초까지 국가의 안보 문제를 다루는 중요 기관이었다. 이후 비변사가 창설되면서 안보 문제를 다루는 다양한 기관에 있던 고위관리들은 비변사에 소속되었다. 비변사가 창설되기 전 병조판서는 전체 고위관리들 중에서도 가장 중요한 사람 중 하나였으며, 군사에 대해 해박한 지식을 가진 이들이 주로 그 자리에 올랐다.[88]

무武에 대한 평가가 비교적 호의적이던 조선 초기에 무과급제자들은 문과급제자와 마찬가지로 출세가 보장되는 특권을 누리고 있었다. 예를 들면 1430년에는 세종이 예조의 추천대로 급제자들이 죄를 지었을 경우 현직 관리들과 동등하게 대우하도록 했다. 즉, 형조가 아닌 의금부가 이들을 최초로 심문함으로써 일반 백성과는 구별하여 예우한 것이다.[89] 급제자들에게 주어진 이 같은 특권은 17세기 들어 범법자나 신분이 비천한 자들이 무과에 대규모 응시하게 되면서 문제가 확산될 때까지 유지되었다.

당연히 무과급제자들은 무과를 통과하지 못한 다른 무관들에 비해 더 큰 특권을 누리고 있었다. 무과에 급제하기 위해서는 상당한 무술 실력을 갖추어야 했지만, 급제자들이 일반 병사들과 확실히 구별되었던 특징은 지휘관과 관리로서의 가능성이었다.[90] 무과 장원급제자들은 무관직보다는 문반직 6품에 해당하는 품계를 받았는데, 이는 이들 급제자들이 병법과 경서 그리고 법전을 기반으로 한 광범위한 지식을 가진 군대 지휘권자가 될 것으로 촉망받고 있었음을 보여주는 것이다.[91]

무과급제자들은 무과를 거치지 않은 다른 무관보다 더 큰 명예와 존경을 누리고 있었고, 이는 조선 초기 중앙관료와 조정의 정치에서 그들의 위상을 보여주는 것이다. 조선시대를 통틀어 일곱 명의 무과급제자만이 삼정승인 영의정, 좌의정, 우의정의 자리에 올랐는데 이 가운데 3명은 15세기에 관직을 받았다. 이는 이 시기 무과급제자들의 정치적 입지가 높았던 증

거라고 볼 수 있다.[92]

조선조 수백 명의 정승들 중 무과급제자들이 극소수이긴 했지만, 이를 통해 무관들이 중앙관료 전체에서 어떻게 평가되었는지 고찰해볼 필요가 있다. 1402년부터 1494년까지 무과합격자 중 3분의 2는 종4품 관직까지 올라갔다. 합격자들 중 대부분은 병마절도사兵馬節度使, 부사府使 등 무관직이나 그와 관련된 관직을 얻었다. 조선 초기 무과는 의도된 바대로 기능하여 무과를 통해 중앙에서 임명한 지방관리들과 관료체제에 필요한 무관이 충원되었다. 또한 무과급제자들 중 절반 가까이 되는 이들의 마지막 관직이 문관이었다는 점도 주목할 만하다. 이 관직들은 영의정과 병조판서, 직제학, 대사헌, 관찰사 등의 중요하고 명망 높은 고위관직이었다. 실제로 관력官歷을 추적할 수 있는 무과급제자 가운데 22명(10퍼센트 미만의 소수)이 상기한 고위관직에 올랐다. 이를 통해 15세기 무과급제자들은 무관으로서만 승진한 것이 아닌 사실을 확실하게 알 수 있다.[93]

심지어 15세기 전반기의 50년 동안 무과급제자들은 문과급제자들에 비해 더 빠르게 승진하기도 했다. 북방에서 군사작전이 지속되어 무관들이 나라에 공을 세울 수 있었던 것이 그 이유 중 하나였고, 그 밖에도 아홉 등급으로 나누어진 관료체계―관품 내에 무관직이 없는 경우도 있었다. 이 등급의 모든 수준에 무관직이 있는 것은 아니었다―가 불완전했기 때문에 그들이 등급 내에서 허용되는 고위무관직을 받는 경우도 종종 있었다. 이러한 상황은 후반기 50년 동안 바뀌었는데, 북쪽 국경지대의 상황이 안정되고 군사조직이 오위제五衛制로 정착되어 모든 무관직에 관원이 다 충원되었기 때문이었다. 이 때문에 무과급제자들의 승진 속도는 점차 느려지기 시작했다.[94]

무과급제자들의 관직 진출이 거의 막혀버린 상황 속에서 정부에서는 이를 해결해보려 노력했지만, 15세기 말부터 무과급제자들이 벼슬을 할 기회는 점점 더 줄어들고 있었다. 더구나 전반적으로 무과에 급제한 지원자들은 합격한 뒤에도 곧바로 관직을 얻기가 굉장히 어려워졌다.[95] 알려진 바에 따르면 1459년부터 1591년까지 급제자 중 절반이 조금 넘는 숫자만이 종4품 이상의 관직을 얻었으며, 이러한 수치는 이전 시기에 비해 현저하게 감소된 모습이었다.[96] 역임했던 관직 정보를 확인할 수 있는 무과급제자들의 비율을 볼 때도 이 수치가 이전 시기에 비해 급격하게 줄어들었다는 것을 알 수 있는데, 16세기 급제자들의 임용 전망도 상당히 불투명했던 것으로 보인다. 반면에 마지막으로 받은 관직이 문관인 무과급제자들의 비율은 이전 세기에 비해 거의 변하지 않았다. 이 사실을 통해 관직 수행능력을 갖춘 무과급제자들은 이전과 비슷한 정치적 입지를 획득했음을 알 수 있다.[97]

이러한 경향은 광범위하게 인구학적인 변화 측면에서 봤을 때 좀 더 잘 이해할 수 있다. 조선의 인구는 왕조 개창 당시 400만 명에서 500만 명 사이었다가 1500년대에는 700만 명에서 900만 명 사이로 늘어났다.[98] 이미 살펴보았듯이 해당 시기에 무과급제자들의 수 또한 늘었는데, 이는 전체적으로 증가한 인구수가 반영된 것으로 보인다. 반면에 중앙정부의 관직 수는 조선시대 내내 고정되어 있어, 《경국대전》이 완성된 1469년과 같이 1,779개의 문관직과 3,826개의 무관직으로 이루어져 있었다.[99]

따라서 전반적으로 관직에 대한 경쟁이 심화되었고, 무과급제자들이 영향력 있는 정치인에게 인맥을 통해 벼슬을 얻으려 하는 경향이 증가하고 있었다. 1548년 사간원에서는 영의정 이기李芑(1476~1552·왕의 외숙으로서 막강한 권력을 행사하였음)와 그의 아들 이원우李元祐(1512~1570·1549년 무과 급제)가 오랫동안 권력을 쥐고 관직을 제멋대로 주었으며, 또 이기 자신이 많은 무직武職을 거쳤고, 그 아들 이원우가 무과 출신인 까닭에 무반 관료들이 그 집 앞에 줄을 서고 있다고 하였다.[100] 그리고 대사간은 1557년 장문의 상소를 올려 지방의 수령직이 권세 있는 자들의 친척이나 재물을 탐내는 자들에게 돌아갔다고 하였다.[101] 1564년 삼공三公은 몇몇 지방 병마절제사의 아들들이 그 관할지에서 열린 무과 초시에 응시했다는 사실을 확인하고 이들을 처벌해야 한다는 의견을 왕에게 올렸다. 하지만 명종은 원로대신들의 충고에 따라 그 죄를 용서해주었다. 실록을 기록했던 사관은 '외척 윤원형尹元衡이 그 휘하에 있던 지휘관을 대신해 인사에 개입한 것이다'라고 적고 있다.[102]

1543년 1월에는 무과 시행 결과가 인정받지 못하는 지경에 이르기도 했다. 당시 관리들은 다음과 같은 문제들을 지적했다. (1) 충청도의 시관試官들이 그들의 친척과 아는 이들을 무과에 합격하도록 도왔다. (2) 다른 응시자들이 이에 분노해 봉기하였다. (3) 한양의 시관들은 기사騎射를 평가하는 시험에서 특정한 응시자들에게 특혜를 베풀었다. (4) 응시 자격이 없는 계층이 무과에 응시하였다.[103] 네 가지 지적 모두 지역적으로 기호지방과 관련이 있는 문제로 보통 무과 관련 부정부패가 중앙관리들과 그 친척들의 거주지에서 더욱 성행했다는 것을 보여준다.[104]

기록을 통해 이에 대한 당대의 불만들을 종합해보면 당시 중앙의 고관들이 무과급제자들과 인사를 청탁하는 관계였다는 사실을 확인할 수 있다. 물론 무관들은 정쟁이 있을 때 뒤를 봐준 문신들을 호위하여 신체적 안전을 보장해주는 면에서 중요한 역할을 했다. 1545년에 외척의 득세 이후 폭력적인 권력다툼은 진정되었지만 상대의 음모와 모략에 대비해 스스로를 지켜야 하는 상황은 이어졌다. 이처럼 불안한 환경 속에서 득세한 세력은 무과를 통해 자신들에게 충성하는 많은 수의 무관을 기용했다. 만호萬戶, 첨절제사僉節制使와 같은 변장邊將들은 무과 출신과 금군禁軍처럼 무관직을 수행하기 위해 필요한 합당한 능력을 갖추지 못했으나, 이들 중 꽤 많은 수의 관리들이 정치적 인맥을 통해 관직을 얻었다. 훨씬 더 뛰어난 자질을 갖춘 무과급제자들과 기존의 우수한 금군들은 관직을 받지 못한 채 남아 있었는데, 이들은 외척과 정치적으로 관계를 맺지 못하였기 때문이다.[105]

무과급제자들이 관직에 나가지 못하면서 결국 그들은 무관으로 복무하지 못하고 다른 관직에 나가는 현상이 벌어졌다. 15세기에 새로 무과에 급제한 사람들은 흔히 군관軍官으로 임명되었으나, 16세기 중반 이후부터 지방군과 수군의 장수들이 사적으로 연결된 무뢰한이나 그들의 서얼을 그 자리에 임명하는 바람에 무과급제자들은 더 이상 무관직에 진출할 수 없었다. 16세기 초반 정부는 임명받지 못한 급제자를 군관으로 임명해 그들이 변장이 되기 전 필요한 경험을 쌓을 수 있도록 결정했음에도 불구하고 새로 급제한 자들이 합당한 무관직에 진출할 가능성은 커지지 않았다.[106]

무과급제자들이 이전에 받았던 군관 이외의 다른 관직들은 더욱 부족해졌다. 여러 관서에 존재했던 권지權知는 점점 사라져서 16세기 중반 무렵에는 훈련원에만 남아 있을 정도였다.[107] 무과급제자들은 수령으로서 부적합하다는 인식이 점점 커진 점도 그들의 승진을 막는 하나의 원인이었다. 이전 세기에 이루어졌던 국가적인 노력에도 불구하고 무과급제자들은 해박한 지식을 가진 장군이나 관리자가 아닌 군사훈련만 익힌 병사로서 인식되었다.[108]

중국으로 파견하는 사절에서 무과급제자들은 철저히 배제되었던 사실만 보아도 당시에 전반적으로 좁아졌던 무과급제자들의 정치적 입지를 알 수 있다. 당대의 저명한 학자이자 관리이며 중국을 자주 방문했던 이수광 李睟光(1563~1628)은 조선이 '중세中世middle period'부터는 문관이 아니면 사절단의 측근에도 끼지 못했다고 언급했다.[109] 그가 말한 중세의 의미에 대해서는 조선 초기부터 그가 살던 시대 사이의 중간쯤, 즉 16세기 초를 의미할 수도 있지만 확신할 수는 없다. 무관의 배제가 관행이 된 시기를 명확하게 살피기 위해 우리는 서얼 출신의 재능 있는 문인이며 16세기 초반까지 활발히 활동하던 어숙권魚叔權이 이와 관련해 서술한 내용에 주목할 필요가 있다. 어숙권에 따르면, 1502년 무과를 통과해 1536년 병조판서가 된 조윤손曹潤孫은 북경으로 보낸 조천朝天사절에 포함되어 있었다고 한다.[110] 그렇다면 16세기 중반 즈음이나 그 이후에 무관이 중국 파견 사절에서 배제된 것이 아닐까 추측할 수 있다.

관직을 얻을 기회가 점점 좁아지고 위상이 떨어졌음에도 불구하고 대부분의 사람들은 무과급제자들을 여전히 안보에 관련된 임무를 위해 특별하게 훈련된 무술이 뛰어난 사람 정도로 인식했다. 많은 무과급제자들이 국경을 방어하는 변장이 되었을 뿐 아니라 특별히 치안이 우려되는 지역이라면 구역에 관계없이 관리로 임명되기까지 했다. 16세기는 그 이전 어느 세기보다 산적들이 기승을 부렸던 시기이기 때문에 해당 지역에는 보통 무과급제자들이 임명되었다.[111]

무과급제자들의 수는 증가했지만 동시에 그들을 배치시킬 수 있는 군대의 수는 감소했다. 이후 조선의 진관鎭管체제는 유명무실해졌는데, 양반들이 병역의무를 기피한 데다 대립代立된 이들을 병사로 복무시키기보다는 요역에 활용하는 일이 많았기 때문이다.[112] 왜와 여진의 침입 때문에 골머리를 앓던 16세기 중반부터 정부는 무과급제자들에게 방어를 맡기기보다는 문관에게 일촉즉발의 위기에 대한 군사적인 책임을 질 수 있는 직함을 맡겨 특별히 파견하는 것으로 문제를 해결하려고 했다. 이런 역할을 맡은 문관에게는 적은 수의 군대만이 할당되었지만 주둔지에서 군인을 더 모집할 수 있었다. 지방군대와 보통 무과 출신의 수군水軍 장수들의 권한 또한 이 시기에 축소되었던 것을 생각하면 무과급제자들의 정치적 입지가 현저하게 감소한 것은 놀라운 일이 아니다.[113]

귀족들의 지속적인 무과 장악

15세기부터 조선 초기 군사조직이 와해되고 외방의 군사적 압력이 증가하면서 국가와 양반 사이의 이해관계에서 갈등이 드러나게 되었다. 조선이 점차적으로 군역에서 배제되었던 특권층에 대한 규제를 완화하고 무과의 권위가 점점 떨어졌음에도 불구하고 귀족들은 급제자들 사이에서 자신들의 권위를 유지하려고 했다. 현직 관리들은 잠재적으로 자신의 지위를 위협할 수 있는 양반 이외의 계층들을 효과적으로 배제하는 정책을 만들어나갔다. 비록 양인들을 과거에서 배제하는 법적인 제약은 없었지만 과거를 보기 위해 양인이 몇 년씩 생업에 종사하지 않고 준비하는 것이 사실상 불가능했기 때문에 그 자체가 양인들에게는 실질적인 제약 조건이었다. 이것은 사실상 양반들이 지속적으로 문무과 모두를 독점했음을 의미하며 이를 통해 양반들은 관직 대부분을 차지함으로써 지배권을 유지할 수 있었다. 이런 이유로 조선 초기의 양반은 문무과 중 어느 한 분야로만 진출한 것은 아니었다.[114]

　조선 초기의 첫 두 세기 동안 과거에 합격하는 것은 사회적인 의미를 가지고 있었으며 조선은 과거급제자의 진출을 통제하였다. 원칙적으로 문무과는 모두 법적인 제약 없이 누구에게나 열려 있었다. 15세기 말 공표된 《경국대전》에 따르면 다음과 같은 자들만이 시험에 응시하지 못했다. (1) 왕의 모든 아들, 손자, 증손, 현손을 포함하여 사전賜田을 지급받은 종친宗親, (2) 향촌에 있는 고려 중앙관리의 자손[閑良], (3) 사족土族이 아닌 여자와 결혼한 내금위, 별시위를 포함한 특수 정예병, (4) 서얼과 그의 자손들, (5) 재혼한 여자 혹은 여자가 기본적으로 지켜야 할 유교적 정절의 미덕을 지키지 않은 실행失行한 부녀婦女의 자식들, (6) 큰 죄를 범하여 영구히 관직에 임용될 수 없게 된 자, (7) 노비나 사회적으로 경멸을 받는 직업을 가진 미천한 자들.[115] 이러한 규제 사항은 대다수 사람들이 시험에 응시할 수 있다는 것을 의미하는 것이었지만 현실은 그렇지 않았다.

그렇다면 《경국대전》에서 왜 종친의 과거 응시자격을 박탈했는지 그 이유에 대해 살펴볼 필요가 있다. 15세기 조정에서는 사전을 지급받은 종친들의 과거 응시 여부를 두고 설전이 벌어졌다. 이를 두고 왕과 대신들 사이에는 갈등이 일어나고 있었다. 법의 규정에 따르면 사전을 지급받은 종친의 범위는 모친의 지위와 관계없이 왕의 3대 직계손자까지였으며, 그들에게는 일정한 소득이 보장되었고 심지어 불법을 저질러도 낙인이 찍히지 않았다. 왕들이 때때로 총애하는 종친들에게 비교적 덜 엄격한 무과에 응시하도록 윤허해주면서 관직을 보장하려 하자 양반 관리들은 이에 항의했다. 쟁점이 되는 것은 계속해서 증가할 수밖에 없는 종친들이 과거에 응시하면 균형 잡힌 관료체제를 위협하는 잠재적 요인이 된다는 것이다. 양반들이 항의한, 아직 드러나지 않았던 걱정거리는 두 가지였다. 관직 자리를 두고 더 심한 경쟁이 벌어질 것을 염려한 것이기도 했고 관료집단이 왕족의 이익을 대변해주지 않을까 하는 걱정이기도 했다.[116]

국가에서 실시한 과거는 양반들이 실질적으로 독점하고 있었는데 이러한 상황을 가능하게 한 것은 서얼이나 조상 대대로 세습하여 관직을 독점했던 향리와 같은 경쟁자들의 과거 응시자격을 법적으로 규제하고 있었기 때문이다.[117] 이러한 법적 규제는 시대에 따라 변화되기는 했지만, 기본적으로 도덕적 기준에 따라 서얼을 배제하는 기본 논리는 변하지 않았다. 비록 아버지의 신분이 양반이라도 어머니의 지위가 비천하다면 이 관계는 부적절한 것으로 간주했고, 그들의 자식과 후손도 부끄러운 관계에서 자유롭지 못하다고 보았기 때문에 관직에 나아갈 자격을 박탈한 것이다.

이와 반대로 지방 향리들은 실질적인 이유로 관직에서 쫓겨났다. 조선은 건국 직후, 지방의 행정을 담당할 인력을 확충하기 위해 고려의 향리와 조선에 협력하지 않은 고려의 당하관 중앙관리들에게 지방의 행정을 맡도록 강요했다.[118] 이들은 종종 관찰사와 지방 수령을 도와 부담스러운 행정업무를 수행해야 했으나, 중앙관리직에 있는 관리처럼 급료도 과전科田도 받지 못했다. 이러한 정책은 향리들이 국가에서 주관하는 과거에 응시하는 것을 실질적으로 불가능하게 만들었다.[119]

또한 한량閑良이 과거합격자의 모집단이 될 것이라 생각할 수도 있으나 실제는 법적으로 응시조차 막혀 있었다. 그들은 대체로 고려 말 중앙관리의 자손들로, 지방으로 이주하여 스스로 해당 지방에서 영향력을 갖추었기 때문에 향촌의 유력인사가 될 수 있었다. 고려가 망해가면서 그 자손들 중 몇몇은 어떻게든 전공戰功을 세우거나 과거에 급제하여 관직이나 품계를 얻었고, 1391년에 새로이 시행된 과전법에 따라 그들에게 약간의 과전이 지급되었다.[120] 15세기 초부터 정부는 도시都試를 통해 무술 실력을 기준으로 한량을 선발했다.[121] 한량에게 종친, 문무관원, 무관 그리고 여타 미관말직의 관리들과 같은 대우를 한 것은 이들을 넓은 의미의 지배층 귀족이나 벼슬이 없는 양반으로 간주한 것으로 볼 수 있다.[122] 15세기 말경 그들은 대체적으로 사회경제적인 자산을 가진 가문 출신으로 문무 지식을 겸비하고 있었음에도 불구하고 호적, 군적, 학생안學生案 등에는 등재되어 있지 않았다.[123] 즉, 한량들은 시험을 볼 수조차 없었으므로 국가에서 공식적으로 인정하는 관직을 받는 데 실패했다고 볼 수 있다.

이처럼 양반 외의 다른 집단은 문무를 겸비했을지라도 과거에 응시조차 못 하는 현실 속에서 실제로는 양반만이 과거에 응시할 수 있었다. 대부분의 평민들이 법적으로는 과거에 응시할 수 있었으나, 평민이 과거에 합격하는 것은 현실적으로 불가능했다. 과거에서 요구하는 지식을 평민들이 갖출 수 없었기 때문이었다. 국가에서는 과거 응시자격을 양인에게까지 확대해 형식상의 노력을 하고 있었지만, 향교를 세워 교육을 시키고 농번기에는 시험을 치르지 않는 등 형식적이며 표면적인 노력만으로 양인들이 과거에 다수 합격하기는 힘들었다. 무과의 경우 무과지원자가 시험에 필요한 충분한 학식을 습득했다고 해도, 승마술을 보는 과목에서는 말을 직접 소유하여 훈련시키고 경연에 직접 데려올 수 있는 부유한 계층이 그렇지 못한 계층보다 더 유리했음은 당연한 일이었다.

사료에 따르면 무과급제자의 전력은 음서, 전·현직 무관, 혹은 왕실 친위군 출신이었던 것으로 나타난다.[124] 실제로 무과급제자의 부친은 높은 지위의 문관이거나 정치적으로 중요한 중신重臣이거나 혹은 국가에서 토지를 사여받은 왕실 종손이거나 그에 준하는 자일 가능성이 높았다. 설령 그렇지 않더라도 과거에 급제한 적이 있거나 직역이 유학幼學—두 부류 모두 대부분 양반가문이다—인 것으로 미루어 15세기 무과 출신은 거의 양반 가문에서 나온 것이 분명하다.[125]

양반 지위 자체가 성공을 항시적으로 보장해주는 열쇠는 아니었지만 본관씨족本貫氏族에게 초기에는 출신 지역 또한 매우 중요한 요소였다. 본관씨족은 보통 직계로 추정되는 혈족이 같은 친척들로 이루어져 있다. 성과 본관으로 구분되는 본관씨족은 각각 사실 여부와 관계없이 전반적으로 양반 유학자나 관리였던 자신들 조상의 업적을 대외적으로 기리고 있었다. 특히 조선 초기 가장 성공한 몇몇 본관씨족은 조상 대대로 경상도와 전라도에 거주하면서 많은 수의 과거급제자를 배출했다.[126] 경상도에는 고려 말 과거를 통해 중앙관료집단으로 입성한 유명 가문들이 다수 거주하고 있었다. 한반도에서 지리적으로 비교적 기후가 온난한 지역에 위치한 경상도는 전통적으로 가장 비옥한 농업지대였다. 따라서 무과 출신이 경상도와 전라도에서 다수 배출된 이유는 농업기술이 이 지역을 중심으로 발전했고 여말선초에 이를 기반으로 한 사회경제적 조건은 이들이 과거를 준비하는 과정에 큰 도움이 되었다.[127]

조선 초기의 본관씨족은 사회적 구성이 매우 다양했으므로 그 구성원 내에서 무과급제자들이 얼마나 긴밀히 연관되어 있는지, 혹은 그들의 친척들 중 문과급제자들이 있는지 여부를 알아내는 것은 어려웠다. 문중의 개념은 이 시기에는 유용하지 않았는데, 조선 초기에는 양반들에게도 엄격한 가부장적 친족체제 개념이 아직 자리 잡지 않았기 때문이다.[128] 고려는 일반적으로 같은 종족을 같은 친족으로 구분하기보다는 부계 친척, 모계 친척, 인척 등의 다양한 요소들로 구분한 조선보다 조금 더 유연한 사회였다. 조선 초기까지도 이러한 사회적 특성은 그대로 이어져 처가 식구들과 함께 사는 풍습이 존속하고 있었으며, 자녀들을 외가에서 키우는 경우도 드물지 않았다.[129]

이처럼 모호한 부분이 있음에도 불구하고 편의상 부계의 '가까운' 친족 범위를 8촌 이내까지로 정의내릴 수 있는데, 이는 당내堂內를 제한하기 때문이었다.[130] 이러한 문중을 분석함으로써 15세기 무과급제자 사이에서 나타나는 여러 특징들을 확인할 수 있었다. 첫째, 급제자가 그의 조상 때부터의 터전에 계속 산다고 해도 그곳은 보통 그 가문의 유일한 거주지는 아니었다. 권세 있는 양반가는 한 곳에만 거주하지 않았고 토지도 여러 지역에 걸쳐 소유하고 있었기 때문이다. 둘째, 몇몇 문중들은 서로 지리적으로 나뉘어 족보상 먼 친족으로 이루어져 있었는데, 가끔은 친척관계를 증명하기 힘들 정도였다. 셋째, 많은 수의 급제자들이 훈구와 개혁 성향의 사림파 가문을 모두 포함한 권세 있는 양반가 출신이었다.[131] 우리가 무과급제자의 가까운 부계 친족만을 살펴보는 것을 감안하면 모계 친족과 부계가 아닌 친족들은 더 다양할 것이라는 사실을 유추할 수 있다.

양반이 우세를 보였던 무과의 패턴은 조선 초기부터 16세기까지 계속됐다. 16세기 후반 북방 국경지역의 위기가 다시 시작되었을 당시 양반 가문에서도 무과급제자들이 나타났다.[132] 사실 1525년 문무과급제자나 사마시에 입격한 자들의 아들과 손자들 그리고 '사조四祖' 가운데 적어도 종4품 관료가 있는 자들은 범죄를 저질러 유죄를 받고 형량을 선고 받을지언정 변방에 근무하지는 않다.[133] 그러므로 16세기 무과급제자들은 양반일 뿐 아니라 나라가 특권을 보장하는 귀족의 일원으로 간주되는 자들이었다.

그래도 정부는 이 시기에 새롭게 부상하는 중요한 사회계층인 한량이 무과에 응시할 수 있도록 허가했다.[134] 조선이 이러한 결정을 하게 된 계기는 1512년에 만들어진 정로위定虜衛에 충원할 인원이 매우 부족했기 때문이었다.[135] 정로위에 배치되어 겪는 어려움과 위험 때문에 관에서는 이곳에 들어가는 이들에게 보상을 했는데, 처음에 북방에서 정로위에 근무한 이들은 수도에 있는 금군禁軍으로 옮길 수 있는 특권이 주어졌다. 한량들은 무과에서의 경쟁에 이러한 배경을 이용하였다.[136]

그렇다면 원래 무과 응시가 금지되었던 한량이 시험에 응시할 수 있게 된 것은 누구의 이득을 위해서였을까? 무과급제자들이 차지한 관직 자리가 이미 포화 상태였다면 왜 조선은 한량에게 기회를 준 것일까? 이에 대한 답변을 제시하자면, 조선 초 양인개병良人皆兵의 원칙 위에 세워진 군대 조직의 붕괴는 16세기 초까지 분명하게 드러났으므로 조선은 한량이 군대를 보완할 잠재적 인력이라고 보았을 것이다. 이런 상황에서 정부는 결국 무과급제자들에게 적합한 지위만 보장해주었지만 실제 관직을 내어주지는 않아 이들이 중앙관직에 오르지는 못했다. 결국 16세기 무과급제자는 양반이 아니더라도 관직 유무와 관계없이 국가의 관직자에 준하는 대우를 받을 자격을 줬으며, 이런 점에서 그 특권은 문과와 비슷했다. 이런 이유 때문에 아마도 사회적 지위를 유지하고자 하는 한량에게는 무과에 합격하는 자체가 매력적이었을 것이고, 특히나 재력 있는 평민들과 하층 양반에게 그 매력은 더 강하게 작용했을 것이다.

16세기 말에는 외부의 위협이 증가하면서 조선은 서얼에게도 무과에 응시할 수 있는 자격을 부여했지만 의미 있는 관직은 허용되지 않았다. 그런데 이에 대한 돌파구는 1583년 여진족이 대규모로 침입하기 며칠 전에 생겼는데, 북방의 국경지역에서 3년 이상 복무한 자들은 문무관 시험에 응시할 수 있는 새로운 정책이 시행되었던 것이다.[137] 이 변화의 기폭제는 왜와 여진으로 대표되는 외부의 위협이 점점 커져간다는 사실이었다. 왜구의 위협은 수십 년 동안 점점 커져갔고 조선과 더불어 명나라에도 위기를 안겨줬다.[138]

왜구의 위협이 계속되었기 때문에 조선 정부는 군대를 강화할 수밖에 없었고 많은 사람들이 군대에 가게 되었다. 한 세기가 넘는 기간 동안 일본은 조선 정부가 지정해준 세 곳의 항구에서 엄격한 통제를 받으며 제한된 교역을 허락받았다.[139] 하지만 이렇게 제한된 무역으로는 일본의 수요를 충당하지 못했기 때문에 왜구는 난리를 일으키기도 했다. 1556년 왜구가 대규모로 침입한 이듬해, 위기에 몰린 조선은 200명의 무관을 채용하는 특별 무과를 시행했다. 이 무과는 1406년도 100명 이상의 급제자를 양산했던 두 차례의 대규모 무과 이후 시행된 첫 번째 무과였다. 이러한 종류의 무과들은 1550년대 이후에도 지속되었다.[140]

군사적 위기가 다가오던 이 기간에 조선 정부는 북쪽에서 내려오는 여진족에 맞서기 위해 국방을 강화했지만 성공적이지 못했다. 여진족은 1550년부터 명나라의 북동쪽 국경까지 과감하게 침략했으며 곧이어 조선의 북동쪽을 침공하기 시작했다. 여진족의 침략은 1583년 최고조에 이르렀다. 조선은 전쟁 초기에 여진족을 효과적으로 방어하는 데 실패했지만 대규모의 방어 작전으로 가까스로 이들을 격퇴했다. 즉, 조선이 북방의 국경 문제의 심각성을 인지하게 되면서 국경을 수비할 무관을 뽑는 대규모 무과를 빈번하게 치르게 된 것이다.[141]

이와 같은 대외적인 절박함 때문에 조선은 규제를 완화해 한량과 서얼,

심지어 노비들도 무과에 응시할 수 있도록 했지만 여전히 무과에 급제하는 자들은 대부분 양반이었다.[142] 사실 16세기 무과급제자들은 대부분 음서 출신이거나 전현직의 하위 무관들, 왕실 친위대인 경우가 대부분이었다.[143] 또한 직역으로 볼 때 유학幼學과 교생校生들도 있었다.[144] 그렇지만 15세기의 급제자들과 대조적으로 이들은 확실히 양반이 아닌 정로위, 서리나 향리, 공생, 심지어 정병正兵들까지 섞여 있었다.[145] 물론 양반이 아닌 자들은 여전히 이 시기 무과급제자들 중 큰 비율을 차지하지는 않았다.

대다수 무과급제자들은 양반의 자손이었다. 그들 아버지는 문무관리, 종친, 유품자, 문무과급제자, 그리고 유학 등이었다.[146] 비록 이들 대다수의 사회적 지위는 양반으로 추정되지만 확실히 아버지가 양반이 아닌 경우도 발견할 수 있는데, 지방 향리였던 호장戶長이나 정병 등이었던 경우도 있었다.[147] 전반적으로 부친이 아들들보다 양반 직역을 갖고 있는 경우가 많았다. 즉 여러 세대에 걸친 어느 한 가문을 살펴보면, 이러한 패턴은 세대 간 사회적 지위의 하강이동이 16세기의 사회적 현실이었음을 알려준다. 이런 경우 대체로 양반이었던 부계에서 낮은 계층의 소실을 통해 자식을 낳았기 때문이었다. 물론 그런 자식들은 태어날 때부터 양반이 아니었다.[148]

16세기 무과급제자들이 양반이었다는 사실은 그들의 가계 정보를 통해서도 확인할 수 있다. 1,060명의 무과급제자 가운데 성관姓貫이 확인되는 자는 216명이다. 이것이 비록 전체 급제자 가운데 정보의 일부이기는 하지만 당시 무과급제자들의 중요한 특징을 확인할 수 있다. 첫째, 무과급제자의 상당수가 최근 고위직에 올랐던 인물의 가까운 후손이었다. 둘째, 이전 세기 동안 무과에 급제해 고위직을 역임한 역사를 가진 가문의 후손들이 여전히 무과에 급제하는 경향이 있었다. 셋째, 16세기에 급제한 이들의 경우 15세기의 선조들보다 8촌 이내에 문과급제자가 있는 경우가 상대적으로 적었다. 사실 16세기의 급제자들은 비록 몇몇은 자신들의 다양한 붕당에 속해 있거나 공신인 친척들이 있었지만, 강력한 정치적 영향력을 가진 이들의 후손은 아니었다. 넷째, 무과급제자 중에 남쪽지방 출신들은 대부분 조상 대대로 같은 지역에서 세거한 자들이었다. 그중에서 경상도에 터전을 두고 있는 양반들이 전라도보다 무과에서 더 많은 급제자를 배출했다. 그러나 무과급제자들은 성관이 같더라도 파派가 달랐고, 한곳에 모여 있지도 않았으며, 족보상 먼 분파로 이루어진 경우도 있었다. 마지막으로, 여러 세대 동안 분명하게 서울에 뿌리를 내리고 있던 가문도 그 가문이 시작됐던 향촌에 보관되어 있는 향안鄕案에 그 구성원이 여전히 기록되어 있을 수 있었다.[149]

조선시대의 수도로서 서울은 국가의 정치적 중심지였다. 비록 이 시기에 경상도와 전라도의 지역적 중요성이 높기는 했지만 무과에서 가장 많은 급제자를 배출한 지역은 서울이었다. 이는 전체적으로 보자면 무과급제자들이 주로 양반관료가 많은 서울에 기반을 둔 가문의 후손들이었기 때문이다. 사실 급제자들 가운데 오늘날 한국의 경기도, 충청북도, 황해남도, 그리고 영서지역(태백산맥의 서쪽 강원도 지역)에 사는 이들이 지속적으로 강세를 보이는 것은 서울과 그 주변부에 기반을 둔 재경사족在京士族이 계속 무과를 장악하고 있었음을 시사해주는 것이다.[150]

한편 여진족의 침략과 매서운 날씨에 강하게 단련된 북쪽지역 사람들이 다른 지역 사람들보다 훨씬 더 무과에서 성공을 거두지 않았을까 생각할 수도 있을 것이다. 하지만 가장 북쪽에 있는 함경도와 평안도는 가장 남쪽에 있는 전라도와 경상도와 인구수가 비슷했음에도 급제자가 많지 않았다. 14세기경 고려는 몽골제국에 빼앗겼던 북쪽 영토를 다시 수복했지만 15세기까지 북방으로 대규모의 인구 유입은 없었다. 이후 16세기에 조선은 남쪽에 거주하는 소작농을 대규모로 북으로 이주시키는 사민정책을 실시했다. 이 시기 북쪽지역의 주민들은 여전히 양반들이 장악하고 있었던 무과에서 뛰어난 성적을 올릴 능력을 갖추지 못하였다. 이는 그들이 새로운 정착민이었기 때문이며, 양반에 비해 경제적으로나 문화적으로 부족했기 때문이기도 했다.[151]

3장에서 다시 논의할 것이지만 중앙귀족들은 서북지역을 양반이 없는 곳으로 간주했고 문화적으로 뒤처져 있다고 생각하여 지역차별을 하였다. 17세기부터는 북쪽지방 출신들이 문무과시험에서 경쟁력을 보이기 시작했는데, 이는 북쪽지방이 문화적으로 세련되어지고 여러 왕들이 왕권을 강화하기 위해 지역 인재들을 활용하려고 많은 노력을 기울였기 때문이다. 그럼에도 불구하고 중앙양반들의 편견은 여전했고 서북지방 출신의 인재들은 정부의 주요직에서 배제되었다.

무과급제자들에 대한 16세기 기록에는 그들의 출신지역과 관계없이 입양과 혼인으로 인하여 양반들이 문무귀족으로 나뉜다는 것을 시사해주는 증거가 없다. 양반 신분은 본인 자신이나 친척이 문무과에 속한 내역, 입양, 혹은 인척관계에 따라 제약을 받지 않았다.[152] 기본적으로 양반에게 중요한 것은 이후 어떤 관직에 진출하느냐가 아니라 양반이라는 사회적 지위 그 자체였다. 다른 말로 하자면, 조선 초기 신분제에서 문무귀족 사이에 어떠한 의미 있는 구분도 존재하지 않았다고 할 수 있다.

| 소결 |

10세기 고려에는 복잡한 중앙관료체제가 확립되었고, 문무과 관원으로 나누어지면서 '양반兩班'이라는 명칭이 나타났다. 처음에는 문관이 무관보다 권력과 지위 면에서 우세했으나, 1170년 무신정변 이후 하나의 양반계급으로 합쳐져서 고려 말까지 관리들뿐 아니라 그들의 친인척과 자손들까지 모두 양반 지위를 세습할 수 있게 되었다. 무관들은 1350년대에 또다시 정치적으로 우월한 위치를 차지하는데, 국가가 다시 대두한 군사적 위기에 대처하느라 무관들의 사병에 의지했기 때문이다. 그때까지는 과거가 국가의 인재를 뽑는 주요수단이었지만 이도 곧 귀족들이 그들의 특권과 명망을 재확인하는 도구로 전락하게 된다.

1392년 왕조가 바뀐 뒤 10년 동안 조선은 성공적으로 군대를 재편하고 중앙에서 군대를 통제할 수 있게 되었다. 이후 조선은 1400년에 사병제를 폐지하는 것과 더불어 1402년부터는 무과를 실시하여 경전에 대한 지식과 무예 실력을 갖춘 인재를 선발하기에 이르렀다. 하지만 문무과의 불균형이 나타났으며 귀족들은 무신들을 문신만큼 대우해주지 않았다. 그럼에도 15세기 중반 북쪽에서 행했던 군사작전과 내부의 정치적 불안정 때문에 유능한 무관에 대한 수요는 점차 증대하고 있었다. 그들은 대체적으로 적절한 무관직에 임명되었고 심지어 그들 중 상당수는 상위계급의 중요한 문관이 되기도 했다. 국가에서는 한량과 서얼, 향리를 무과에 응시하지 못하도록 효과적으로 배제했고, 법적으로 시험에 응시할 자격이 되는 평민들은 몇 년씩 공부에 투자할 시간과 방법이 없었기 때문에 무과는 귀족층이 장악하게 되었다. 양반 가문들에서는 문무과시험 중 한 곳만이 아닌 문무관리를 모두 배출해냈고, 문관 집안과 무관 집안이 혼인으로 엮이는 일도 흔했다.

16세기에는 무과급제자들이 계속해서 관직을 받았고 중요한 고위문관직에 오르는 일도 있었지만, 무관이 관직에 나아가서 고위직으로 나아갈 수 있는 전망은 점점 어두워지고 있었다. 외척들과 그 주변인들이 권력을 장악한 16세기 중반의 정치풍조에서 권력층과 인맥이 있는 자들은 관직을 얻을 가능성이 높았고 승진도 빨랐다. 붕당의 다툼이 격화되는 시기에 조정에서는 충성스러운 무관을 뽑으려고 했다. 따라서 무관에게 무술뿐만 아니라 경전 지식까지 겸비하도록 했던 조선 초기의 정책은 점차 포기할 수밖에 없었다. 게다가 여진족과 왜구가 침입하면서 국가 안보에 위기가 나타났고 이전보다 자주 대규모의 무과를 시행할 필요가 생겼다. 조선 초기의 양인개병제가 붕괴된 이후 무과제도는 필요한 군사를 확보하는 데 임시방편으로 활용되었다. 국가에서는 위기를 벗어나기 위해 이전 시기의 정책에서 벗어나 한량과 서얼, 심지어 노비에게까지 규제를 풀어 무과에 응시할 수 있도록 했다. 그럼에도 무과는 계속 양반들이 장악하고 있었는데, 이들은 한 가지 종류의 시험에만 편중하지 않았을 뿐더러 문무를 구분 짓지 않고 계속해서 혼인을 통한 유대관계를 만들어나갔다. 다음 장에서 살펴보고자 하는 바대로 이 같은 양상은 17세기에 변화를 맞게 된다.

2.
벌열
무반의
대두

1592년 이후의 무과 ... 무과제도에 대한 조선 후기의 비판 ...
벌열 무반가계의 형성 ... 왜 전문화specialization인가 ... 벌열 무반과 정치 ... 소결

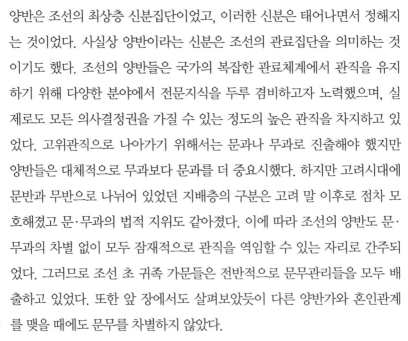

양반은 조선의 최상층 신분집단이었고, 이러한 신분은 태어나면서 정해지
는 것이었다. 사실상 양반이라는 신분은 조선의 관료집단을 의미하는 것
이기도 했다. 조선의 양반들은 국가의 복잡한 관료체계에서 관직을 유지
하기 위해 다양한 분야에서 전문지식을 두루 겸비하고자 노력했으며, 실
제로도 모든 의사결정권을 가질 수 있는 정도의 높은 관직을 차지하고 있
었다. 고위관직으로 나아가기 위해서는 문과나 무과로 진출해야 했지만
양반들은 대체적으로 무과보다 문과를 더 중요시했다. 하지만 고려시대에
문반과 무반으로 나뉘어 있던 지배층의 구분은 고려 말 이후로 점차 모
호해졌고 문·무과의 법적 지위도 같아졌다. 이에 따라 조선의 양반도 문·
무과의 차별 없이 모두 잠재적으로 관직을 역임할 수 있는 자리로 간주되
었다. 그러므로 조선 초 귀족 가문들은 전반적으로 문무관리들을 모두 배
출하고 있었다. 또한 앞 장에서도 살펴보았듯이 다른 양반가와 혼인관계
를 맺을 때에도 문무를 차별하지 않았다.

그렇지만 양반 사이에 나타나는 계층화는 조선시대 내내 계속되고 있었다. 1392년 조선이 개국하면서 지방 향리들을 중앙집권적 구조에서 효과적으로 배제하고 양반층을 향리들과 뚜렷이 구분하는 어떤 시도도 하지 않았지만, 그다음 세기에는 더 세밀하게 구분된 다른 신분집단과 그 하위집단이 출현했다. 우리는 조선 후기까지 중인으로 구별된 가계뿐만 아니라 양반 가운데 문무과의 소속과 중앙정치에 참여하는 정도에서 새롭게 구별된 하위범주가 나타난 사실을 볼 수 있다.

　양반가나 양반 개인이 특정한 직분을 선택하도록 하는 법적인 규정은 없었지만, 조선 후기의 귀족들 중에는 정치적으로나 기능상으로 구분되는 하위집단이 생겨났다. 예를 들어 어떤 가문은 몇 대에 걸쳐 무관으로 전문화되었고, 어떤 가문은 거의 문관만을 배출하였다. 또한 영호남지방 귀족들의 경우 전혀 관리를 배출하지 않기도 했다. 조선 후기에는 가문의 영향력이 두드러지면서 중앙무관들이 문관들에게 종속되는 결과로 이어지기도 했다. 무관들은 보이지 않는 한계 때문에 더 높은 관직으로 올라가지 못했을 뿐만 아니라, 특히 정쟁이 격화되었던 기간에는 무관과 그 후손들이 정치적으로 중요한 역할을 수행하고 있었음에도 불구하고 문관들을 보좌하는 데 그칠 수밖에 없었다. 비록 연구자들이 피지배층에게 무과 응시 기회가 늘어난 이유를 무과의 다양한 제도적 변화에서 찾는 경향이 있지만, 이 변화와 양반 무관 가문들의 점차 발전하는 지위 사이에 나타난 상호 작용도 중요한 이유였다. 그러므로 이 장에서는 일견 모순되어 보이지만 궁극적으로 밀접한 관련이 있는 두 개의 동향, 즉 무관귀족의 발흥과, 피지배층에게 더 개방되면서 무과체제의 평가절하가 동시에 나타난 현상을 분석하고자 한다.

1592년 이후의 무과

조선은 조일전쟁 당시 일본의 공격에 대해 전혀 준비되어 있지 않았다. 국경지대에서 여진족의 습격이 빈번해졌고 그 규모가 커지면서 선조와 대신들은 북쪽 국경에 군사력을 투입할 수밖에 없었다. 한편 선조가 파견한 통신사들이 도요토미 히데요시豊臣秀吉(1536~1598)에 대해 상반된 보고를 제시하면서 일본의 위협에 대한 의견이 나뉘게 되었다. 조일전쟁 초반에는 왜군이 조선군을 제압했다. 당시 조선군 조직은 양인개병제에서 소규모로 편성된 군사를 징집하는 제도로 변하고 있었다. 위기에 몰린 조선은 향촌 양반들이 조직한 의병義兵에 의지할 수밖에 없었는데, 의병은 관군을 신뢰하지 않았으며 관군의 지휘를 받고 싶어 하지 않았다. 이순신李舜臣(1545~1598)의 지휘 아래 수군은 왜적과의 전투에서 잇따라 승리해 한반도 중부와 북부에서 장기적인 군사작전을 수행하려는 일본의 보급로를 끊을 수 있었다. 권율權慄(1537~1599)은 조선의 군대를 효율적으로 바꾸었지만 군사가 부족했고 조정에서는 정쟁이 격화되면서 효과적인 지휘를 할 수가 없었다. 명나라가 조선에 원병을 파견했지만 명군의 전력은 강하지 않았고 전공을 세우려는 장수들 간의 질시 때문에 왜군에 패하는 전투가 늘어났다. 하지만 명군의 참전은 한반도에서 왜군을 몰아내는 데 중요한 역할을 했다.[153]

조일전쟁이라는 명백한 국가위기 상황을 겪었음에도 정책을 만드는 대신들은 전쟁 시기와 이후 수십 년 동안 미온적인 군사개혁만 시행하였다. 조선 초의 오위五衛와 지방군의 방어체계가 제대로 작동하지 못하는 상황이 지속되었지만 조일전쟁 이전에 나타났던 붕당 간 정쟁이 격화되면서 부세제도와 군사제도를 효과적으로 개혁할 수 없었다.[154] 1589년 여름 대마도주가 선조에게 조총 두 자루를 선물한 일도 있었지만, 선조와 조정 대신들은 조일전쟁이 발발한 이후에도 대규모로 조총을 제조하려는 계획을 세우지 않았다. 1593년 말에 이르러서야 무과에서 궁술 대신 조총 사격을 시험에 포함시켰을 뿐이었다.[155] 1593년, 조선은 명나라 장군 척계광戚繼光 (1528~1588)이 지은 병법서의 영향을 받아 포수砲手, 사수射手, 살수殺手로 이루어진 삼수병三手兵을 훈련시키는 훈련도감을 설치했다. 뒤따라 창설된 어영청御營廳, 총융청摠戎廳, 수어청守禦廳, 금위영禁衛營은 당시 유명무실했던 수도군인 오위를 대신해 오군영五軍營으로 완성되었고, 이 체제는 왕조 말기까지 유지되었다.[156] 국가의 급료를 받는 직업군인들로 구성된 훈련도감 외에 어영군御營軍을 시작으로 나머지 군영은 번상병番上兵들과 이들을 유지하기 위해 보인들이 내는 번포로 운영되었다.[157]

조선은 척계광의 절강성浙江省 체제라는 명나라 말기 군대조직을 본떠서 지방에 속오군束伍軍을 만들었다. 속오군은 절강현의 참장參將으로 있던 척계광이 왜구를 소탕하기 위해 고안한 군사조직으로, 속오라는 소규모 부대와, 무기를 가지고 훈련한 병사들을 상비군 계급으로 통합한 위계적 조직에 의존하는 체제였다. 이런 원리에 따라 농민을 비롯한 양인들은 대부분 속오군으로 편제되었다. 양인이 대부분이었던 병사들은 군역을 피할 방법을 찾지 못해 징집되는 경우가 많았지만, 서얼이나 노비들 혹은 이들의 주인은 군역에 따른 보상을 기대하고 입역하기도 했다. 군역을 마친 이후, 서얼들은 과거 응시자격을 얻게 되었고 관노들은 노비 신분에서 해방될 수 있었다. 사노비의 경우 국가는 그 주인에게 벼슬을 내리거나 다른 노비를 대신 보냄으로써 보상했지만 노비 자신은 아무런 보상도 받지 못했다. 또한 지방의 속오군은 군역에 필요한 비용을 스스로 마련했던 것에 비해 중앙의 군인들은 국가나 보인들에게 지원을 받았다.[158]

원칙적으로 노비를 제외한 모든 성인 남성은 서울에서 복무하는 군인들을 보조하기 위해 보포保布를 내야 했지만, 점점 심해지는 양반들의 피역,

비효율, 부패 등으로 세금체제는 제대로 운영되지 못했다. 공물제도 역시 제대로 운영되지 못했으므로 국가에서는 세금개혁을 감행하기에 이르렀다. 1608년 경기도에서 처음 시행된 대동법에 따라 현물로 걷던 공납은 전결세田結稅화 되어 모두 쌀로 거두는 방식으로 대체되었고, 이는 1708년에 이르러 전국적으로 시행되었다. 대동법은 소작농들이 경작지의 생산력에 따라 고정된 금액만큼의 세금만 내도록 하려고 도입된 것으로 소작농에게 지워진 부담 중 일부가 대지주에게 옮겨갔으며, 정부도 세금을 더 거두어 들일 수 있었다.[159]

전반적인 부세체제의 개혁은 나라의 재정 건전성을 향상시킴과 동시에 백성들의 형편도 개선할 목적으로 진행되었다. 이 개혁은 1750년 균역법의 실시로 마무리되었다. 균역법 시행이 논의될 때 양반에게도 세금을 징수할지 여부가 논란의 중심이었다. 그때까지 대부분의 양반들은 세금을 면제받는 것이 자신들의 신분상 특전이라고 생각하고 있었다. 영조는 최초로 양반에게 세금을 걷는 것을 찬성한 왕이었으나, 대신들의 강한 반대에 부딪쳐 평민들에게 거두는 군포를 두 필에서 한 필로 감해주는 선에서 균역법을 시행했다. 이 법은 거진장巨鎭將이 양인들로 하여금 군포를 내도록 유도하기 위해 감필하던 방법을 그대로 따라한 것이었다. 정부는 이전부터 면세 혜택을 누리던 높은 신분이나 관직을 가진 상류계급의 평민들에게 세금을 거두어 부족분을 보충하려고 했지만 여전히 양반들에게는 세금을 걷지 않았다. 결국 균역법을 실시하면서 세입은 줄어들었으나 영조는 손실분을 상쇄하기 위해 새로운 급대給代 재원을 추가하였고, 그 결과 세입이 절반으로 줄지는 않았다.[160]

세제와 군역에 대한 개혁이 진행되어 군사조직이 효율적으로 변하기는 했지만 여전히 무과는 자주 시행되었고 이에 따라 급제자들이 증가하면서 근본적인 개혁이 완성되지는 못했다. 1402년부터 1591년까지는 무과급제자가 7,758명이었지만, 1592년부터 1607년까지는 대략 2만 명에서 4만 명 정도의 응시자들이 무과에 합격했다. 1608년에서 1894년 사이에는 그 수가 12만 1,623명이나 되었다.[161] 무과급제자의 마지막 숫자는 1592년 이전 조선 초기와 비교할 때 15배 증가한 수치이다. 이를 통해 조선 후기 시행된 수차례의 무과에서 한 번에 수백 명, 혹은 수천 명의 급제자가 양산되고 있었음을 확인할 수가 있다. 1402년부터 1592년까지 대략 160번 정도의 무과가 치러졌는데, 1592년부터 1894년까지는 적어도 535번이 시행되었다. 대략 15개월에 한 번에서 6개월에 한 번씩으로 시행횟수가 증가한 것이다.

잦은 무과 시행으로 실제 필요한 무관보다 많은 합격자를 양산한 문제점은 조일전쟁 이전부터 나타나기 시작했다. 앞 장에서 이미 논의했듯이 100명 이상의 급제자를 낸 무과의 수는 현저하게 증가했다. 이렇게 다수의 합격자를 배출했던 무과는 15세기에는 단 두 번밖에 없었던 반면, 16세기에는 전쟁이 일어나기 전인 1556년, 1583년(2회), 1584년, 1589년, 1591년 등 적어도 여섯 번 이상의 무과에서 다수의 합격자를 배출하고 있다.[162] 이러한 증가세는 조일전쟁 중에 치러진 무과의 횟수에 비하면 미약한 것으로, 조일전쟁 중 정부는 적어도 세 번의 무과를 시행했으며 각각의 무과에서 천 명 이상의 합격자를 양산했다. 전쟁 중의 무과는 문과와 무관하게 시행되었는데 전쟁 전에는 일찍이 선례가 없는 일이었다.

이 모든 경향은 조일전쟁으로 인한 군사적 위기 때문인 것으로 이해할 수 있다. 당시 조선 정부는 군사가 필요했기 때문에 적의 머리를 일정 숫자 이상 가지고 오거나 간단한 무술시험을 통과하는 자들은 누구나 무과에 통과시켜주겠다는 약속을 하기도 했다.[163] 1593년 왜군에게서 서울을 되찾았을 때부터 1597년 왜군의 공격이 재차 발발하기까지 4년 동안, 궁술시험에서 화살을 과녁에 한 개라도 적중시킨다면 강경을 보지 않고도 무과에 합격할 수 있다는 소문도 돌았다.[164] 1592년 여름 사간원의 상소에 따르면, 무과에서 요구하는 기준이 너무 낮아 응시자들 중에는 활을 한 번 잡아보지도 않은 자들이나 노인들 혹은 연약한 아이들까지도 있었다고 한다.[165]

무과의 위상이 낮아지고 있는 것과는 반대로 이렇게 낮아진 기준들 때문에 무과를 통해 출세하고 싶은 자들은 더욱 늘어났고 그들을 지원해주는 이념적 뒷받침이 나타나고 있었다. 예를 들어 유명한 학자이자 관리였으며 전쟁 중에 군사를 더 많이 징집하는 방법들을 제시했던 성혼成渾(1535~1598)은 백성들이 과거를 매우 중히 여긴다고 서술하고 있다.[166] 실제로, 이런 상황에서 위기에 처한 정부는 짧은 시간 안에 많은 수의 군사를 모집하기 위해 무과를 이용하고 있었다. 이를테면 1592년 여름 선조가 의주로 피난했을 당시 신하들은 무과를 시행해서 인근지역에서 군사를 모집했고, 이러한 조치 덕택에 의주는 안정을 되찾았다고 한다.[167] 무과에 급제하는 것은 누구나 원하는 일이었다. 당시 기근이 심해 길거리에 시신이 쌓여 있을 정도였지만 무과가 시행되었던 남부지방의 백성들은 쌀 다섯 되로 홍패紅牌를 샀다는 이야기가 돌았다.[168] 아래에 제시한 당시의 기록은 전쟁 중 무과 관리의 현실을 생생히 보여준다.

조일전쟁 중 무과를 통해 군사가 대규모로 충원되면서, 무과방목에 궁술을 제대로 연마하지 않은 수천 명이 기록되기도 했다. 천민 출신까지 합하면 모두 수만 명이었다. 당시 무과는 백성들의 사기를 높이기 위해 시행되었으며 실제 무관을 뽑는 것이 목적은 아니었다. 관노나 사노비나 상관없이 왜적의 머리를 가지고 오는 이는 무과에 응시할 자격을 주기도 했다. 심지어 몇몇은 굶어죽은 이들의 머리를 잘라 이를 왜적의 머리라고 우기며 보상을 요구하기까지 했다. 영남에서는 한 명이 머리를 가져와서 무과급제자의 지위를 받았으며, 그 자가 사는 지역의 수령은 공적을 치하하기 위해 잔치를 벌였다.[169]

달라진 무과의 영향이 아직 나타나지 않은 상황에서 조선은 여진의 위협에 맞서야 했다.[170] 북방에서 증가하는 군사적 위협 때문에 조선 정부는 무과를 더 자주 시행하여 군사를 보강해야만 했다. 이러한 절박한 상황을 반영해 무과는 문과와 같이 시행되지 않고 단독으로 설행되었다.[171] 북방에서의 군사적 위협 그 자체는 처음 있는 일이 아니었지만 광해군 재위(1608~1623) 동안 누르하치奴爾哈齊(1559~1626)의 지휘 아래 여러 여진 부족들이 하나로 통일되었고, 이는 이전과 다른 차원의 위기를 의미하는 것이었다. 1616년 누르하치는 후금後金(1636년 청으로 개칭)을 건국하여 만주 지방까지 세력을 확장시켰고, 곧 명나라도 복속시켰다.

광해군은 후금과 명나라 황제 사이에서 커져가는 갈등을 피하기 위해 최선을 다했다. 그러나 1618년 누르하치가 공식적으로 명나라에 전쟁을 선포하였고, 이에 명나라가 조선에 군사 원조를 집요하게 요청하자 이를 무시하기는 점점 더 힘들어졌다. 결국 광해군은 조일전쟁 이후 처음으로 군사적 행동을 취하기에 이르렀다. 이듬해 1만 3,000명의 조선 군대가 만주로 출병해 명나라 군대와 합동으로 군사작전을 벌였고, 이들을 이끌었던 강홍립은 군사의 반을 잃고 청에 항복했다.[172] 명나라 장수들과 공조하는 데서 오는 미숙한 병참과 전술 문제에도 부분적으로는 책임이 있었지만, 결과적으로 1592년 이후의 조선의 군사개혁 노력과 빈번했던 무과 시행이 모두 빠르게 효과를 거두지는 못했다는 것을 보여준다.

그럼에도 조선에서는 무과에 100명 이상의 장정들을 급제시키는 것이 관행처럼 굳어지게 되었다. 조일전쟁 중에 병조를 대신하여 권위가 강화되었던 비변사는 북쪽 국경 방어에 필요한 병력을 대략 4만 명 정도로 추정했으며, 광해군은 조일전쟁 이후 누적된 무과급제자들을 급파하도록 명령했다.[173] 그 이전 해에 3,200명의 응시자를 채용한 대규모의 무과 정시에 기초해, 모든 지방에서 규정을 완화하여 무과를 실시한다면 10만 명의 훈련된 군사들을 얻는 것은 어렵지 않을 거라 계산했던 것이다.[174] 북쪽 국경의 긴장이 고조되면서 1619년 조정에서는 전국에 승지承旨를 급파해 긴급히 무과를 시행하라는 어명을 전달했다. 결과적으로 1620년에 만 명이 넘는 무과급제자가 양산되었으며, 이에 연원을 둔 '만과萬科'라는 용어가 나타나게 되었다.[175] 1621년에는 무과 정시에서도 4,031명의 군사가 충원되었다. 또한 조청전쟁을 겪으면서 1636년 조선은 평안도에서 지역에 관계없이 전투에 나가고 싶은 장정이 응시할 수 있는 무과를 시행하여 만 명의 군사를 확충하였다.[176] 북방의 국경 방어를 강화하기 위해 시행된 무과의 규모는 1592년 이전에 같은 목적으로 치러진 그 어느 무과보다 큰 것이었다.

조일전쟁 직전의 무과가 1592년 조일전쟁 당시 왜군에 대적했던 조선의 초기 군사력을 향상시키는 데 특별한 효과가 없었던 것처럼, 조일전쟁 이후의 무과도 만주인들과 싸우는 전장에서의 효율성을 높이는 데에는 별 소용이 없었다. 1619년 명나라를 돕기 위해 만주로 군사를 급파한 일이 처참하게 실패한 것과 1627년, 1637년 조청전쟁에서 제대로 방어하지 못한 것은 조선이 수많은 무과를 통해 군사력을 제대로 향상시키지 못했다는 것을 보여준다. 이를테면 1636년 가을, 인조(재위기간: 1623~1649)는 대신들로부터 만주족의 침략에 대비하여 압록강 입구에 있는 국경도시 의주를 방어하기 위해 7,000명의 병력이 필요하다는 보고를 받았다. 당시에 이미 1,000명의 군대가 있었고 이를 더 보충하기 위해 바로 직전의 무과에서 6,000명의 군사를 관서지방에 확충했으므로 의주 방어는 실현 가능한 일이었다.[177] 하지만 그해 말, 만주인들이 1만 2,000명의 군대로 조선을 침략해왔다. 조선이 전략상 중요 위치에 무과합격자들을 배치하고 군량을 확보하기도 전이었다. 만주족은 방어거점을 모두 건너뛰고 빠른 속도로 한반도 북부를 관통하여 13일 만에 서울에 다다랐다.

조청전쟁 때 조선이 성곽 중심으로 방어체제를 구축한 것과 지방군에 의

존한 것을 볼 때, 당시 조정에서 무과체제를 확장했던 목적에 대해서 의문이 생길 수밖에 없다. 1592년 조일전쟁이 일어나기 전에 치러진 빈번한 무과는 정부가 속오군과 광범위한 수도권에서 다양한 군사를 조직하는 데 충분한 군사병력을 동원하려는 임시방편임이 틀림없어 보인다. 하지만 이 모두는 왜군을 막는 데에 충분한 병력을 확보하는 방법이 되지는 못했다.

심지어 1637년 인조가 청에 항복한 다음에도 큰 규모의 무과가 빈번하게 시행되었다. 실제로 '만과'와 같은 무과가 조선 후기까지 시행되었는데, 광해군이 즉위한 1608년부터 과거제가 폐지된 1894년까지 총 477번의 무과 가운데 254번(53퍼센트)에서 적어도 100명 이상의 합격자를 배출했다. 무과제도가 존재했던 1402년부터 1894년까지 14번의 무과에서 천 명 이상의 합격자를 배출했는데, 그중 10번의 무과가 1608년부터 1894년 사이에 시행되었다(〈표 2.1〉 참조).

〈표 2.1〉 1608~1894년 천 명 이상의 합격자를 배출한 무과

연도	시험 종류	합격자 수	무과 시행 근거
1618	정시	3,200	명의 원군 요청
1620	정시	3,000+	명의 원군 요청
1621	정시	4,031	명의 원군 요청
1637	정시	5,536	조청전쟁
1651	별시	1,236	북벌
1676	정시	17,652	북벌
1784	성시	2,692	세자 즉위
1882	별시	2,600+	왕비의 건강 회복
1889	알성시	2,513	왕의 성균관 방문
1894	식년시	1,147	식년시

* 전거: 《무과방목》, 《조선왕조실록》, 《승정원일기》, 《무과총요》, 《교남과방록》, 정해은, 《조선 후기 무과급제자 연구》, 한국정신문화연구원 박사학위논문, 2002.

그렇다면 이러한 것들을 조선 후기에 지속된 외세의 군사적 위협에 정부가 대처하기 위해 노력한 것으로 볼 수 있을까? 조일전쟁 이후 조선은 일본과 평화를 유지했으며 비록 우호적이진 않았을지라도 19세기 중반까지 통신사를 파견하여 교류를 지속하고 있었다.[178] 그러나 1637년 조선이 청에 항복하면서 청의 군사적 위협은 조선에 큰 부담일 수밖에 없었다. 〈표 2.1〉에서 확인할 수 있듯이, 효종의 재위(1649~1659) 동안 비밀리에 청을 정벌하고자 하는 북벌론이 나타났으며, 그 일환으로 1651년과 1676년에 대규모 무과가 시행되었다.[179] 효종은 조선 군대의 기개를 시험해보는 동시에 청나라의 군사력을 염탐할 목적으로 청나라의 병력 지원 요청을 받아들여, 1654년 러시아군 축출의 임무를 띤 조총부대 150명을 급파했고, 1658년에는 260명이 넘는 군대를 만주에 파견했다.

효종이 사망하자 그 뒤를 이은 현종과 대신들은 북벌에 대한 논의를 이전처럼 하지 않았지만 여전히 복수에 대한 희망은 버리지 않고 있었다. 조선의 조정은 청나라의 상황을 조심스럽게 주시했으며, 청나라가 8년에 걸쳐 진압해야 했던 삼번의 난(1673~1681) 이후로 더욱 자신감을 갖게 되었다. 삼번의 난이 일어나는 동안 조선 조정은 오직 청나라의 국운이 기울어가는지를 살폈으며, 1676년에는 전쟁에 대비해서 최대 규모의 무과를 실시했다. 당시 상황을 기록한 실록에 따르면, 1681년 청나라가 난을 진압하고 마침내 명나라에 충성하던 대만을 통치하게 되자, 조선은 18세기까지 청에 대한 적개심을 유지했음에도 불구하고 청나라와 군사적으로 맞서는 것이 불가능하다는 사실을 인정하게 되었음을 볼 수 있다.

이처럼 북벌의 희망이 사라진 뒤에도 조선에서는 지속적으로 큰 규모의 무과가 시행되었다. 〈표 2.1〉에서 알 수 있듯이 1608년부터 1894년까지 치러진 10회의 무과 가운데 적어도 천 명 이상의 합격자를 배출한 네 번의 무과는 18세기와 19세기 사이에(1784, 1882, 1889, 1894) 치러졌다. 하지만 당시 조선은 중국이나 일본과 싸울 의도가 확실히 없었다. 1866년의 병인양요, 1871년의 신미양요는 조선 정부가 소총과 포병부대를 강화시킨 계기가 되기는 했지만, 당시 기술적으로 우세했던 적군이 조선의 맹렬한 저항 속에 물러갔기 때문에 1870년대 초까지 조선 조정은 서양의 '야만인'들을 성공적으로 격퇴했다고 여기고 있었다.

따라서 조선 후기에 대규모의 무과를 빈번하게 시행했던 것은 외세의 군사 위협에 대비한 것이라고는 볼 수 없을 것이다. 그렇다면 조선이 위기에 대한 내부의 우려에서 그 이유를 찾을 수 있을지 생각해 볼 필요가 있다. 비록 1623년 인조반정만이 유일하게 성공했지만, 조선 정부는 이 시기 동안 일어날지도 모를 반정과 반란에 대비해야 했다. 인조와 그 이후의 왕들은 이괄의 난(1624), 이인좌의 난(1728), 홍경래의 난(1811), 동학농민운동(1894) 등 왕위를 위협하는 봉기들을 가까스로 제압했다.[180] 이괄과 이인좌의 난이 양반들 간의 정치적 갈등 때문에 일어난 것과 달리, 19세기에 일어난 봉기들은 하층민과 피지배층의 삶에 영향을 끼치는 근본적인 사회문제들이 그 원인이었으며, 이를 진압하는 데에도 수개월이 걸렸다. 사실상 1894년에 일어난 동학농민운동은 10만 이상의 인원이 참여한, 전례 없는 규모로 조직화된 봉기였고, 만약 일본군이 개입하여 진압하지 않았다면 동학농민군은 정부를 압박하여 그들의 요구를 관철시킬 수 있었을 것이다. 그렇다면 조선 후기 빈번히 시행되었던 대규모의 무과들이 군대를 유지해서 작은 규모의 봉기들을 무산시키는 데는 효과가 있었을지라도, 사회적 불만이 위험수위에 다다랐던 19세기 말로 갈수록 그 효용성은 분명한 한계를 가지고 있었음을 알 수 있다.

무과와 사회적 불만의 관련성을 이해하기 위해 무과와 무과급제자들이 급증하는 과정에 대해 살펴볼 필요가 있다. 여기에는 특히 중요한 세 가지 요소가 있다. 첫째로 비정기적으로 실시된 별시를 포함한 대규모 무과 시

행의 증가, 둘째로 대부분 서울에서 집중적으로 치러진 직부전시直赴殿試
에 응시하는 장정의 급증, 마지막으로 상류층이 아닌 사회계층의 무과 참
여를 들 수 있다. 먼저 첫 번째부터 살펴본 뒤 3장과 5장에서 나머지 두 가
지를 마저 살펴보도록 하겠다.

왕실의 경사가 있을 때 치러진 증광시增廣試와 비정기적으로 시행된 기
타 별시의 증가는 전체적인 무과 시행이 증가한 이유를 부분적으로나마
설명해준다. 1402년부터 1607년 사이에 식년시와 증광시 그리고 다른 종
류의 별시가 각각 67회, 13회 그리고 150회 시행된 데 비해, 1608년부터
1894년까지는 각각 93회, 53회, 그리고 338회나 시행되었다. 조선 초기부
터 후기까지 식년시는 3년에 한 번씩 치러졌지만, 원래 15년, 16년에 한 번
씩 치러지던 증광시는 5년, 6년에 한 번씩 치러지기 시작했다. 심지어 다
른 별시의 시행은 더욱 빈번해졌는데, 원래 1년, 2년에 한 번에서 고작 10
개월에 한 번씩으로 시행 간격이 짧아졌다.

이러한 비정기적 시험 중에서도 왕실의 경사가 있을 때 시행되던 증광시
는 특히 빈번하게 시행되었다. 조선 초에는 증광시가 오직 새로운 왕의 즉
위 시에만 열렸던 것에 비해 1589년부터는 증광시를 여는 왕실의 경사가
꾸준히 늘어났다. 왕이 질병으로부터 쾌차했을 때, 왕과 왕비 그리고 대왕
대비의 장수를 기념할 때, 세자가 태어났을 때, 세자가 시강원에 입학했을
때, 왕자가 왕세자가 되었을 때, 궁궐을 수리했을 때 등 다양한 경우를 증
광시를 여는 경사에 포함시켰다.[181] 따라서 증광시는 왕실의 경사를 백성
들에게 알리는 역할을 했고 궁극적으로 왕실의 위엄을 높였던 것이다. 이
것은 마땅히 전제군주제에서 근본적으로 중요한 정치적 목표였다.

증광시 외에 다른 별시의 시행도 조선 후기로 가면서 더욱 잦아졌다. 빈
도 순으로 나열해 보면 194회의 정시庭試와 56회의 알성시謁聖試, 53회의
별시, 32회의 외방별시外方別試, 23회의 춘당대시春塘臺試, 10회의 도과都科

그리고 9회의 잡과가 있었다.[182] 특히 정시와 알성시, 외방별시는 조선 초기보다 후기에 더욱 많이 시행되었다. 이에 비해 외방별시와 도과는 특정 지역에서 열리는 것이었다. 조선 초기에는 상기한 별시가 다양한 지역에서 시행되었으나 조선 후기로 가면서 중앙관리들이 거의 없는 평안도나 함경도에서 가장 빈번하게 시행되었다.[183]

빈번한 별시에도 정부는 대체로 3년에 한 번씩 치르는 식년시도 일관되게 시행하고 있었다. 따라서 1608년부터 1894년 사이 무과를 통해 총 12만 845명의 급제자를 배출하고 있었다. 〈표 2.2〉는 식년시를 포함한 별시의 종류에 따른 합격자 분포를 보여주고 있다.[184] 비록 증광시와 식년시에서 선발하는 절차와 인원에 대한 규정이 각각 정해져 있었지만 그 당시 사람들은 증광시에서 훨씬 가벼운 기준으로 인원을 선발하였다고 보고 있었다. 아마도 그렇기 때문에 무과 응시자들은 무과 가운데 식년시를 가장 높게 평가했을 것으로 보인다.[185]

〈표 2.2〉 1608~1894년 무과의 종류와 합격자 숫자

과종科種	합격자 숫자(명)	비중(퍼센트)
정시	69,809	57.76
별시	16,616	13.75
식년시	13,064	11.81
증광시	6,587	5.45
외방별시	6,178	5.11
알성시	5,507	4.56
춘당대시	1,902	1.57
도과	1,089	0.90
기타	93	0.08

* 전거:《무과방목》,《조선왕조실록》,《승정원일기》,《무과총요》,《교남과방록》, 정해은,《조선 후기 무과급제자 연구》, 한국정신문화연구원 박사학위논문, 2002.
** 비중 항목의 총계는 소수점 두 자리까지를 합산하여 총합이 100퍼센트와 일치하지 않는다.

무과제도에 대한 조선 후기의 비판

1592년 이후, 조정에서는 무과와 관련된 문제들에 대해 구체적인 비판들이 쏟아지기 시작했다. 무과에 비판적이었던 대신들은 너무 빈번하게 무과를 시행하여서 무관직의 숫자보다 더 많은 합격자를 배출해낸다고 비판했고, 합격자들이 관직에 임명되지 못하면서 사회적인 문제가 생길 수 있다고 지적했다. 그리고 이들은 무과급제자들이 지휘관이 되기 위해 문무 지식을 겸비할 필요가 있다고 주장했다. 조선의 안위를 위해 훌륭한 무관이 필요했으므로 몇몇은 당시 현존하던 무과보다 천거제를 선호했는데, 이 제도는 폐단이 매우 심했다. 그럼에도 양반들은 계속해서 무과를 치르고 합격했으며, 그중 일부는 전문적인 무관으로 성장하였다. 이 절에서는 이에 대해 현대 연구자들이 제기하는 문제를 살펴봄과 동시에 귀족들, 특히 중앙무관의 적통이었던 새로운 계층이 무과의 권위가 낮아진 것처럼 보임에도 불구하고 자신들의 이익을 위해 어떻게 무과를 지속적으로 이용했는지 설명해보고자 한다.

17세기에 다수의 조정 대신들은 무과의 개혁을 주장했다. 문관인 최명길崔明吉(1586~1647)은 무과급제자들이 너무 많이 배출되어 그 폐해가 나타나고 있다고 역설하였다. 최명길은 서인西人의 핵심으로, 인조반정을 주도하면서 득세한 인물이다. 그는 무과의 문제점을 세 가지로 나누어 지적했다. 첫째, 실질적인 군사 숫자의 감소, 둘째, 벼슬이 고르게 분배되지 못하여 그 원망이 조정으로 돌아오는 문제, 셋째, 관직의 권위가 날로 무너져내려 사람들이 그 본분을 지키지 못하는 문제 등이 그것이다. 그는 무과에서 대규모로 무관이 양성되는 역효과를 생각하지 않고 마구잡이로 선출하게 된 근본적인 이유가 부방赴防의 급박함과 관련된다고 지적했다.[186]

이 문제에 대해 당시 가장 영향력 있던 인물인 송시열宋時烈(1607~1689)

도 견해를 밝혔다. 송시열은 노론의 수장이자 산림의 거두로, 초기 중국과 조선 신유학의 보수적 입장을 옹호하였다. 만주족의 침략으로 국가의 굴욕을 목도한 송시열은 청나라에 대한 복수를 계획한 북벌론을 국가정책의 기반으로 활용했다. 송시열은 그 전제로 무과제도 개혁을 가장 긴급한 문제로 봤는데 다음의 상소에서 이를 명확하게 볼 수 있다.

송시열이 소疏를 올리기를, "무인의 만과萬科는 오늘의 난처한 폐단이 되어 있습니다. 그 수효가 2만에 가까운데, 모두 서울로 몰려와 벼슬에 등용되기를 바라고, 그것이 되지 않으면 나라를 원망하니, 서울의 쌀이 귀한 것도 이로 말미암은 것이며, 농민도 점점 감소되어 가고 있습니다. 신의 어리석은 생각으로는 ……각각 고을의 수령으로 하여금 각 지역에서 시험을 치르고 그중 뛰어난 자를 선발하여 병사兵使에게 올리면, 병사는 그들을 다시 모아서 전형하고 그 가운데 뛰어난 자를 다시 선발하여 병조에서 또 선발하여, 차례대로 관직에 임명한다면 곧 수만 명의 사람들이 각기 그 시골로 돌아가서 한편으로는 농사를 짓고, 또 한편으로는 무예를 익히게 될 것이오니, 공사公私와 경향京鄕 모두 그 편리함을 얻을 것이요, 그 천한 품계 중에도 반드시 쓸 만한 인재가 있을 것이옵니다"라고 하였다.[187]

송시열이 제시한 이러한 개혁안은 액면 그대로 보자면 천거제의 변종일 뿐으로, 이는 성리학자들이 오랜 기간 동안 선호해왔던 시험제도이고 지나치게 이상적인 방식이었다. 하지만 그는 징집체제의 현실을 이해하지 못하고 은둔했던 당시 성리학자들과는 달랐다. 최명길이나 다른 영향력 있는 서인 문관들과 마찬가지로, 송시열도 1623년 반정을 일으킬 당시 서인 무관들과 공조하고 있었는데 이들 무관들은 송시열을 포함한 서인에게 권력이 돌아가게 했으며 그때부터 정권을 안정적으로 유지하는 역할을 담

당하고 있었다.[188]

따라서 송시열은 1669년, 조정에서 평안도 병마절도사로 문관을 임명하자는 여론이 지배적일 때도 이를 반대할 수밖에 없었다. 본인이 무관들과 밀접한 관계가 있었고 국방에 대한 이해도가 높았기 때문이었다. 이러한 여론은 문관이 무관보다 명망이 있었으므로 부하들도 문관인 장군의 명령을 더 잘 받들 것이라는 이유로 나타난 것이었다. 송시열은 그러한 이유 자체에는 동의했으나 이 정책이 무관들의 사기를 꺾을 것을 염려했다. 그는 이에 대한 대안으로 문무관을 번갈아 임명하는 타협안을 제시하면서 중요한 것은 관리의 능력이지 문무관의 구분이 아니라는 것을 강조했다. 이에

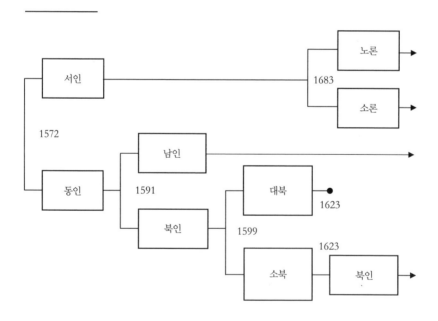

〈그림 2.1〉 조선 후기 붕당 계통도
본 그림은 본문에서 서술한 붕당을 간단하게 그림으로 표시한 것이다.
동인과 1623년 이후에 나타난 북인은 본 연구에서는
논의하지 않고 참고로 언급하였다.

현종(재위기간: 1659~1674)은 송시열의 의견을 받아들였다.[189]

송시열을 비롯한 당시의 대신들이 염려했던 무과의 문제점 중 하나는 1623년 이후의 정치적 맥락에서 찾아볼 수 있다. 인조의 재위기간 동안 서인이 완벽하게 권력을 장악하지 못한 상황에서 중도파인 남인과 연합관계를 맺고 협력해야 했음을 고려할 때, 최명길 등의 서인 세력은 무과를 통해 선출된 무관들이 무관직에 임명되지 않던 상황을 염려하고 있었던 것이다. 이들은 지배층에 반발할 가능성이 높기 때문이었다.[190] 다음에서 논의하겠지만, 새롭게 등장한 다양한 군영에 대한 지배권을 행사하는 것은 17세기 후반 격렬해진 정치 상황에서 중요한 요소였다.

송시열과 최명길의 발언이 암시한 바대로 이 시기 무과의 위상은 추락했으며, 조정에서는 정책을 통해 이러한 흐름을 바꾸어보려고 노력했다. 예를 들어 인조는 양반 무관들 중 뛰어난 무예 실력을 가진 이들을 호조나 형조, 공조의 4~5품 관직이나 심지어 3품의 관직에까지 올렸으며 무예가 출중한 양반에게는 활과 말을 하사했다.[191] 왕이 문관들에게 무관직을 좀 더 많이 주려고 한 것은 청나라에 대한 공격을 대비한 준비의 일환으로 사회에서 군대의 역할을 확장시키려는 의도에서였지만, 이 방침은 북벌론이 사라진 후인 현종의 재위기간에도 계속됐다.

이후 숙종(재위기간: 1674~1720) 연간에 무과를 개혁하려는 노력이 가장 활발하게 진행되었다. 1676년 북벌에 대비해 치른 무과에서는 전례 없는 인원인 1만 7,652명을 선발했다. 기존의 수여식이라면 급제자들을 왕 앞에서 예우하는 것이 전통이었지만 이때는 합격자들이 감당할 수 없을 정도로 많았기 때문에 궐문 밖에서 진행할 정도였다.[192] 5장에서 자세히 다루겠지만, 조선 후기에는 이와 같은 특정 무과 때문에 다양한 문제들이 일어났다. 임명되지 못한 급제자들이 늘면서 이들이 한양에서 살아남기 위해 범죄를 저지르는 등 사회적 문제를 일으켰을 뿐만 아니라 양반의 시각에서 보자면 무과의 위상을 추락시키는 역할을 했기 때문이다. 숙종은 1676년 무과에서 선발된 1만 7,000여 명의 합격자 중 양반이 한 명도 없었던 것을 확인한 후, 1686년에 국가를 위해서는 문무를 모두 중요시 해야 한다고 강조하고 자식이 여럿 있는 관리들에게는 그 아들 중 일부는 무예를 익히도록 하는 어명을 내리기도 했다. 숙종은 심지어 어명을 어겼다는 이유로 관리를 처벌하기까지 했다.[193]

숙종 대 최고 권력자 중 일부는 양반과 무과는 양립할 수 없는 것이라고 주장했다. 명문 무관 양반가 출신이며 무과 출신인 신여철申汝哲(1634~1701)은 '만과'가 실시된 이후 많은 무과급제자들이 관직에 나가지 못하였으며, 사대부 가문의 아들들은 무과에 응시하기보다 차라리 사대부의 자제로서 빈한한 선비로 남는 것을 선호하였기 때문에 음관蔭官까지도 그들을 업신여긴다고 설명했다. 당시 고위문관이었던 남구만南九萬(1629~1711)은 이 문제를 다른 각도에서 생각하였다. 그는 중국의 무과가 적은 인원만 뽑아서 국가에서는 모든 합격자에게 관직을 줄 수 있으며 내·외부의 적들을 물리칠 수 있도록 무예와 전술을 시험하는 데 반해, 조선의 무과는 몇 가지 근본적인 문제를 가지고 있다고 언급했다. 무과에 포함된 강경이 너무나 쉬워서 평민들조차 그럭저럭 통과할 수 있을 정도이며, 또한 사대부 가문의 자손들은 뛰어난 고전 해석능력을 갖추고 있음에도 적절한 무예 실력을 갖추지 못하는 경향이 많다는 것이다. 따라서 남구만은 무과급제자의 수를 줄이고 동시에 시험 기준도 높여야 한다고 주장했다.[194]

이와 같이 숙종은 무과의 문제점에 대한 고찰과 개혁을 위해 전폭적인 노력을 했으나 무과제도에 근본적인 변화는 일어나지 않았다. 1690년 숙종은 문무 모두 나라를 위한 충성심은 같음에도 불구하고 최근의 무과급제자 명부에 사대부의 자식은 한 명도 없다면서 한탄하였다. 숙종은 이를 양반들이 무업武業을 연마하는 데 헌신하지 않은 것으로 받아들였다.[195] 이에 숙종은 당시 폐지되었던 권무청權武廳을 복구하라고 명했는데, 권무청은 1662년 그의 아버지 현종이 세운 것이었다.[196] 이것은 1679년의 초기 법령을 보충한 조치로, 지방군이나 수군에서 훌륭한 장수가 될 자질이 있는 문관을 발탁하기 위한 제도인 '유장천儒將薦'을 명문화한 것이었다.[197]

하지만 숙종의 이러한 조치는 거의 효과가 없었고 무과와 관련된 여러 문제들은 18세기까지도 계속되었다. 실학자였던 정약용丁若鏞(1762~1836)은 19세기 초에 저술한 《목민심서》에서 당시 무과에서 뚜렷하게 문제가 되었던 다섯 가지 사항, 즉 격축擊逐, 공로空老, 징포徵布, 만과萬科, 무액無額에 대해 밝혔다. 그 의미들을 살펴보면, 격축은 지방민들이 과거에 응시하지 못하도록 서울 사람들이 신체적으로 위해를 가하는 것을 말한다. 두 번째인 공로는 지방 출신의 무과급제자는 관직에 나가지 못하고 헛되이 늙는 현실을 말한 것이다. 세 번째 징포는 군적에 올리고 군포를 세금으로 부과하는 것을 말한다. 네 번째 만과는 필요 인원보다 너무 많은 인원을 선발하는 것을 말한다. 마지막으로 무액은 대리시험을 보는 자들을 고용하는 것을 말하는데,[198] 당시 대리시험의 가장 흔한 형태는 조선시대 대부분의 무과에서 가장 중요한 요소였던 활쏘기 시험을 대사代射하는 것이었다.

송준호는 정약용의 주장을 평가하면서 왜 조선 후기에 정부가 그렇게 많은 무과급제자를 뽑았는지, 무과에 급제한 이들이 누구였는지를 묻고 있다.[199] 이미 살펴본 것처럼 외세의 군사적 위협이 줄었기 때문에 그것을 조선 후기 대규모 무과가 자주 치러진 이유로 볼 수는 없다. 조선 후기까지 대규모 무과를 존속시켰던 좀 더 근본적인 이유는 내부의 반란을 진압하고 백성들을 회유하기 위해서였다. 조선은 내부 반란을 진압하기 위해 유능한 무관들을 필요로 했고, 19세기까지 조선은 성공적으로 필요한 무관을 선발하고 있었다. 그러나 1811년 서북지방에서 일어난 홍경래의 난을 통해, 조선이 비록 반란을 진압할 수는 있었을지라도 사회적 불만은 더 강해졌으며 여전히 해결되지 않은 채로 남아 있었음을 확실하게 알 수 있다. 무과의 사회적 기능에 대한 당대의 언급은 많이 남아 있다. 1663년 권세 높은 서인이자 외척인 사간 민유중閔維重(1630~1687)은 북로北路가 서울에서 멀리 떨어져 교화를 입지 못하고, 도내에 겨우 소수의 무과 출신들만이 있는데, 그것도 근래에 시행한 만과로 선발된 자들이라고 이야기하고 있다. 따라서 민심을 위로하기 위해 별도로 근신近臣을 보내고 과거를 실시해 인재를 선발해야 한다고 주장하였다.[200] 1677년에는 국가제도 문제에 지대한 관심을 가지고 있었던 명망 있는 서인 우참찬 홍우원洪宇遠(1605~1687)이 상소를 올려 만과를 실시한 것이 대개 사람들의 마음을 위로하여 기쁘게 하기 위한 것이라고 언급하였다.[201] 1773년에는 영조가 제주도에서 온 자에게 멀리서 온 이유를 물었더니 영조의 나이가 이미 팔순을 넘으니 이를 기념해 만과에 참여하고자 왔다고 답하기도 했다.[202] 조선 후기 동안 이와 유사한 수많은 일화를 통해 대규모 무과가 평시에는 왕가의 경사를 알리고 백성들을 위무하는 사회적 역할을 했다는 것을 확실하게 알 수 있다.

누가 무과에 합격했는지도 중요한 문제이다. 우리가 지금까지 본 17세기의 모든 논평들에 따르면 양반들은 무과를 그다지 중요하게 여기지 않았던 것으로 보인다. 그러나 송준호는 사실 무과급제자들은 한양의 세도가 출신이었을 것이라고 암시하면서 이러한 추측을 뒤집었다.[203] 정해은과 필자는 오래전부터 송준호의 설명에 동의하고 있는데, 뒤에서 논의할 바와 같이 무과급제자 중 일부가 서울에 기반을 둔 중앙 무관귀족들의 자손이었음을 확인할 수 있었다.

무과급제자들의 평균연령을 보면 적어도 10대의 건장한 소작농들은 무과에 쉽사리 급제하지 못했을 것임을 알 수 있다. 필자가 조사한 자료에 따르면 당시 무과급제자들의 평균연령은 32.5세였는데,[204] 이는 문과와도 비슷한 양상이었다. 이는 1608년 이전 시기까지의 평균연령인 31.1세에서 약간 높아진 것이다. 무과급제에 필요한 기준은 상당히 낮아졌더라도 무과급제자들의 평균연령이 30대 초반이었음을 볼 때 무과급제는 당시 사람들에게 여전히 이루기 힘든 성취였음을 알 수 있다. 조선 후기 남성들이 대부분 10대에 결혼해 30세 즈음에는 여러 명의 아이를 낳아 기르던 사실에 근거해 본다면, 무과에 급제하려면 보통 10년 이상 공부하고 수련을 해야 하므로 근근이 먹고 살아야 하는 이들에게 무과급제는 더욱더 달성하기 어려운 과업이었을 것이다. 심지어 1637년에 열린 전시에서의 약 5,500명의 합격자 평균연령을 조사해보니 37.7세였으며, 1784년 열린 전시에서 합격한 2,692명의 평균연령은 34세였다. 두 차례의 무과 모두 피지배층이 다수 합격한 경우의 대표적인 시험이었던 만큼, 급제자들의 높은 평균연령은 무과가 확실히 재산을 가지고 있는 자들에게 훨씬 유리했었다는 사실을 알려준다.

벌열 무반가계의 형성

조선 후기 귀족들이 무과를 포기한 것은 아니었다. 무과는 새로운 인물을 무관직에 채용하는 역할을 수행했는데 주로 귀족들이 선발되었다. 비록 무과 응시자들의 사회적 기반이 조선 초기에 비해 후기로 가면서 다양해지긴 했지만 급제자의 대부분은 서울에 적을 두고 있던, 상대적으로 제한된 수의 양반가 출신들이거나 중앙 관료사회에서 조금 더 의미 있는 경력을 갖기 위해 응시한 자들이었다. 양반들이 중앙관료로 나아가는 경로로 무과는 여전히 가치가 있었고, 따라서 참여 자격이 있는 계층을 규정짓는 일은 매우 중요했다.

　조선 후기 무과는 급제한 양반들이 자신들의 사회적 위치를 과시하는 장

이었기 때문에 불법적으로 응시하는 피지배층들은 양반들에게 매우 무시
할 수 없는 존재였다. 우참찬 홍우원은 1677년에 "만과의 폐단은 진실로
난처합니다. 상한常漢은 사대부로 자처하려 하고 사대부는 비록 재주가 없
는 사람이라 하더라도 모든 벼슬을 합니다"라고 언급했을 정도였다.[205] 조
선 후기 지역민들의 무과급제 내역을 기록한 읍지를 보면 사실상 모두 양
반이었던 문과급제자들과 생원진사시 입격자들보다 무과급제자들에게 훨
씬 더 까다로운 기준이 적용되었던 사실을 확인할 수 있다. 읍지에는 양반
이 아닌 경우 무과에 급제하더라도 기록하지 않았기 때문이다.[206]

　무과의 낮아진 위상과 피지배층의 참여에도 불구하고 양반들은 여전히
조선 후기 무과급제자의 상당한 비중을 차지하고 있었다. 정해은에 따르
면 조선 후기 무과급제자의 24.1퍼센트는 중앙관리이거나 관직, 관품을 가
지고 있었다. 나머지는 군직군(33.3퍼센트)과 한량(34.1퍼센트) 그리고 기타
직역(8.5퍼센트)이 차지하고 있었다.[207] 물론 이 네 가지로 구분한 기준도 매
우 큰 범주여서 좀 더 세분하여 분석할 필요가 있다.

　한량의 위치를 정의하는 것은 무과에서 귀족들의 위상을 평가하는 데 매
우 중요하다. 1장에서 보았듯이 16세기 무렵 한량은 재산을 어느 정도 소
유한 사람 가운데 무술을 연마한 사람들이었으며, 따라서 이를 개인의 귀
속적 지위로 보기에는 모호하다. 즉, 당시의 한량 모두가 진짜 양반은 아
니었다는 것이다. 1696년 조선은 기존에 유학幼學으로 등록된 자들을 포함
해 한량을 국가에 역을 지지 않으며 무과 응시를 준비하는 양반으로 규정
지음으로써 명확히 정의하려 했다. 이와 동시에 조선에서는 업무業武를 서
얼 출신으로 무예를 갖추고 무과에 응시하는 자들로 재규정하고 있다.[208]
직역의 가치 하락에 대한 내용은 5장에서 다시 논의하도록 하겠다.

　조선 후기 무과급제자들 중 한량 외에도 이전 이력에서 군직을 역임했던
부류가 큰 비중을 차지하고 있는데 군직군은 군종軍種에 따라 다양한 신분

이 소속되어 있던 만큼 양반이 아닌 자들이 다양하게 포함되어 있을 수 있다. 관직이나 관품을 가진 자들과 달리 군직군은 오직 장교와 병사들로 이루어져 있었다. 이들에겐 공을 세워서 벼슬이나 관직을 받을 수 있는 잠재적 기회가 있었고 벼슬이나 관직의 종류는 말할 것도 없이 이를 '대기하는 기간'도 사회적·지위가 높은 군직일수록 더 짧은 경향이 있었다. 어찌 되었든 군직군에 대한 자료에서 한량에 대한 자료보다 훨씬 더 명확히 무과급제자들이 조금 더 다양한 사회적 배경을 보이기 시작했다는 사실을 확인할 수 있다. 이에 대한 내용은 앞으로 5장에서 상세히 다루도록 하겠다.

다양한 군종의 장교들과 병사들 외에 관직이나 관품을 가진 자들도 조선 후기에 계속해서 무과급제자의 상당부분을 차지하고 있었다. 정해은에 따르면, 조선 후기 무과급제자 1만 6,575명 중 3,988명(24.1퍼센트)을 분석한 결과, 급제 당시에 이미 관직이나 품계가 있는 자들이었다. 이들 가운데 서반직西班職 보유자가 53.6퍼센트, 동반관계東班官階 보유자가 24.7퍼센트, 서반관계 보유자가 18.7퍼센트, 동반직 보유자가 2.7퍼센트였다. 무과급제자들 가운데 상당부분을 차지하는 서반직 보유자를 세부적으로 검토해보면 오위직五衛職 보유자가 85.7퍼센트였다. 오위는 16세기 말 무렵에는 기능하지 않았고 오군영 설립 후 이름만 남아 있던 상태였다. 등과할 당시 문관 품계만 가지고 있던 자들은 사실상 체아직遞兒職을 받는 경우가 많았다.[209]

정해은은 중앙정부의 관직이나 품계를 소유한 자들에 대한 자료를 제시했는데, 이에 따르면 중앙의 정치구조에서 소외된 많은 양반들이 조선 초기에 비해 무과로 전향하는 경향이 다분했다. 특히 한량을 포함한 이들이 무과를 준비하는 동안 국가에 아무런 역을 부담하지 않았고, 역을 지지 않는 양반을 자처하는 이들이 더욱 늘어가면서 피지배층은 수탈에 더욱더 노출될 수밖에 없었다. 실제로 정해은의 분석에서도 '기타 직역' 범주에 있는 이들은 17세기 초 20.8퍼센트에서 19세기 말에는 한 명도 없을 정도로

줄어들었다.[210]

양반이 한 명도 무과에 참가하지 않는다는 공식적 문제제기는 실제로 양반으로 무과에 응시하는 자가 한 명도 없었던 것이 아니라 조선 초기부터 이어져 내려온 경향이 변화한 것을 감지했기 때문에 나온 반응일 가능성이 높다. 사실상 다른 자료들을 통해서는 18세기까지 많은 양반 가문들이 자손을 무과에 응시하게 하고 무관 경력을 거부하지 않았음을 알 수 있다. 그러므로 숙종이 우려의 목소리를 낸 지 100년이 지난 1784년 정조(재위기간: 1776~1800)는 당시 시행된 무과에 명문 양반가 자제들의 이름이 올라 있는 것을 보고 흡족해했던 것이다.[211] 그리고 1800년에 정조는 문청文淸가의 자제가 무과에 합격하기 위해 자신의 붓을 버렸다는 사실을 듣고 매우 기뻐하고 있을 정도였다.[212]

당시의 기록과 정해은의 자료를 같이 보면 18세기 말 무렵 양반들이 무과에 활발히 참여했음을 알 수 있다. 이 시점에서 우리는 무과급제자를 배출하고 있는 대표적인 가문을 살펴볼 필요가 있다. 이 문제에 답하는 한 가지 방법은 급제자들의 성과 본관을 살펴보는 것이다. 성과 본관은 표면상으로 반드시 직계는 아니어도 직접적으로 같은 조상에게서 나온 자손임을 알려주는 것이다.[213] 하지만 이 방법의 문제는 조선 후기 '본관씨족'이 정치적 위상과 사회적 지위 면에서 엄청나게 갈라진 여러 파로 구성되어 있었다는 것이다. 조선 후기 무과급제자들 가운데 가장 흔했던 가문을 살펴보는 것만으로도 이를 분명히 알 수 있다.

1608년부터 1894년 사이에 배출된 2만 8,531명의 무과급제자의 상당수에 해당하는 4,546명(15.9퍼센트)은 조선 후기 합격자들의 1,700개의 서로 다른 성과 본관 중에서 가장 성공한 네 개의 친족집단에 속해 있었다. 상위 네 개의 성관은 조선 후기 호적에 기록되어 있는 대로 양반부터 천민까지 다양한 사회적 지위의 구성원을 아우르는 '우산형' 친족집단이었다. 그리고 조선 후기 무과급제자 2만 8,531명 중 9,174명(32.2퍼센트)이 20개의 가장 성공한 성관 출신이었다(〈표 2.3〉).

최상위 친족집단의 정보가 모두 유용한 것은 아니기 때문에, 급제자 가

〈표 2.3〉 1608~1894년 무과급제자의 20대 성관 분포

성관	급제자 수	비중
김해김	1,443	5.06
전주이	1,349	4.73
밀양박	1,128	3.95
경주김	626	2.19
청주한	466	1.63
경주이	399	1.40
진주강	385	1.35
평산신	369	1.29
남양홍	341	1.20
광산김	288	1.01
해주오	278	1.00
파평윤	262	0.97
순흥안	248	0.86
전주김	244	0.86
전의이	242	0.85
광주이	240	0.84
전주최	232	0.84
안동권	217	0.76
경주최	213	0.75
안동김(신新안동 김씨+구舊안동 김씨)	204	0.72
위의 20개 성관을 제외한 1,680개 이상의 성관	19,357	67.85
총 1,700 이상의 가문	28,531	100

* 전거: 《무과방목》, 《무과총요》, 《조선왕조실록》, 《승정원일기》, 《교남과방록》, 《호남지》, 《사찬읍지; 한국근대 읍지》 및 읍지류, 족보
** 비중 항목의 총계는 소수점 두 자리까지를 합산하여 총합이 100퍼센트와 일치하지 않는다.

문 성관집단의 특정한 파를 살펴볼 필요가 있다. 조선 후기까지 등장한 수 많은 무과급제자들이 동일한 부계 가문에서 나왔다는 사실은 이들이 한 명의 시조로부터 10세에서 15세손에 지나지 않는 후손으로 특정 지역에 기반을 두고 공통된 정치적 정체성을 보이고 있다는 점을 명확하게 보여 준다. 이와 반대로 다른 무과급제자들은 더 광범한 친족집단 출신이었는 데 그 구성원들의 사회정치적 태도가 매우 다양한 특징을 보였으며, 10세 나 15세보다 더 오래전에 있었던 시조로부터 내려온 특징을 보인다. 따라 서 조선 말 중앙무관들과 그들의 부계쪽 친족집단을 논함에 있어 특정한 사례의 독특한 몇 가지 특징에 유의하면서 좀 더 종합적인 개념을 택하도 록 하겠다.

조선 후기 두드러진 무인가계를 확인하는 데 가장 유용한 자료는 무과급 제자 중 신분 높은 양반가 자제들을 기록한 《무보武譜》이다. 《무보》에는 급 제자의 성과 자字, 생년(간지), 무과에 급제한 연도와 종류, 관직과 제수된 연도(간지)가 차례로 기록되어 있다. 또한 급제자로부터 8대조까지의 직위 를 비롯하여 장인과 외조부까지 기록되었다.[214] 이러한 기록 저변에 깔려 있는 태도는 물론 엘리트주의라고 할 수 있다.

이러한 족보들과 방목, 기타 자료들을 통해 몇몇 성관이 무과에서 엄청 난 성공을 누렸음을 확인할 수 있다.[215] 중앙의 주요 무관 가문 중 몇몇이 조선 후기 무과급제자의 상당부분을 차지하고 있다. 예를 들어 1,500명의 급제자 중 여러 《무보》에 적힌 총 464명(대략 1780~1894년까지의 기간 동안) 을 분류해보면 다음과 같은 분포를 보인다. 이순신 장군의 후손인 덕수이 씨 합격자가 103명, 이름난 성리학자 남명 조식曺植(1501~1572)의 조카이 며 또 다른 명성 있는 성리학자 율곡 이이李珥(1536~1584)를 존경했던 문과 급제자 좌참찬 이준민李俊民(1525~1590)의 후손인 전의이씨 합격자가 96 명, 공주목사 구양具揚(1380?~?)의 후손인 능성구씨綾城具氏 합격자가 72명,

세조의 즉위를 도와 원종공신原從功臣의 직위를 얻었으며 충청도관찰사를 역임했던 신자준申自準(약 1400~?)의 후손인 평산신씨 합격자가 80명, 광해군 재위기간 동안 벼슬을 회피했으며 종9품 문관직 이상을 맡지 않았던 조인趙寅(약 1570~?)의 후손인 평양조씨 합격자가 73명, 왕자사부王子師傅를 지냈던 백익견白益堅(?~1498)의 후손인 수원백씨 합격자가 40명이다.[216] 즉 50개 이상의 성관 중 여섯 개 성관의 무과급제자가 전체 기간 동안 기록된 성관 가운데 약 30퍼센트를 차지하고 있다.

더욱 놀라운 것은 무관 출신 여섯 개 유력 가문의 무과급제자 배출이 조선 후기로 갈수록 더욱 뚜렷하게 두드러졌다는 점이다. 그 급제자들 중 절반 이상은 19세기 인물이었다.[217] 이 중 특히 주목할 만한 가문은 이순신의 후손 덕수이씨와 조인의 후손 평양조씨 가문이다. 두 가문은 모두 결속력이 강한 가문으로, 각각 215명과 146명의 무과급제자들이 16세기 이후에 나오는데, 비교적 오래되지 않은 선조를 둔 후손들이었다. 이러한 족보상의 거리는 조선 후기 특정한 당색과 연결되어 있던 유력한 중앙관리 가문과 비교할 만한 것이다.[218] 다시 말하면 중앙귀족들이 관료사회의 특정 분파와 관련된 가문을 만드는 데에 300년이 채 걸리지 않았다는 것이다.

왜 전문화specialization인가

벌열 무반military aristocracy이 생겨나게 된 데에는 많은 요인들이 있다. 왕과 지배층들은 정치적 갈등에서 승리한 편에 선 자들과 일본, 만주족과의 전쟁을 지휘한 유명 무장의 후손들이 무인으로 남기를 장려하였다. 또한 다른 중앙 무관가계는 조선 중기 선대의 정치적 좌절로 형성되기도 했다. 물론 양반 가문들이 정치적 갈등에서 패배하여 몰락할 수도 있지만, 가능한 경우에는 정치적 몰락 이후 무과 쪽으로 집중했을 수 있다. 이러한 현상은 실제로든 명목상으로든 문관귀족들의 눈에 비친 무과와 무관직의 위상을 통해 가장 잘 설명될 수 있다.

후손들이 어떤 종류의 시험을 선택하는지, 어떤 관직을 지향하는지의 문제에 선대의 정치적 좌절이 영향을 끼친 것은 여러 경우를 통해 알 수 있다. 저명한 성리학자이자 사화를 입었던 임형수林亨秀(1504~1547)의 죽음에 대해 실록은 다음과 같이 기록하고 있다.

> 임형수는 그의 아들을 보며 '내가 나쁜 짓을 한 일이 없는데 마침내 이 지경에 이르렀다. 너희들은 과거에 응시하지 말라' 하고, 다시 말하기를, '무과일 경우는 응시할 만하면 응시하고 문과는 응시하지 말라' 하였는데 조금도 동요하는 표정이 없었다.[219]

임형수가 이렇게 말한 이유는 명백하지 않다. 아마도 임형수가 처음에는 자신의 자손들이 모든 관직을 피해야 한다고 생각했다가 곧이어 가능하다면 무관직은 수행할 가치가 있다고 판단한 것 같다. 그는 문관직보다 무관직이 덜 위험할 것이라고 보았을 것이다. 흥미롭게도 필자는 임형수의 족보상 직계후손 중 문무과급제자가 아예 없는 것을 확인할 수 있었다. 임형수 형제의 자손들은 조선의 나머지 기간 동안 계속해서 문과급제자를 배출한 것과 비교되는 지점이다.[220]

정치적 좌절 때문에 무과로 완전히 전향하게 된 양반가의 예로는 밀양박씨 규정공파糾正公派도 있다. 고려 말의 문관 박현朴鉉(1250?~1336?)을 시조로 둔 밀양박씨는 한양에 기반을 둔 최고의 정치적 영향력을 가진 가문이었고, 조선 초기부터 중기까지 많은 문과급제자를 배출했다.[221] 그러나 이러한 상황은 인조반정으로 지속되지 못했다. 그해에 서인이 주도한 반정으로 광해군이 폐위되고, 소북小北이었던 영의정 박승종朴承宗(1562~1623)과 그의 아들이자 광해군의 왕세자의 장인이기도 했던 경기도 관찰사 박자흥朴自興(1581~1623)은 자결하였다. 박승종과 박자흥은 모두 문과급제자였으며 직계조상 8명 가운데 6명이 문과에 합격했다. 그러나 1623년 이후로 박자흥의 후손 중 문과에 합격한 이는 찾아볼 수가 없다. 인조반정 때 살아남은 몇몇 소북들처럼 박승종의 방계자손들은 서인이 되었고, 이후에는 다수가 무과에 합격하고 있다.[222] 박자흥의 장인이며 대북大北의 영수로서 광해군에게 세 명의 왕자를 죽이고 그 어머니인 왕비를 가택에 가두라고 주장한 이이첨李爾瞻(1560~1623)은 문과에 급제한 아들들과 함께 반정 이후 처형되었다. 그 후손들 중에는 문과합격자가 없고, 소수의 무과합격자들과 하급관리만 있었는데, 이는 밀양박씨 가문과 극명히 대조되는 점이다.[223] 이이첨 후손의 경우에서 볼 수 있듯이 결국 대북들은 1623년 이후 완전히 권력에서 밀려난 반면, 박승종의 방계후손들에서 볼 수 있듯이 온건파 소북들은 비록 무관이기는 하지만 살아남았음을 알 수 있다.

이처럼 정치적 좌절 때문에 그 후손들이 목표를 바꾼 것과는 반대의 상황이 바로 이순신의 직계자손인 덕수이씨의 경우이다. 비록 이순신 자신은 잘 알려진 무인 가문의 자손이 아니었을지라도 그가 1592년에서 1598년에 걸친 일본과의 전쟁에서 전설적인 승리를 거두면서 그의 자손들은 계속 무관으로 국가에 복무했고, 국가에서도 이에 대한 답례로 그들에게 승진 기회를 주었던 것으로 보인다. 따라서 과거를 통과한 이순신의 직계자손 대부분은 무과와 무관직을 택하고 있다. 그들 중 대부분은 조선 후기까지 높은 지위의 무관직과 장군직에 올랐다.[224]

신자준의 후손인 평산신씨 무인 가문의 경우도 이와 유사하다. 대부분의 조선 후기 평산신씨 무과급제자들은 16세기 이후 몇몇 사촌의 후손들로 구성되어 있었고, 그중에는 1592년 탄금대에서 왜적에게 패한 후 스스로

목숨을 끊은 신립申砬(1546~1592) 장군의 후손도 있었다. 신립 후손의 경우, 신립을 기리기 위해 국가에서는 그의 아들인 신경진申景禛(1575~1643)을 당시 유망한 무관 가문의 후손에게 주로 하사하던 선전관宣傳官으로 임명하였다.[225] 신경진은 부친이 국가에 세운 공훈 외에도 또 다른 정치적 관계를 가지고 있었는데, 그의 누이가 인조의 숙부와 결혼했을 뿐 아니라 그의 고모가 인조의 외조모였다.[226]

전반적으로 조선은 공훈을 세운 무인의 후손들이 무관직을 이어가도록 장려했다.[227] 예를 들면 영조는 1764년 충량과忠良科를 개설하여 현절사顯節祠와 충열사忠烈祠에 모셔져 있는 무관 자손들과 중국 명나라 유민의 자손들에게 무술 경연을 치르게 했는데, 영조는 거수居首한 자에게 직부전시直赴殿試를 허락하기도 했다.[228] 또한 그는 1774년 국가에 충성을 다한 관리들의 자손을 위해 별시를 시행했는데, 바로 다음 해에는 1728년 일어난 이인좌의 난 당시 진압을 도왔던 공신의 자녀를 위해 증광시를 연이어 시행하였다.[229] 앞서 언급한 각각의 서울 무인 가문들에서는 적어도 한 명 이상의 무관이 영조와 노론에 반대해 일어났던 이인좌의 난을 진압하는 데에 참여했다.

벌열 무반의 출현은 조선 후기 관직의 전문화 경향을 잘 반영하고 있다.[230] 1장에서 살펴보았듯이 조선 초기 양반 가문들은 중앙 관료사회에서 문과와 무과 중 어느 특정 과에서만 관리나 급제자를 배출하지 않았다. 하지만 조선 후기에 들어서 나타나는 전문화 경향은 부계 친족집단이 과거에 합격하는 경향을 분석해보면 더욱 뚜렷해진다. 이러한 경우를 잘 보여주는 사례가 앞에서 보았던 밀양박씨 가운데 가장 구성원이 많은 파인 규정공파라고 할 수 있다. 팔촌 이내의 규정공파 부계 친족을 대상으로 하여 국가가 시행한 과거에 합격한 이들 가운데 문과급제자들의 비율(〈표 2.4〉)을 보면, 조선시대 동안 문과급제자 한 명의 친척 가운데 다른 종류의 과거

〈표 2.4〉

밀양박씨 규정공파 문과급제자 중 각 과에 합격한 친족이 존재하는 비율(단위: 퍼센트)

시기	총문과 급제자	친족 내 문과급제자 (비율)	친족 내 무과급제자 (비율)	친족 내 사마시 입격자 (비율)	친족 내 잡과입격자 (비율)
1393~1500	13	13(100)	13(100)	13(100)	12(92.3)
1501~1600	9	9(100)	9(100)	9(100)	7(77.8)
1601~1700	21	21(100)	15(71)	19(90.5)	3(14.3)
1701~1800	30	24(80)	9(30)	21(70)	0(0)
1801~1894	24	8(33.3)	3(12.5)	6(25)	0(0)
총계	97	75(75.3)	49(50.5)	68(70.1)	22(22.7)

* 전거: Edward W. Wagner·송준호, CDROM 《보주 조선문과방목》; Edward W. Wagner·송준호, 《이조사마방
목집성李朝司馬榜目集成》; 이성무·최진옥·김희복, 《조선시대잡과합격자총람》; 《한국근대읍지》; 《조선환여승
람朝鮮寰輿勝覽》. 이외의 읍지와 족보류.

〈표 2.5〉

밀양박씨 규정공파 잡과입격자 중 각 과에 합격한 친족이 존재하는 비율(단위: 퍼센트)

시기	총잡과 입격자	친족 내 잡과입격자(비율)	친족 내 무과급제자(비율)	친족 내 문과급제자(비율)	친족 내 사마시 입격자(비율)
1393~1500	0	해당사항 없음	해당사항 없음	해당사항 없음	해당사항 없음
1501~1600	6	6(100)	6(100)	6(100)	6(100)
1601~1700	13	12(92.3)	13(100)	0(0)	1(7.7)
1701~1800	9	9(100)	8(88.9)	0(0)	0
1801~1894	12	12(100)	5(41.7)	0(0)	0
총계	40	39(97.5)	32(80)	6(15)	7(17.5)

* 전거: Edward W. Wagner·송준호, CDROM 《보주 조선문과방목》; Edward W. Wagner·송준호, 《이조사마방
목집성李朝司馬榜目集成》; 이성무·최진옥·김희복, 《조선시대잡과합격자총람》; 《한국근대읍지》; 《조선환여승
람朝鮮寰輿勝覽》. 이외의 읍지와 족보류.

합격자가 있을 확률은 시험의 종류에 따라 다른 비율로 줄어들고 있었다. 17세기까지는 규정공파의 문과급제자 가운데 가까운 친척 중 잡과에 합격한 이가 있는 경우는 매우 드물었다. 이와 비교해봤을 때, 18세기 이후에는 비로소 규정공파 가운데 문과에 급제한 이들의 절반에 못 미치는 수치로 가까운 친척 중 무과에 합격한 자가 존재하고 있었다. 이러한 양상은 정조가 양반가에서 무과를 많이 응시하고 있다고 이야기한 18세기까지 무인벌열 가문이 뚜렷하게 나타나지 않았음을 보여준다.

〈표 2.5〉를 보면 밀양박씨 규정공파의 경우 부계 친족집단이 대부분 잡과에 치중한 경향을 확인할 수 있다. 밀양박씨 규정공파 출신으로 확인되는 잡과 입격자들은 세 명을 제외하고 나머지 모두가 전문직 중인가계 출신들이었다. 세 명은 모두 19세기 기술직 중인들을 기록한 족보인 《성원록姓源錄》에 기재되어 있다. 이들 중 입격자를 배출한 두 계파는 조선 후기 전기간을 통틀어 잡과 입격자만 배출했고, 입격자를 배출한 한 계파의 경우 잡과 입격자가 17세기에 한정되어 있다. 조선 후기 전문직 중인가계 출신이 아니었던 세 명의 예외적인 입격자들의 경우, 모두 16세기 전반 잡과에 입격했는데 본인들의 세대 이후 잡과 입격자 후손이 확인되지 않고 있다. 그런데 세 명 중 둘은 각각 고위직 문신관료의 서얼 출신이었고, 나머지 한 명은 이 두 문신관료 중 한 명의 서손이었다. [231]

18세기경 서울에서 중인으로 무관직에서 점점 더 전문성을 보였던 규정공파에서 분파된 가계가 있는데, 이 가계는 원래 무과에 급제했던 군기시 부정軍器寺 副正 박기종朴起宗(생몰미상)의 후손들이다. 필자가 가지고 있는 무과급제자 자료와 조선 중기 이후 주요 중인 가문이 기록된 《성원록》에 따르면, 박기종은 앞서 언급했던 영의정 박승종의 사촌이었다. 아마도 세대 중에 서얼이 있을 가능성이 있으나, 박기종과 그 후손들은 필자가 확인한 조선 후기와 현대의 규정공파 족보에는 수록되어 있지 않다. 그리고 박기종의 증손자인 박배원朴培元(생몰미상)은 효종이 심양에 인질로 구금돼 있을 때, 효종을 호위했던 유명한 '팔장사八壯士' 중 한 명이었다. 흥미롭게도 박배원의 남동생 박흥원朴興元(1614~?)은 약 5,500명의 급제자를 양산했던 그 유명한 1637년 남한산성 정시 무과에서 급제했다. 당시 이 무과에 급제한 이들 중 상당수는 면천된 노비들과 앞으로 5장에서 보게 될 것처럼 청에 맞서 성을 지키는 데 참여했던 피지배층들이었다. 규정공파의 파조인 박기종을 비롯해 12명의 무과급제자들은 무관인 중인 가문 출신인 것으로 알려졌다. 이들 가문은 기술관이나 무관 중인 가문과 혼인관계를 맺었으나 문무관 양반가와는 혼인하지 않았다.[232]

이와 마찬가지로 무관직으로 전문화되어 있던 한양의 양반 가문들도 여러 세대에 걸쳐 폐쇄적인 통혼권을 유지해왔다. 앞서 언급했듯이 18세기와 19세기의 무과급제자들이 8촌 이내의 가까운 부계 친족들 가운데 문과급제자가 있을 비율은 10퍼센트 미만으로 1800년 이전만 해도 사마시 입격자들이 상당수 존재했던 사실과 대비된다. 예를 들어 이순신 장군의 후손인 조선 후기 덕수이씨 자손들은 유명한 조상의 10대 후손까지 문과급제자를 단 한 명 배출했을 뿐이다. 한 명의 문과급제자는 그의 형제를 포함한 다수의 무과급제자들에게 둘러싸여 1875년에 등과했다.[233] 이와 반대로 신자준의 후손 평산신씨 자손들과 구양의 후손 능성구씨 자손들 중에는 문과급제자와 사마시를 통과한 자들이 조금 더 많았는데, 이는 그들의 친척인 인조를 왕위에 올려놓은 1623년 인조반정을 통해 두 가문의 정치적 연계가 강화되었던 것이 반영된 결과였다.[234]

벌열 무반과 정치

비록 모든 무과급제자들이 출신 배경과 향후 고관직으로 진출할 수 있다는 점에서 상위계층이기는 했지만 중앙무관들의 정치적 입지는 문관에 미치지 못했다. 대부분 무인귀족들은 엄격하게 무과와 관련된 관직을 받는 경향이 있었으며, 최고위 문관직은 대부분 그들의 손에 닿지 않는 곳에 있었다. 반면 문관 세도가의 자손들은 명망 가문 출신의 무과급제자들이 현실에서 오를 수 있는 최고위 관직인 대장大將이나 영장營將 같은 무관직을 상당히 많이 차지하고 있기도 했다. 가장 영향력이 있었던 무관조차도 조정에서 중앙에 자리 잡지 못하고 보조적인 역할을 담당하는 것에 그치는 경우가 대부분이었던 것이다.

무과급제자들의 출세 진로는 다양했다. 앞에서 새로운 무과급제자들이 여러 관청에서 권지權知의 관직을 받게 되어 있음에도 불구하고 조선 중기에 들어서면서 이들 중 많은 이들이 관직을 받지 못하거나 기껏해야 오위직을 받았던 사실을 살펴보았다. 그러나 정해은이 1674년부터 1800년까지의 무과급제자들을 분석한 결과에 따르면, 일반 군사들과는 달리 무과에 급제해 오위직을 받은 이들은 결국 관직을 받을 수도 있을 것이라는 기대를 품을 수 있었다.[235]

무과합격자가 중앙의 중요 관직에 있을 경우 이들은 대부분 특출한 배경을 가지고 있었다. 케네스 퀴노네스Kenneth Quinones의 연구에 따르면, 1864년부터 1910년 사이의 무관들 대다수는 기호지방 양반 가문 출신이었는데, 당시 전체 중앙관리의 절반 이상이 이 지역 출신이었다.[236] 무과급제 자체는 관직 임용을 보장해주지 않았으나, 실제로 무관이 된 무과급제자들은 대부분 한양과 그 주변에 기반을 둔 저명 무인 가문 출신이었던 것이다.

이러한 무과급제자들은 시간이 지나면 주요 고위관직의 문관으로 예상 외의 승진을 하기도 했다. 1402년부터 1591년 사이 최고위직에 오른 무관이 네 명이었던 것에 비해, 1592년부터 1894년 사이에는 단 세 명의 무관만이 최고위직에 오를 수 있었다.[237] 1592년 이후에 나타난 세 번의 경우는 모두 17세기에 일어난 일이다. 영의정 신경진申景禛(1600년에 급제하여 1642년에 영의정이 됨), 좌의정 구인후具仁垕(1603년에 급제하여 1653년에 좌의정이 됨) 그리고 우의정 이완李浣(1624년에 급제하여 1674년에 우의정이 됨)이 그들이다. 신경진과 구인후는 모두 인조의 친척이었으며 1623년 인조반정 때 군대를 지휘했고, 구인후는 또한 1644년에 발생한 심기원沈器遠의 모역사건을 진압하기도 했다. 이완은 효종 때 북벌론을 적극적으로 지지하였다. 세 명의 무관들 모두 의심의 여지없이 전반적으로는 주도세력인 서인이었으며 그중에서도 특히 왕위를 보필하는 자들이었다.[238]

중앙 무인귀족 출신의 다른 무과급제자들의 성과는 이렇게 크게 드러나지는 않았다. 필자는 다양한 판본의 무과급제자들의 족보와 기타 계보 자료들을 이용하여 최고의 무인가문인 덕수이씨, 능산구씨, 평양조씨, 그리고 수원백씨 출신인 무과급제자들이 실제로 도달한 관직의 목록을 만들어보았다(부록 A). 중앙과 지방의 무관직과 마찬가지로 변지邊地 또한 네 개 가문 출신의 급제자 대부분이 현실적으로 오를 만한 중요한 자리였다. 더 나아가 고위 중앙문관직에 임명된 급제자들도 병조에서조차 참판 이상은 얻지 못했거나 중추부中樞府의 고위관직 중 명예직이 아닌 자리로 나간 것을 확인할 수 있었다.[239]

무관이 무반의 장군직에 제한된 비율로 임명된 것을 통해 당시 상황을 확인할 수 있다. 비록 무인귀족이 장군이면서 동시에 중요한 심의기관인 비변사에 몸담고 있어도 비변사 제조提調의 자리는 종종 무반의 장군직을 역임한 적이 있는, 세력 있는 문관에게 돌아가 그가 겸임하는 경우가 많았다.[240] 〈표 2.6〉은 17세기 후반부터 19세기 후반까지 문과급제자들이 군영 장군직의 20~50퍼센트를 차지했다는 사실을 보여준다.[241]

물론 나머지 무반 장군직을 받은 무관들도 존재하는데 무과급제자들 전체에서 보자면 아주 소수에 불과하다. 1608년에서 1882년 사이에 대략 100명에서 1,000명의 남자들이 무과에 급제했지만 조정에서는 195개의 군영 장군직만을 내린 것을 봤을 때, 조선 후기 군영 장군은 급제자들 사이에서 가장 성공한 자들임에 틀림없다.[242]

군영 장군직에 비해 수령 자리는 훨씬 더 쉽게 얻을 수 있었는데, 중앙 무인귀족 출신에게는 특히 더 그러했다. 조선시대 대부분의 연안과 국경지역 지방관은 문무과급제자들이 차지한 반면, 내륙지방의 지방관은 대부분 문

〈표 2.6〉

1592~1882년 문과 출신의 군영 장군직 비율

기간	왕대	새로 임명된 군영 장군	문과급제 이후 임명자	비율(퍼센트)
1593~1608	선조	3	0	0.0
1608~1623	광해군	11	1	9.1
1623~1649	인조	13	1	7.7
1649~1659	효종	5	0	0.0
1659~1674	현종	8	3	37.5
1674~1720	숙종	26	7	26.9
1720~1724	경종	2	1	50.0
1724~1776	영조	30	7	23.3
1776~1800	정조	18	6	33.3
1800~1834	순조	23	5	21.7
1834~1849	헌종	14	3	21.4
1849~1864	철종	12	4	33.3
1864~1882	고종	33	8	24.2
총계	1593~1882	198	46	23.2

* 전거: 《등단록登壇錄》

과급제자나 음관에게 돌아갔다. 그러나 19세기의 첫 반세기 동안 이러한 관행은 바뀌었다. 음직조차도 연안과 국경지역의 지방관으로 임명되었으며, 이런 이유로 무과급제자들은 서서히 물러날 수밖에 없었다. 이와 같은 새로운 변화는 전반적으로 한양에서 정치적으로 가장 영향력 있는 가문 출신이 지방관을 차지하는 경향을 보여주는 것이었다. 이 시기는 중앙정계에서 소수의 문관가문, 특히 외척이었던 안동김씨와 평양조씨 같은 가문이 두드러졌던 시기였다. 뇌물 수수와 짧은 재임기간, 응시자들 간 경쟁에 기대어 지방관 자리를 성공적으로 확보한 자들은 세력 있는 가문 출신인 경우가 많았고, 그들은 계속해서 부임지에서 부정을 저지르고 있었다.[243]

상대적으로 쉽게 얻을 수 있었던 수령 자리마저 양반 세도가 출신에게 돌아갔던 것을 고려해보면 무과급제자들의 진로가 그들의 사회적 지위에 따라 결정되었던 것은 전혀 놀라운 일이 아니다.[244] 그들이 출세한 진로는 크게 세 가지로 나누어볼 수 있다. 첫 번째로는 낮은 직급의 관리에 만족해야 한 자들, 그것도 아니면 급제한 사실에 만족해야 했던 자들이다. 두 번째는 미리 정해진 기간 동안의 역을 치르거나 각 군영의 경연에서 뛰어난 성적을 거둠으로써 장교가 되고 결국 매우 명예로운 벼슬이나 높은 지위의 관리가 될 가능성이 있는 자들이다. 세 번째는 소위 별천別薦을 통해 10대 후반이나 20대 초반에 선전관청宣傳官廳에 천거되어 시험을 통과한 뒤에 높은 지위의 문관이나 군영 장군직을 받기 전 일련의 지방관이나 무관직을 받는 자들이다.[245] 상식적인 선에서도 그렇겠지만 우리가 지금까지 본 사례들로 봤을 때 세 번째 분류에 속한 무과급제자들이 가장 소수였을 것이다.

국가의 지원 아래 서울 출신의 벌열 무관들은 조선 후기 정계에서 중요한 역할을 담당했다. 비록 중앙 문인귀족들의 강력한 권력에 비하면 그 중요한 역할이라는 것이 제한되긴 했지만, 그럼에도 불구하고 무과급제자들도 붕당 간 정쟁에 가담해야 했다.[246] 예를 들어 광해군 재위기간 동안 중요한 정치적 논쟁거리였던 인목대비(1584~1632) 폐위사건에는 붕당 간 유대관계로 얽힌 사대부들뿐만 아니라 그 기구한 여인을 폐비시켜야 한다고 대북을 옹호하는 상소를 올렸던 이시언李時言(?~1624)과 같은 수많은 무신들도 가담하였다.[247]

특히 폭력을 수반한 정쟁에서 무인들은 훈련받은 전문화된 무력을 제공하기도 했다. 조선 후기에 그러한 예들이 많았는데, 예를 들면 소론 강경파와 남인의 일부는 1728년 이인좌의 난을 일으키면서 무인들에게 자신들편에 설 것을 강요했다. 이수량李遂良(1673~1735)은 대부분 당파의 수장인 문신 상관들을 모시고 있던 명망 있는 무신이었는데, 중앙관료의 적통 출신으로서 무과급제자였던 그는 이인좌의 난을 진압할 동안 마병별장馬兵別將이었다. 그는 이후에 분무공신奮武功臣 3등에 녹훈되어 가선대부嘉善大夫에 올라 완춘군完春君에 봉해졌고 무관으로서 오를 수 있는 가장 높은 직위에 올랐다.[248]

이와 반대로 남태징南泰徵(?~1728)과 같은 또 다른 무인들은 반란군과 함께 싸웠다. 핵심 중앙관료 가문 출신이었던 남태징은 소론의 심복으로 간주되어 1724년 영조의 즉위와 함께 파직당했다. 당시는 강경파들이 다수의 소론들을 숙청할 때였다. 하지만 남태징은 이후 영조가 몇몇 소론을 재임시킬 때 같이 복직되었다가, 이인좌의 난 때 석연치 않은 죄명으로 1782년 참형을 당했다.[249]

동서고금을 막론하고 어떤 당파가 여러 개의 군영과 관련 무신들에 대한 지배권을 쥐고 있다는 것은 매우 철저한 관리가 필요한 일이다. 따라서 새로운 당파가 권력을 잡게 되면 무인들에게는 대규모 인사이동이 있을 수밖에 없으며, 때로는 완전히 새로운 군영이 만들어지기도 했다. 예를 들면 17세기 말, 짧은 기간 동안 권력을 잡았던 남인은 훈련별대訓練別隊를 창설하여 서인 통제하의 군영에 맞서려는 계획을 세웠다. 그 후 19

세기 말에 정조와 시파는 벽파의 간섭을 받지 않는 장용위壯勇衛를 만들었다. 벽파는 정조의 조부였던 영조가 사도세자(1735~1762)를 뒤주에 가둬 죽이라고 명한 것을 옹호하던 자들이 만든 정파였다. 필연적으로 사도세자의 아들 정조는 벽파를 자신의 정통성에 도전할 가능성이 있는 잠재적인 문제의 근원으로 볼 수밖에 없었던 것이다.[250]

| 소결 |

조선 후기에는 만주족과 일본의 침입 위협이 사라졌음에도 불구하고 무과가 빈번하게 시행되었다. 한 번의 시험에서 수천 명까지는 아니라도 수백 명이 선발되기도 하였으며, 이러한 상황은 조선 초기 무과와는 전혀 다른 것이었다. 그 결과 무과의 권위는 땅에 떨어졌고, 무과는 비판의 대상이 되었으며, 위정자들은 이에 대한 개혁안들을 제시했다. 그러나 조선 후기 무과는 계속해서 무반으로서 관직을 얻는 정통성을 갖고 있었다. 비교적 소수였던 양반귀족 출신 중앙문관 가문들이 지속적으로 중앙문관 관료직을 점점 장악하게 되면서 다른 양반들은 사실상 정치적으로 소외되었다. 이러한 상황에서 한양의 양반들 중 일부는 무과로 눈을 돌려 무관직을 받음으로써 벌열무반으로 재탄생했다. 문·무간 차이는 더욱 심해져 18세기 즈음에는 양반들 중 직계조상이나 8촌 이내의 친척 중에 자신과 문무가 다른 종류의 시험에 합격한 이가 있는 것은 드문 일이 되었다.

　중앙 무인귀족 출신의 무과급제자들은 군사적 책무와 직접적 연관이 있는 관직만을 받는 경향이 있었다. 무과급제자들이 향후 중앙관료직 중 높은 관직을 받는 것이 제한되었음은 물론이고 군영 대장 직위조차 권력 있는 중앙 문관가문들이 상당한 비율을 차지했다. 대신 벌열무반들은 소수의 중앙 문인귀족들의 후원을 받으며 정치적으로 충성을 바쳤다. 비록 일부 무인의 적통들이 조선 중기 사화를 통해 자신의 조상들이 희생되고 그 자손들이 정계에서 소외되었지만, 조선은 공적을 세운 무관의 자손들에게 조상의 뒤를 이어 무관이 되도록 장려했다. 요컨대 조선 후기는 양반들이 중앙문관, 중앙무관, 그리고 일반적으로 관직을 갖지 않은 영호남 지방의 양반 가문들로 나눠지는 시대였는데 영호남 지방의 양반에 대해서는 3장에서 좀 더 자세히 다룰 것이다.

3.
향촌 지배층과 무과

영호남 지방의 양반 ... 개성의 지배층 ...
평안도와 함경도의 유력층 ... 소결

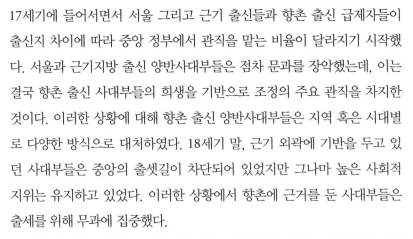

17세기에 들어서면서 서울 그리고 근기 출신들과 향촌 출신 급제자들이 출신지 차이에 따라 중앙 정부에서 관직을 맡는 비율이 달라지기 시작했다. 서울과 근기지방 출신 양반사대부들은 점차 문과를 장악했는데, 이는 결국 향촌 출신 사대부들의 희생을 기반으로 조정의 주요 관직을 차지한 것이다. 이러한 상황에 대해 향촌 출신 양반사대부들은 지역 혹은 시대별로 다양한 방식으로 대처하였다. 18세기 말, 근기 외곽에 기반을 두고 있던 사대부들은 중앙의 출셋길이 차단되어 있었지만 그나마 높은 사회적 지위는 유지하고 있었다. 이러한 상황에서 향촌에 근거를 둔 사대부들은 출세를 위해 무과에 집중했다.

여기서 말하는 '향촌local' 유력층이란 지방사회에서 최고 지위를 차지했던 친족집단을 의미한다. 각각 혹은 여러 개의 자치지역이 사회문화적 영역을 형성하고 있었으며, 지역적으로 주요한 씨족집단이 최고 권력을 행사하고 있었다. 필자는 이 글에서는 '엘리트elite'에 대해 의도적으로 '양반'이나 '귀족'이라는 용어를 피하고 있는데, 그 이유는 개성과 서북지역 지배층들을 영호남 지역 귀족들과 똑같이 볼 수 있느냐는 문제에 대해 좀 더 자세하고 복잡한 설명이 필요하기 때문이다. 이는 이 장의 주요 질문이기도 하다.

　다음에 나올 정보는 이 논의를 진행할 때에 필요한 배경 지식이 될 수 있다. 조선 후기에는 특정 지역의 인구를 감소시키거나 증가시킬 만한 대규모 인구이동이 없었지만, 무과급제자의 숫자는 지역에 따라 변동을 거듭하고 있었다. 〈표 3.1〉은 왕의 재위기간에 따른 조선 후기 무과급제자들의

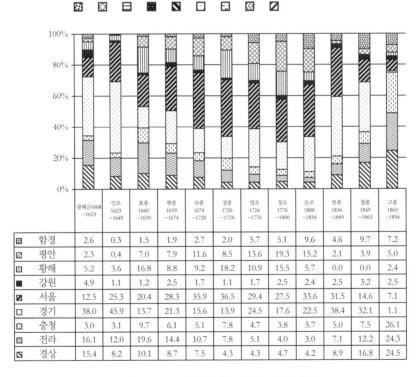

		광해군1608 ~1623	인조 1623 ~1649	효종 1649 ~1659	현종 1659 ~1674	숙종 1674 ~1720	경종 1720 ~1724	영조 1724 ~1776	정조 1776 ~1800	순조 1800 ~1834	헌종 1834 ~1849	철종 1849 ~1863	고종 1863 ~1894
▦	함경	2.6	0.3	1.5	1.9	2.7	2.0	5.7	5.1	9.6	4.6	9.7	7.2
▨	평안	2.3	0.4	7.0	7.9	11.6	8.5	13.6	19.3	15.2	2.1	3.9	5.0
▥	황해	5.2	3.6	16.8	8.8	9.2	18.2	10.9	15.5	5.7	0.0	0.0	2.4
▪	강원	4.9	1.1	1.2	2.5	1.7	1.1	1.7	2.5	2.4	2.5	3.2	2.5
◪	서울	12.5	25.3	20.4	28.3	35.9	36.5	29.4	27.5	33.6	31.5	14.6	7.1
□	경기	38.0	45.9	13.7	21.3	15.6	13.9	24.5	17.6	22.5	38.4	32.1	1.1
▣	충청	3.0	3.1	9.7	6.1	5.1	7.8	4.7	3.8	3.7	5.0	7.5	26.1
▨	전라	16.1	12.0	19.6	14.4	10.7	7.8	5.1	4.0	3.0	7.1	12.2	24.3
◧	경상	15.4	8.2	10.1	8.7	7.5	4.3	4.3	4.7	4.2	8.9	16.8	24.5

〈표 3.1〉 1608~1894년 무과급제자의 지역별 분포

전거:《조선시대사찬읍지》,《한국근대읍지》,《조선환여승람朝鮮寰輿勝覽》,《교남과방록》.

출신지역을 보여준다. 이 표에서 볼 수 있는 특징은 다음 세 가지로 나타난 다. 첫째, 조선에서 인구가 가장 많고 농업생산량이 풍부한 전라도와 경상 도 지역의 합격자 수는 전반적으로 감소하다가 19세기 들어 다시 반등하 기 시작했다. 둘째, 평안도와 함경도로 대표되는 서북지역은 17세기와 18 세기까지 무과합격자 수가 점점 증가하다가 19세기 들어 급격히 감소했 다. 셋째, 한양과 경기도 지역은 무과합격자의 절반 정도를 배출했지만 19 세기 후반 들어 급격히 감소하기 시작했다.

　필자는 이와 같은 전반적인 수치를 19세기 말 조선의 향촌 지배층을 구 분하는 지표로 제안하고자 한다. 또한 엄격하지는 않지만, 세 가지로 분류 한 다음의 구분을 제시해보고자 한다. (1) 경상도 지역을 포함한 한반도의 남쪽 절반 지방으로, 대부분이 농촌지역인 향촌 양반, (2) 개성과 그 인근지 역의 도시 출신으로 상업적으로 연관된 지배층, (3) 평안도와 함경도(〈지도 3.1〉)를 기반으로 한 북부지방 지배층이 그것이다. 이 장에서는 각 지역 지 배층들의 각각 다른 무과에서의 성공 정도를, 중앙의 정치적 구조의 주체 agent와 지역사회를 새롭게 장악한 행위자actor와의 관계를 기반으로 좀 더 폭넓은 맥락에서 분석하도록 하겠다. 지역별 차이는 의미가 있는데, 중앙 귀족층이 역사와 사고방식attitude, 행동behabour에서 차이를 유지하여 귀족 층이 다른 계층에 대한 헤게모니를 지속할 수 있도록 해주었다.

영호남 지방의 양반

조선 후기 향촌사 연구자들 사이에서도 영호남 지방을 장악한 사회계급인 양반의 지속continuity과 변화change에 대한 의견이 분분하다. 그렇지만 영 호남 양반층이 중앙정계에서 밀려나고, 새로 유입된 계층으로 인해 지방

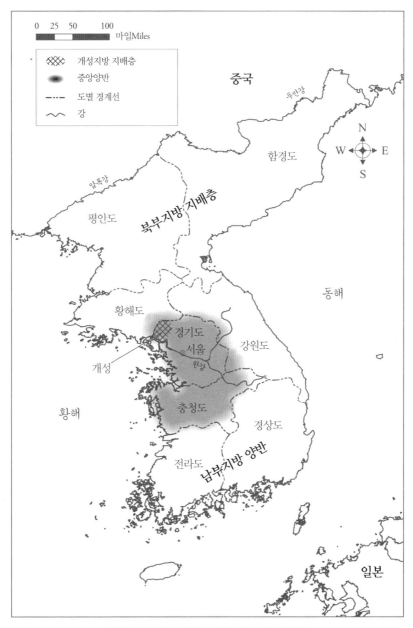

〈지도 3.1〉 19세기 무렵 조선 후기의 지배층 분포도

의 정치적 패권에 도전을 받았던 사실에는 이견이 없다. 이와 같은 위기에 봉착하기 이전, 영호남 지방의 양반들은 중앙에서 파견되어 그 지역을 다스리는 수령을 보좌하는 동시에 지역사회 내에서 적절한 사회적 관행을 유지함으로써 정치적 영향력을 행사했다. 중앙과 연결고리가 약해지고 더불어 문과급제자 및 관직에 올라 있는 자들의 수가 격감하면서 영호남 지방 양반 중 일부는 무과로 전환하기도 했다. 하지만 이 현상은 오래 지속되지 않았으며, 향촌의 귀족들이 중앙 정계에서 전반적으로 배제되었지만 자신들만의 문화적인 소양을 표출하며 다른 피지배층과 자신들을 구별 짓는 데에 더욱 주력하였다. 이러한 방법으로 향촌의 지배층들은 국가가 인정한 지위에 대한 보상을 받고 있었다.

조선시대 중반 이후, 지속적으로 과거급제를 하거나 관직에 올라 양반이 될 수 있었던 영호남 지방 출신의 비중은 급격히 감소하고 있었다. 여기에서 '향반'이라는 의미는 여러 세대 동안 지역 내에서 높은 사회적 지위를 영유하던 귀족가문을 뜻하는 것으로, 서울에 우선적으로 기반을 두고 서울에 대한 대안으로 지방에 거주하던 자들과는 구분된다. 이러한 구분은 매우 중요한데, 대다수 양반 관료들은 그들의 친족과 후손과 더불어 서울의 외곽인 근기지방과 수도에 기반을 두고 있었지만, 동시에 농장과 선산으로 쓰이는 토지를 지방에 소유하고 있었기 때문이다.[251]

서울에 기반을 두고 있던 강고한 양반가문들은 문과급제자와 중앙관직자를 다수 배출하면서 정치적으로 중요한 요직을 차지했기 때문에 권력을 지속시킬 수 있었다.[252] 문과 그리고 중앙문관직에서 양반가문들이 강력한 존재감을 나타낸 것은 그들이 정치적으로 최고 권력을 가졌다는 사실을 증명하는 것이기도 하다. 대부분의 주요 관직은 서울 출신 양반가문의 몫이었기 때문이다. 서울에 거주하는 지배층이 권력을 장악하게 된 첫 번째 주요 계기는 1623년 조선 남부지방에 기반을 둔 서인이 주도하여 일으킨 인조반정이었다. 이로써 북인정권이 전복되었고, 이는 이후 개성·영호남에 기반을 둔 북인이 정치적으로 소외된 가장 주요한 이유였다. 다음으로 핵심적 계기가 된 사건은 1694년에 서인이 최종적으로 승리를 거둔 갑술환국이었다. 당시 서인은 경상도와 강한 연결고리를 가지고 있던 남인에 대해 승리하였고, 이로써 남인은 영조 대에 표면상으로는 모든 이가 참여하도록 열려 있던 공론公論에서 공식적으로 제외되었다.[253] 남인 출신이던 이중환(1690~1752)은《택리지》경상도 편에서 서울과 다른 지방 사이의 깊은 간극에 대해서 다루었다. 인조의 즉위와 더불어 1623년 서인이 권력을 잡은 일을 계기로 이러한 간극은 더욱 깊어졌다고 지적하였고, 그 이후로 경상도 출신 고위관리 수가 감소했고, 반면에 '경성세가京城世家' 출신은 관직 임용에서 특혜를 받았다는 것이다.[254]

서울에 기반을 둔 양반들이 우세할 수 있었던 또 다른 이유는, 무과에서 최종적으로 국왕 앞에서 직접 치르는 전시의 이전 단계인 초시와 복시를 건너뛰는 이들의 수가 점점 늘어났기 때문이다. 대부분 서울 출신이던 이들은 무과 중 세 번째이자 마지막 단계인 전시에 바로 나아갈 수 있는 특별한 자격이 주어졌기 때문에 무예와 강경講經이 포함된 이전 단계의 시험들을 건너뛸 수 있었다. 조선 후기 무과급제자의 절반 정도는 이렇게 합격한 이들이었다. 전시에서는 무예만 다시 확인하였으며, 이 단계는 거기까지 올라온 이들의 순위를 부여하는 용도로만 치러졌기 때문에 그 전 단계를 면제받았던 이에게는 자동적으로 합격이 보장되는 것이었다.

이렇듯 무과에서 전시 이전 단계의 면제가 나타난 기원을 살펴보면 16세기 초로 거슬러 올라간다. 당시 정부는 무예시험을 통과한 뛰어난 실력을 갖춘 이들을 각 군문에 배치하여 근왕세력을 강화하고자 다양한 정책을 채택하였다.[255] 인조가 청에 대한 복수설치復讎雪恥를 내세우면서 무과에서 특권적으로 면제를 용인하는 일도 점차 증가하였다. 전시 이전 단계를 건너뛴 자들은 오직 식년시에만 응시할 수 있도록 하였으나, 17세기에 접어들어 정부가 더욱 전문적으로 훈련된 병사들로 새로운 군문을 설치하려고 함에 따라 별시들이 다양하게 시행되었다. 이에 면제특례를 받은 무과급제자들도 꾸준히 늘어나 17세기에 30.3퍼센트에 불과했던 비율이 18세기에는 54.9퍼센트가 되었고 19세기에 60.3퍼센트에 이르렀다. 사실 후에 열린 상당수의 무과에서는 90퍼센트 이상의 급제자들이 면제특례를 받았다.[256]

이처럼 면제의 범위가 늘어나면서부터 점점 많은 문제들이 발생했다. 본래는 금군禁軍과 한정된 관료들에게만 해당되었던 면제 범위가 나중에는 오위도총부나 다른 모든 고을 수령과 지방 사령관의 군대를 위해 치러진 다양한 무예경연의 합격자들에게까지도 확대 적용되었기 때문이다. 이러한 무예경연에서 한 종목에서라도 만점을 받은 자나 전체적으로 가장 높은 점수를 받은 관료나 병사는 면제특례를 받을 수 있었다.[257] 이로써 점점 더 많은 수의 지방거주자들이 면제특례를 받게 되었는데, 이는 대부분의 경우 지방에서 열린 시험에서 한 과목 혹은 하나의 기예에서 만점을 받는 것이 전체적으로 높은 점수를 받는 것보다 수월했기 때문이다. 한 종목에서만 만점을 받은 자에게 면제특례를 주는 제도는 꽤 오랜 시간이 지나고 난 뒤에야 다수의 대신들에게 무과체계 자체를 문란하게 만든다고 인식되기 시작했다.[258]

17세기 후반기에 들어서자 정부는 이러한 상황을 계속 유지할지를 두고 고민에 빠지게 되었다. 이에 대한 끊임없는 논쟁의 결과 정부 대신들은 이와 같은 특혜가 심각하게 남용되고 있다는 결론에 이르렀고 이를 제재하기 위한 노력에 들어갔다. 결국 18세기 후반에 이르러 정부는 지방 거주자인 후보자들에게 주는 특례를 제한하기 시작했다. 그 대표적인 방법이 특례자를 뽑기 위해 무예시험 중 한 종목에서만 만점을 받은 모든 이들 가운데에

서 가장 뛰어난 자를 뽑아 그 자만 전시에 응시할 수 있게 한 것이었다.[259]

　조선 후기 영호남 지방의 양반들은 중앙관직에서 두각을 나타내지 못했으므로, 이미 17세기부터 문과에서 더 이상 혜택을 누리지 못한 향촌 양반 가문의 후손들은 무과로 돌아서고 있었다. 1633년, 이조판서 최명길이 쓴 논평은 이러한 상황을 통찰력 있게 보여준다. 최명길은 "저명한 가문의 자제들이 열심히 글을 읽은 까닭"이 과거합격이므로 '문과에 급제하지 못한 이들은 이를 포기하고 무과를 선택했으며, 문무과에 모두 실패한 뒤에야 음직을 선택했다"[260]고 하였다. 1674년부터 1800년까지의 무과급제자에 관한 정해은의 연구에 따르면, 이 시기에 평민들의 응시가 증가하기는 했지만, 정치적으로 소외된 양반들이 당당하게 관직에 오르는 방법이자 자신들의 사회적 위치를 보여주는 수단으로써 무과급제를 바라보는 일이 계속되었던 것으로 보인다.[261] 그렇다면 상당수의 지방 양반가문에서 문과급제자들이 여러 대에 걸쳐 나오지 않았을 경우, 가문의 위신이 격하됨에도 불구하고 무과로 눈을 돌렸다고 할 수 있다.

　필자가 향청鄕廳의 향임을 역임한 귀족가문을 면밀히 조사한 바에 따르면 경상도 여러 지역의 관리들 가문에서 추가적인 증거가 나타나는데, 김해지역 남평조씨의 경우가 대표적이다. 남평조씨 가문은 1396년 문과급제자인 이조판서 조유인曺由仁(1370~1434)의 후손들로, 17세기 중반 이전까지는 급제자 없이 하급관리 정도만 배출하던 가문이었다. 그러다가 1656년 무과에 급제한 조강曺忼(1622~1666)을 시작으로 다수의 무과급제자들을 배출했다.[262] 여기에서 주목할 만한 것은 18세기 즈음에는 후손들이 본관을 남평에서 창녕으로 바꿨다는 것이다. 이는 남평조씨가 창녕조씨에서 갈라져 나온 가문임을 주장하는 것으로 자신들을 더욱 번창한 가문으로 보이게 하는 한편, 남평조씨가 정치적으로 막강한 가문인 창녕조씨의 후손임을 정당화하고자 한 것이다.[263] 상기한 주장의 타당성이나 사실성 여부와 관계없이 조선 후기 들어 이러한 움직임은 매우 흔해졌다. 많은 가문의 후손들은 스스로가 걸출한 가문의 후손임을 주장하기 위해 족보를 점점 더 세밀하게 고치기 시작했으며, 심지어 그중에는 중국에서 기원한 조상의 후예임을 주장하는 가문도 있었다.[264]

진주의 수원백씨 후손들 또한 중앙정치에서 밀려난 지방 양반가 자손들이 무과로 눈을 돌린 경우들 중 하나이다. 이들은 1454년도 문과급제자 백사수白思粹의 후손들이었는데, 몇 세대에 걸친 문과급제 실패 이후 18세기에는 다수의 무과급제자를 배출하는 데에 성공했다. 가문의 운명은 서울에 기반을 둔 먼 친척의 자손을 입양하면서 바뀌었다(두 가문은 모두 15세기 문과급제자의 같은 자손들이었으나, 서울에 기반을 둔 가문은 2장에서 언급하였듯이 중앙정계의 가장 저명한 무관가문 중 하나였다). 당시 입양되었던 양자의 아들 백익진白翼鎭(1757~1818)이 1777년 무과에 급제한 것이다.[265] 이러한 사실은 확실히 단정할 수는 없지만 적어도 중앙에 연이 있는 것이 합격 여부에 영향을 주었음을 암시하는 것이다.

또 다른 경우는 단성의 안동권씨 가문이었다. 권필칭權必稱(1721~?)은 이 가문의 최초 무과급제자였는데, 그는 권도權濤(1557~1644)의 고손자였다. 권도는 인조 때 대사간을 지내고, 두 차례 원종공신原從功臣으로 제수된 인물로, 이 가문의 지적·문학적 성공은 후에 권도가 서원에 배향된 것으로도 알 수 있다. 권필칭도 처음에는 이러한 가문의 전통을 지키기 위해 생원시를 통과하려고 노력했으나 여러 번 낙방 뒤에 결국 무과로 방향을 돌렸고, 30세가 되던 1750년 무과에 급제하였다. 무과를 준비하던 3년 동안 그는 무과를 문과에 비해 상대적으로 낮게 평가하며 그를 탐탁지 않아 했던 친족과 다른 향촌 양반들에게 명분을 세워야 했다. 이에 권필칭은 문과 무 모두 나라에 이바지하는 데 중요하다고 주장하면서, 홀로 된 늙은 모친을 모시기 위해서는 어떠한 형태로든 관직에 오르는 게 중요했다는 점을 강조

했다.[266]

이렇게 지방 귀족이 문과 대신 무과에 눈을 돌린 것은 경상도 지방에 국한된 일이 아니었다. 1656년에 문과급제자를 냈던 전라도 무장의 진주강씨 출신 강응환姜膺煥(1735~1795) 또한 무관의 길을 택하고 있다. 문인들이 대부분 그랬던 것처럼 강응환의 아버지 또한 무인의 길에 들어선 아들을 탐탁지 않아 했다.[267] 강응환은 그런 때에 〈무호가〉를 통해 그의 야망을 드러냈다. 〈무호가〉는 당시 현존했던 곡에 가사를 붙인 형태의 시였다.[268] 그는 자신의 포부를 다음과 같이 노래했다.[269]

大丈夫 生天地間ᄒ야……
人間萬事를 歷歷히 세어보니
글닑씨 글쓰기는 腐儒의 홀일이요
밧갈기 논미기는 農夫의 홀일이라……
鄕試보아 鄕試ᄒ고 京試보아 京試ᄒ야
二分科擧 二中ᄒ고, 三分科擧 三中ᄒ야
春塘臺 너로온쓸의 壯元及第 ᄒ단말ᄀ……
初入仕宣傳官의 出六ᄒ야 訓練主簿……
邊地리력 최은후의 防禦使를 ᄒ돈 말가ᄀ
南兵使 北兵使를 次次로 遞任ᄒ고
統御使 統制使 階梯로 지낸 후의……
物望으로 訓練大將 天恩이 罔極ᄒ야
兵曹判書 ᄒ돈 말ᄀ
王命을 밧들어셔 노돌習陳ᄒ올적의
靑龍旗 白虎旗ᄂ 左右의 羅列ᄒ고
朱雀旗 玄武旗ᄂ 前後의 벌어잇다.[270]

五營을 統一ᄒᆞ야 三軍을 號令ᄒᆞᆯ제
平生의 품은 智略 두루어 시험ᄒᆞ야

　이 시에서 배어 나오는 그의 결심이 어찌나 강렬했던지 그의 부친은 강응환의 무과 응시를 허락하였다. 강응환은 무과에 급제하여 무인의 삶을 누렸으며, 그의 자손들 또한 무인의 길을 걸었다.[271]

　영호남 지방의 귀족들이 무과에 얼마나 관심이 있었는지 계량화할 수는 없지만, 관심이 상당히 높았다는 추측은 가능하다. 적어도 일부의 영호남 지방 양반들은 중앙 관직사회로 나아가기 위해 무과를 택했던 것으로 보인다. 특히 이러한 경향은 조선 초기 이후 문과급제자나 문관을 배출해내지 못한 가문에서 두드러진다.

　그럼에도 이러한 가문에서 첫 번째로 무과로 전향한 자들은 문중 내부의 편견과 무과에 대한 대외적인 편견과도 싸워야 했다. 특히 경상도 지방에서는 무과에 대한 반감이 심했다. 현재 확인 가능한 15세기와 16세기 무과급제자의 거주자 정보에 따르면, 경상도와 전라도가 모두 남부지방임에도 불구하고, 경상도보다 전라도에서 더 많은 무과급제자를 배출한 것으로 나타났다.[272] 경상도 관찰사였던 박경신朴慶新(1560~1616)이 경상도에 무과를 시행할 것을 제안하면서 지적한 '본도는 섬 오랑캐와 서로 접해 있는데 사람들이 무武를 익히지 않아 극히 한심寒心합니다'라는 대목은 주목할 만하다.[273] 1641년 인조는 전라도와 경상도에 유학자와 무인이 모두 부족하다고 지적했다. 한편 전라도 감사였던 정세규鄭世規(1583~1661) 역시 이전 부임지였던 영남에서 '양반들이 무관이 될 의지가 없다'고 언급하였다. 또한 그는 무과의 길을 택한 양반들은 다른 양반들에게 배척당한다고 주장하기도 했다. 결국 그는 왕에게 지방 출신 무인들을 좀 더 등용해 더 많은 지방 귀족들이 무인의 길을 걸을 수 있게 해달라는 상소를 올렸다.[274]

왕들의 이러한 걱정과 경상도의 문화적 편견을 깨려는 각고의 노력에도 불구하고 무과에 대한 경상도 귀족들의 경시는 계속되었다. 18세기 말에 경상도민들 중 극소수만 무과에 응시한 것으로 나타나자 정조는 이 지역 양반들이 무예를 경시하는 풍조에 대해 다음과 같이 비난했다.

영남은 지역이 큰 도이다. 그런데 나라의 행사인 과거에 참여하는 사람은 다른 도의 큰 고을에도 미치지 못하고 있다. 본도가 공자나 맹자의 고장처럼 학문이 왕성한 고을이라고 말하지 말라. 활을 쏘는 무예가 천한 것이 아니다. 공자도 활 쏘기를 한 것을 보면 이를 좋아하였던 것이다. 더구나 문무를 다 같이 쓰는 것은 국가를 장구하게 보전하는 방도이니 더 말해 무엇 하겠는가. 시험을 보지 않아도 본디부터 잘하는 것은 성인이고 시험을 쳐야 잘하는 것은 보통 사람이다. 묘당으로 하여금 도신道臣과 수신帥臣에게 신칙하되 기한을 엄히 정하여 독촉하지도 말고 포기하게 내버려두지도 말게 하라. 그리고 고을에 활을 잘 쏘는 사람이 있으면 수령은 감영監營과 병영兵營에 보고하고, 감사와 병사는 그 사람을 불러 시험을 보인 다음, 재주와 무예가 뛰어난 사람은 관서지방의 예에 따라 장계로 보고하게 하며 지체가 좋은 무변武弁으로서 앞으로 진취할 수 있는 능력이 넉넉한 사람은 특례로 권장하도록 하라.[275]

무과에 대한 문화적 편견은 유교사회 내의 무예에 대한 태도를 통해 더욱 면밀히 살펴보아야 명확하게 알 수 있다. 하지만 지금까지는 모든 영남 귀족들이 무예와 무과를 경시했다는 것이 전반적인 의견이었다.

영호남 지방의 귀족들에게는 이런 문화적 오명 외에도, 무과 응시에서 중앙이나 서북 출신들보다 불리한 지점이 있었다. 제한된 훈련 기회, 그리고 다른 지방에 비해 중앙에서 멀리 떨어진 물리적 거리도 불리했지만, 중앙 오군영五軍營과 함경도의 친기위親騎衛 그리고 별무사別武士에게 흔히 주

어지는 특권인 무과 면제라는 측면에서도 영호남 지방 양반들은 불이익을
받았던 것이다. 군문(지방 감사나 육군, 해군 장수 외에)들이 중앙이나 북쪽지
역에 집중되어 있었기 때문에 면제특권이 영호남의 귀족들에게까지 미치
지 못했던 것이다.

그러나 영호남 지방 양반들이 무과에 응시하기 위해 넘어야 했던 가장
큰 장애는 향촌사회에서의 정치적 헤게모니 변화였다. 17세기에는 기존
양반들의 지역 내 주도권이 새로 등장한 피지배층의 우세한 부와 영향력
에 위협받고 있었다. 양반가문의 서얼 혹은 양인 출신조차 향안鄕案에 입
록되기 시작하면서, 향촌에서 세력을 점차 상실하게 된 구 귀족들은 17세
기 이후에는 대부분 지역에서 향임과 단절되는 현상이 나타났다.[276]

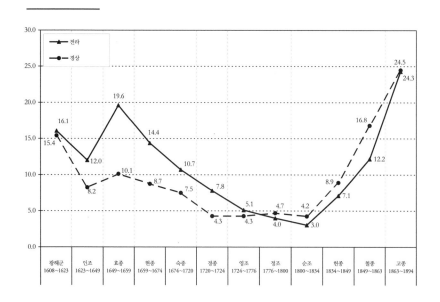

〈그림 3.2〉 1608~1894년 전라도와 경상도의 무과급제자 현황
전거:《조선시대사찬읍지》,《한국근대읍지》,《조선환여승람》,《교남과방록》,《호남지》, 기타 읍지 및 족보

이러한 흐름 속에서 기존 양반들은 자신들의 특권과 부를 유지할 방법을 찾을 수밖에 없었다. 비록 새로운 사회요소들이 현저하게 성장하여 향촌 행정의 권력 역동성에 영향을 끼쳤을지 모르지만, 중앙정치로부터 소외되고 지역 행정사회에 끼치는 영향력이 감소하는 구 양반 귀족사회를 사회문화적으로 더욱 보수화시켰다. 오래된 양반가문들은 우월한 가문 의식에서 파생된 조직과 활동을 강조하게 되었다. 그들은 다양한 방법으로 강력한 지위를 드러냈는데, 족보를 만들거나 집성촌에 모여 살거나 서원이나 사우 등 여러 교육기관, 사회기관, 제례와 관련된 것들을 설립하면서 다양한 문화체계를 세우려 하였다.[277]

한편 경상도 내에서도 가장 보수적인 지역에서조차 새로운 가문들은 높아진 사회경제적 영향력을 가지고 귀족계층과 사회적 연분을 쌓고자 노력했다. 어떤 이들은 혼인을 통해 지역의 오래된 양반가문과 연결고리를 만들었다. 예를 들어 18세기 말 이후에나 향직에 이름을 올린 김해의 남평문씨 가문은 김해에서 가장 저명한 가문 중 하나로 앞서 언급됐던 창녕조씨 가문의 딸과 혼인할 수 있었다. 19세기 말에 이르러서는 본래 귀족계층과 새로 등장한 계층 사이의 차이가 잔존한다고 하더라도 두 집단 모두 김해에 신식 학교를 세우기 위한 노력의 일환으로 단체모금에 참여하고 있었다.[278] 이러한 변화를 허용하는 사회적 기류는 중앙의 정치적 정황과 지역의 사회적 역동성에 따라 옛 귀족계층과 신흥세력들을 무과에 응시하게 만들었다.

조선 후기 전라도와 경상도의 무과급제자 비율 변동은 〈그림 3.2〉에 나타나 있다. 경상도와 전라도 모두 현종(재위기간: 1659~1674)부터 순조(재위기간: 1800~1834)까지의 기간 동안 지속적으로 무과급제자 수가 감소하는 현상을 겪고 있었으며, 이 현상은 앞서 언급한 영호남 지방의 귀족계층과 신분 변동에 관한 논의와 일맥상통하는 비통계적인 증거가 된다. 전체적인 무과급제자와 관직자 수를 살펴보면 영호남 지방의 양반과 중앙 관직 사회의 연결고리가 약해진 것을 알 수 있다.

그렇지만 영호남 지방의 양반과, 이들의 후손으로 서울에 기반을 둔 문관 그리고 무관가문은 강하게 결속된 사회 최상위 지배층이라는 인식을 여전히 누리고 있었다. 양반가문들 중 비교적 가까운 계통의 가문들은 서얼을 제외한 경우에 위에서 언급한 세 종류의 양반들을 하나로 묶어주었는데, 이 세 종류의 양반들은 혼인으로 맺어지거나 양자를 교환함으로써 맺어졌으나 양자 교환의 경우 19세기에는 드문 경우가 되었다. 문중 내에서 일어난 일들에 대해서는 4장에서 더욱 자세히 다룰 것이다. 4장에서는 양반과 다른 지위의 계층 간 거리가 두 양반가문 사이의 거리보다 훨씬 더 먼 것에 대해 논의해보고자 한다.

선조 즉위 이후 전라도와 경상도 지방 모두에서 무과급제자가 나오기 시작했으나, 이는 그 지방의 양반가문에서 배출된 것이 아니었다. 19세기 영호남 지방에서는 양반이 아닌 주변부의 귀족층이나 평민이 무과에 응시하여 성공하는 비율이 증가하였고, 그로 인해 이 지역의 무과급제자가 급증하였다.

비록 신흥계층이 다양한 종류의 과거에 응시해 합격했지만, 여전히 양반의 신분을 결정짓는 것은 과거급제와 상관없는 출신 성분이었다. 그럼에도 불구하고 지방의 수없이 많은 양반들이 생원·진사시에 합격하기 위해 수십 년 동안 준비한 것은 이 시험이 비록 관직에 바로 나아갈 수는 없었지만 대과를 치를 자격을 부여받았기 때문이다.[279] 양반이 이 시험에 통과하지 못했다고 해서 평민 신분이 되는 것은 아니었지만, 관직에 오른 다른 이들에게 적어도 스스로가 높은 유교적 소양을 함양하고 있음을 보여주기 위해 생원·진사시에 통과하려고 애썼던 것이다.[280]

이렇게 관직과 관계없이 사마시에 통과하려고 애썼던 현상은 부르디외의 문화자본의 개념을 통해 이해할 수 있다. 부르디외에 따르면 문화자본은 세 가지 상태로 실현될 수 있는데, 체화된 상태embodied, 객관적 상태objectified, 제도화institutional된 상태가 그것이다.[281] 생원·진사시험에 통과하기 위해서는 어린 시절부터 글을 읽는 법을 익혀야 했고 초급교재부터 유교경서에 이르기까지 다양한 문헌을 이해하는 법을 배워야 했다. 학생들은 이 문헌들이 가르치는 도덕적 가치들을 완전히 내면화해야 했기 때문에, 이에 성공한 학생들은 체화된 상태의 문화자본을 가지고 있었다고 할 수 있다. 이렇게 개인적 소양을 갖추는 과정에서 학생들은 개인적으로 다음 단계, 즉 어느 정도 객관화된 상황 혹은 수준에 도달할 수 있어 자신의 문화적 소양을 직접 보여줄 수 있는 실체를 마련할 수 있었다. 생원·진사시험의 응시자들에게는 자신들의 직책에 맞는 복장을 착용하고 제사를 지내는 행위가 이러한 객관적 상태의 문화자본을 보여주는 역할을 했다. 물론 이러한 가치를 공유할 수 없는 이들에게 이런 행위는 아무런 의미가 없었다. 두 가지 상태의 문화자본이 모두 체득되고 나면, 실제로 과거에 급제함으로써 제도화된 상태로 들어간다. 이로써 국가에서도 이들의 문화적 소양을 인정했다는 것을 모두에게 알려주는 것이다. 대부분의 피지배층들에게 이와 같은 세 단계를 모두 수행하는 것은 불가능한 일이었으므로, 시험에 통과한 자들은 성리학자로서 존경을 받았으며 성리학에서 정의한 이상적인 귀족층에 완벽하게 걸맞은 조건을 갖추는 것이었다.

하지만 영호남 지방 양반들의 교육적, 문화적 자원을 독점하는 것이 반드시 생원·진사시의 높은 합격률과 연결되지는 않았다. 오히려 조선 후기에 영호남 지방의 양반들이 과거에 급제하거나 관직에 나아가는 수는 점점 감소하였다.[282] 출생하면서부터 신분이 결정되었으므로 대다수 양반들은 생원·진사시 통과에 크게 연연하지 않아도 되었기 때문이다. 생원·진사시를 위해 기꺼이 수십 년을 공부하는 이들은 양반 이외에 문화자본이 있는 피지배층들 중에서도 다수 존재했다.[283] 소양을 갖춘 귀족들이 계속 해서 생원·진사시에 응시하고 합격하고자 노력했기 때문에 이 시험 자체 의 권위가 유지될 수 있었다. 이러한 권위는 당시로서는 확실히 가치가 떨 어져 버린 관직에 이름을 올리는 일과 구분되었다. 다수의 신흥세력들이 관직에 이름을 올리는 순간부터 양반들은 관직에 이름 올리는 것에 연연 하지 않은 것이다. 물론 이렇게 구분되는 점이 바로 문화자본이 있는 비귀 족층을 생원·진사시로 끌어들이고 있었다. 이제 다른 지역의 지배층들을 살펴보는 작업을 통해 이와 같은 교육의 가능성과 한계를 더욱 명확히 이 해할 수 있을 것이다.

개성의 지배층

조선시대 개성의 사회구조는 영호남이나 북부지방과는 달리 꽤나 독특한 것이었다. 영호남 지방의 귀족계층에 비해 개성의 지배층들은 북부지방의 귀족들과 손을 잡고 중앙의 고의적이고 제도화된 차별에 맞서야 했다. 개 성은 조선이 무너뜨린 고려의 수도였기 때문에 개국 초 조선 정부는 개성 주민의 과거 응시조차 법으로 금지하였다. 또한 이 금지법이 풀린 이후에 도 개성 출신의 과거급제자들은 중앙 관료사회에서 중요한 관직을 맡지 못했다. 개성 주민들은 중앙정계로부터 받은 정치적 배척을 다른 활동으 로 상쇄시켰는데, 바로 무역을 중심으로 한 경제 활동이었다. 개성상인들 의 무역 활동은 해외로 뻗어나갈 정도였다. 이러한 갖가지 차별에도 불구 하고 개성의 지배층들은 포기하지 않고 과거에 계속 응시하였고, 조선 후 기에 이르러서는 눈에 띄는 성공을 거둘 수 있었다.

1392년에 조선이 개국한 이후로 1394년 태조가 한양으로 천도하기 전까지 개성은 여전히 조선의 수도였다. 1398년에 정종이 다시 개성으로 환도했지만 1405년 태종은 또다시 수도를 한양으로 옮겼고, 이후 한양은 조선시대가 끝날 때까지 계속 도읍으로 남아 있었다.

개성은 고려의 수도였던 탓에 독특한 사회적 특징을 보이고 있었다. 무엇보다도 많은 고려의 충신과 그 자손들이 조선 왕조 섬기기를 거부하고 개성이나 개성 주변부에 남아 있기를 택했다. 전해지는 야사에 따르면 조선에 따르기를 거부한 72명의 고려 충신들에 격분한 조선정부는 개성 근처 마을인 두문동에 불을 질러 그들을 죽였다고 한다. 이 야사는 용맹한 고려 충신들의 운명과 그들이 살던 지역의 사회적 역사를 보여주는 상징적인 서사이지만 공식적인 역사에서는 중요하게 취급되지 않았다.[284] 예를 들어, 영조는 1745년 두문동을 직접 방문해 고려 충신들의 넋을 기린 후 그들의 자손들이 학자나 관직의 길을 걷지 못하고 비천한 상인 신분으로 살았으니 이제부터 직임을 담당할 수 있는 자는 해당 관서에서 조용調用하기를 바란다고 말했다.[285] 그럼에도 개성 거주민들에게 남아 있던 새 왕조에 대한 반역자라는 낙인은 단순히 상징적인 것이 아니었다. 1470년까지도 조선은 개성 백성들이 과거에 응시하는 것도 허락하지 않았다. 또한 1606년 개성유수 신잡申磼(1541~1609)이 선조와 나눈 대화에서 그는 개성에 살면 선비라는 사람은 반드시 업신여김을 받고 입신立身한 자는 하급관료에 머무른다고 고하고 있다.[286] 문과에 급제한 지배층들이 상대적으로 성공한 듯 보였더라도 학자의 길에 대한 개성 지배층들의 부정적 태도는 그들이 교육을 권력의 중심으로 가는 중요한 도구로 생각하지 않는다는 것을 보여준다.

개성의 지배층들은 이렇게 정부가 과거 응시조차 차별하는 것을 중앙에서 관직에 오름으로써 보상받기 보다는 상인으로 성공함으로써 보상받으려고 했다. 조선 초 개성상인들은 조선 전역에 송방松房이라는 상업망을 만들었고 이를 통해 중간상으로서의 입지를 다졌다.[287] 조선 후기까지 그들은 대규모로 물건을 사서 적절한 시기에 소매로 넘기는 도매상으로 엄청난 이윤을 낼 수 있었다. 또한 조선 전체에 걸쳐 맺어진 독점권을 기반으로 서울의 시전상인들을 압도하기까지 했다.[288] 개성상인들의 주요 취급품목은 일본과 중국에서도 인기가 있던 인삼이었지만, 인삼뿐 아니라 일본의 구리와 은을 무명과 목면으로 맞바꾸어 수출하기도 했다. 구리는 화폐를 주조하는 데 쓰인 것에 비해 은은 화폐의 대체재로 사용할 수 있어 일부 관료들의 관심을 끌었다.[289] 이렇게 압도적인 개성의 상업적 역할은 1882년 이후 조선이 무역 상대국들에게 경제적 침탈을 당하기 전까지만 계속되었다. 20세기에 접어들며 개성상인들이 변화된 조선의 근대적 자본주의 시스템에 적응하지 못했기 때문이다.[290]

이러한 개성의 독특한 경제적 역할은 사실상 개성 출신 과거급제자들의 패턴과 일치한다고 할 수 있다. 조선의 문과급제자 중 80퍼센트 정도는 출신지역을 알 수 있는데, 80퍼센트에 해당하는 1만 1,698명의 급제자 중 5,264명(45퍼센트)이 한양 출신이었으며, 그다음으로 많은 수인 285명(2.4퍼센트)의 급제자가 정주 출신, 그리고 그다음 203명(1.7퍼센트)이 안동, 201명(1.7퍼센트)이 충주, 145명(1.2퍼센트)이 평양, 112명(1퍼센트)이 원주와 양주, 개성에서는 111명(1퍼센트)이 급제했으며 마지막으로 수원에서 104명(0.9퍼센트)의 합격자가 나왔다. 그러므로 문과급제자의 절대치로 봤을 때 개성은, 한양 인근의 큰 지역인 양주와 수원, 지역적 중심지였던 평양, 그리고 문화·교육적으로 잘 알려져 있던 안동과 정주를 포함하여 조선에서 가장 합격자를 많이 배출한 10개 지역 중 하나였던 것이다. 그러나 합격자의 수와는 관계없이 중앙 요직을 맡은 개성 출신 관직자의 수는 그렇게 많지 않았다.[291]

개성의 생원·진사시 합격자 수 패턴은 더욱 중요한 특징을 보여준다. 개성은 문과보다도 생원·진사시에서 더 많은 합격자를 배출했는데, 마크 피터슨Mark Peterson에 따르면 출신지역이 밝혀진 4만 7,000명의 생원·진사시험 합격자 중 696명(약 1.5퍼센트)이 개성 출신이라고 한다.[292] 생원·진사시의 합격자가 이렇게 불균형할 정도로 많을 뿐만 아니라, 도시 출신 문과 합격자들과 비교했을 때 개성 출신들은 훨씬 다양한 가문에서 생원·진사시 합격자가 배출된 것을 볼 수 있다. 여기에서 마크 피터슨은 어떻게 개성의 지배층이 생원·진사시에 합격할 정도로 높은 수준의 문화적 소양을 얻게 되었는지 질문을 던진다. 그리고 어쩌면 이 질문에 대한 답을 개성의 경제적 자원에서 찾을 수 있을지 모른다고 시사하고 있다.[293]

제임스 팔레James B. Palais는 조선의 모든 상인과 장인匠人들은 과거에 응시할 수도 관직에 나아갈 수도 없었다고 주장했지만, 필자는 이에 대한 어떠한 구체적인 법률 조항도 발견할 수 없었다.[294] 팔레의 주장은 아마도 실학자들의 비평에 기초했을 수 있다. 혹은 정부나 귀족계층이, 지역 주민들을 착취하고 정부 진상품에서 이득을 얻는 방납업자들을 대상으로 국가의 재물을 훔친 죄인에게 주는 것과 같이 관직에서 평생 배제하는 징계를 주었던 것일 수도 있다.[295]

이런 징계는 대다수 개성상인들에게 적용되었으나 그들의 자손은 그런 일에 개입되었다는 증거가 없는 이상 이와 같은 규제가 적용되지는 않았다. 더욱이 조선 후기에 대한 수많은 연구들이 사실 여부와 관계없이 교육과 상업 간의 연관관계가 있으리라 추측하고 있다. 한 예로 1606년 신잡은 개성유수가 되어 부임지로 떠나기 전 선조와 나눈 대화에서, 개성에서는 한 가문의 자손들 중 문예를 익히는 자 이외의 다른 형제들은 행상으로 많은 부를 축적한다고 주장했다.[296] 실록은 또한 1660년 거의 '대부분의' 개성 출신 선비들은 상인의 아들이라고 기록하고 있다.[297] 이 모두를 종합해 봤을 때, 17세기 즈음에는 개성의 지배층 상인가문들이 문과나 생원·진사시에 합격하는 선비들을 배출해냈다는 것을 알 수 있다.

이렇게 부를 기반으로 잘 교육받은 개성의 지배층들이 주요 문과와 생원·진사시에 합격한 것을 보면, 그보다 조금 덜 박식하지만 신체 능력이 있는 자들은 무과로 나아갔으리라고 볼 수 있을 것이다. 사실 개성 주민들은 무과에서 더욱 두각을 나타냈는데, 필자가 출신지를 알아낼 수 있었던 3만 636명의 무과급제자 중 2,174명(7.1퍼센트)이 개성 출신이었다. 이를 통해 우리는 몇 가지 특징을 살펴볼 수 있다.

첫째, 개성 출신의 무과급제자는 대부분 조선 후기에 나왔다는 것이다. 1600년 이전에 무과에 급제한 개성 출신이 48명밖에 없었다는 사실은, 필자가 조사한 현존하는 네 개의 방목이 조선 초기 급제자들에 대한 충분한 정보를 가지고 있지 않거나 개성의 무과급제율이 조선 후기에 이르러 급격하게 높아졌다는 뜻이 된다.[298] 그러나 필자가 문과급제자 정보가 있는 읍지류들을 조사해본 바에 따르면 다른 지역에 대한 조선 초기 기록은 매우 자세하게 적혀 있었다.[299] 게다가 《무과방목》에 검증되어 있는 대로, 읍지에 실린 네 개의 명단이 상대적으로 완성도가 높은 것을 보면, 1600년 이전 무과급제자의 부족 현상이 당시 개성의 낮은 무과합격률을 반영하는 것으로 보인다.[300] 1606년 선조와 신잡의 대화도 또 다른 증거가 된다. 선조와 신잡 모두 개성에서는 무예를 중요하게 연마시키지 않는다고 말한 것이다.[301] 선조가 신잡에게 좀 더 자세한 설명을 요구하자, 신잡은 아무리 뛰어난 선비라도 개성 출신으로는 중앙에서 아주 낮은 관직밖에 맡지 못하기 때문에 이 같은 경향은 자연스러운 것이라고 고하고 있다. 개성 출신의 지배층은 과거 고려의 충신들이 은거한 내력이 있는 지역 출신이어서 관직에서 밀려났으며, 조선이 개성 출신의 무과응시자를 허락할 때까지는 시간이 걸렸으리라는 추측도 가능하다.[302] 실제로 선조와 신잡의 대화에서 선조는 개성 출신들이 무예를 연마하는 데에 더욱 힘써야 한다는 것을 강조했으며, 이는 한양과 거리가 가까워 외침에 대비해야 하는 개성의 군사적 중요성 때문이었다. 필자는 1693년 대사간이 지방에서 실시하는 별시가 너무 잦다고 불평하는 내용을 찾을 수 있었는데, 한양과 개성이 매우 가까워서 개성 주민들이 한양에서 열리는 수많은 과거를 볼 수 있음에도 불구하고 별시가 자주 설행되었다는 점이 이유였다.[303]

둘째, 상당수의 개성 출신 급제자들이 형제, 사촌들뿐 아니라 여러 대에 걸쳐 무과급제자를 낸 가문 출신이었다는 것이다. 2,174명의 급제자 중 486명(22.4퍼센트) 이상이 부계 쪽 조상이나 친족 중에 무과급제자가 있었으며, 그 486명 중 268명의 아버지가 무과급제자 출신이었다. 2장에서 언급한 중앙의 무관가문에 비하면 미미할 수 있지만 개성의 무관가문들이 조선 후기에나 무과로 전향했던 영호남 지방의 양반가문보다 더 좋은 성과를 낸 것은 확실하다.

셋째, 많은 개성 출신 급제자들이 개성을 본관으로 쓰는 성씨를 포함해서 조선에서 전혀 알려지지 않았던 성씨를 사용했다. 《세종실록지리지》를 포함해 어떠한 지리서에도 개성의 무과급제자들이 사용한 특이한 성씨가 기록되어 있지 않으며, 이 사실은 그들이 조선 초기가 지난 후에 들어왔거나 조선의 해외 이민자를 통해서 소개되었으리라는 추측을 가능하게 한다. 피터슨은 과거급제자를 배출한 개성의 지배층 가문과 개성에서 상업 활동을 벌이다 조선에 정착한 외국 상인들이 관계가 있으리라 추정하고 있다.[304]

넷째, 개성 출신 무과급제자의 급제 이후 이력은 남도 출신 양반보다 인상적이지 못하다는 점이다. 조선시대 전체에 걸쳐 2,174명의 개성 출신 무과급제자가 있었는데 그중 483명(22.2퍼센트)이 중앙에서 관직을 받은 반면, 남부지방 출신 급제자 6,994명 중에선 3,722명(53.2퍼센트)이 관직을 받았다. 하지만 조선 후기만 따지면 차이가 그렇게 크지 않다. 1608년에서 1894년 사이에 남부지방 출신 무과급제자 4,446명 중 1,689명(38퍼센트)이 중앙에서 관직을 받은 반면 개성 출신은 1,852명 중 400명(21.6퍼센트)이 관직을 받았다. 이와 같은 조선 후기의 통계치는 매우 중요한 의미가 있는데, 조선 후기에 정치적으로 소외되었던 남부지방의 귀족층과는 달리 개성 지배층의 정치 참여도는 근본적으로 변하지 않았다는 것을 보여주고 있다.

조선 후기에 한양을 포함하여 근기지방에 생활 기반을 두고 있는 양반가문이 더욱 득세한 상황에서, 개성 출신으로 무과에 성공적이었던 응시자들은 남부지방 출신의 응시자들에 비해 합격자의 규모에 거의 변화가 없었다. 이러한 사실을 통해 볼 때 도시의 경제적 영향, 문화자본, 그리고 전략의 중요성이 지배층들로 하여금 개성이 주변임에도 불구하고 그들 나름의 중앙관직을 맡은 것 이상의 의미가 있도록 만들었다고 볼 수 있다.

평안도와 함경도의 유력층

평안도와 함경도의 지배층들은 고려의 수도 출신이었기 때문이 아니라 이들이 양반이 아니라는 인식 때문에 차별을 받았다. 중앙과 영호남 지방 귀족의 이러한 생각은 북방에는 상대적으로 성리학이 늦게 전해졌다는 인식 때문에 나온 것이었다.[305] 그러나 성리학이 늦게 전해졌음에도 관서지방의 유력층들은 높은 수준의 문화적 소양과 뛰어난 무예를 갖추었고, 이러한 이유 때문에 18세기 군주들은 왕권을 강화할 생각으로 북부의 뛰어난 유력층들을 끌어들이려고 노력했다. 이를 지지하는 몇몇 중앙관료들과 함께 18세기 군주들은 관서민에게 기회를 넓혀주기 위해 노력했으나 결과적으로는 한양의 핵심 정치권력 구조 내부로 진입하지는 못한 채 그저 합격률만 높아지게 되었다. 이렇게 관서지방의 유력층들은 출중한 능력에도 불구하고 지방 지배층이라는 신분에 만족해야 했다. 하지만 그중 일부는 혼란이 발생했을 때에 교육을 잘 받고 무예가 뛰어난 무리를 모아 조직을 이루고 정부에 봉기하기도 했다.

한양이나 수도권 지역 주민과 마찬가지로 관서에 거주하는 백성들도 무과에서 이점을 누리고 있었다. 친기위親騎衛나 별무사別武士 같은 특별한 군대나 한양의 오군영, 관찰사나 병마절도사, 수군절도사가 거느리는 부대가 북부지방에 있었기 때문이다. 그러므로 이 지역에 주둔하고 있던 관료나 군인들은 무과 초시를 면제받는 특권을 누렸다. 반면에 영호남 지방에서 열심히 무예를 연마하던 한량을 제외하고는 대부분의 영호남 지방민들에게 관서지방민들과 무과에서 경쟁하는 것은 어려운 일이었다.[306]

북부지방민들이 무과에 상대적으로 많이 합격했던 것은 군사시설이 집약되어 있었던 요인이 크다. 하지만 이와 동시에 북부지방에서 무과의 특정 기능을 어떻게 이용했는지를 좀 더 넓은 사회적 맥락에서 살펴볼 필요가 있다. 한국은 1945년부터 남북으로 나뉘었고 그에 따라 한국전쟁(1950~1953)이 발발했다. 한국전쟁에서 미국이 특히 북한의 북부지역에 집중적으로 폭격을 퍼부었고 그 결과 많은 자료들이 소실됐기 때문에 북한지역의 지방 자료에 대한 접근이 아주 제한되어 있다. 따라서 조선 북부지방의 사회사를 복원하는 데 어려움이 있지만 다행히도 최근에는 평안도와 함경도에 대한 사회사 연구가 진행되고 있다. 진행된 연구에 따르면, 관서지방이 한양과 그 주변부와 마찬가지로 영호남 지방과는 그 근원과 발달, 지방 지배층의 특징, 중앙정부와 양반으로부터 받는 대우, 그 대우에 대한 반응 등에서 매우 다른 특징을 보이고 있다.

중앙정부와 양반관료들은 대개 서북지방의 유력층을 사회적으로나 문화적으로 열등하고 관료로 등용하기에 부족하다며 차별하는 경향이 있었다. 오수창의 거시적이며 동시에 세밀한 평안도 사회사 연구에 따르면, 한양과 영호남 지방의 귀족층은 관서지방을 문화적 소양이 부족한 곳으로 봤으며, 특히 성리학적 소양이 부족한 곳으로 인식했다. 17세기에 성리학 교육이 관서지방에 급속히 퍼졌음에도 불구하고 이러한 편견은 그대로 남아 평안도 출신이 중앙정부에서 주요 관직을 맡는 데에 큰 걸림돌이 되었다. 이러한 상황은 17세기 말에 비로소 변화를 맞게 되는데, 왕과 그 측근은 더 많은 북부지방 출신들을 높은 관직에 올리려고 노력하면서 부터였다. 18세기에 들어서도 이 같은 노력은 계속되었으며, 이러한 방침 덕분에 문·무과시험을 통과한 평안도 출신이 기하급수적으로 늘어나게 되었다.[307] 당시의 합격자들은 대부분 지역에서 문화적 소양과 경제적 부를 축적한 이들이었다. 특히 국가에서는 경제적 부를 축적한 이들을 관심 있게 지켜보았는데, 평안도 출신의 문무과 합격자들은 중앙관직에서 중요한 요직을 얻지는 못했다. 1811년 일어난 홍경래의 난이 바로 능력을 갖춘 이들이 상응하는 사회적 대우를 받지 못할 경우 어떻게 현실 질서에 반하는 무리가 될 수 있는지를 잘 보여주고 있다.[308]

평안도 동쪽에 위치한 함경도는 중앙정부와 귀족들이 더욱 낙후된 곳으로 생각하였다. 강석화의 연구에 따르면, 18세기 이전까지는 조선의 행정 관할권과 군사시설이 보통 북방경계선으로 추정되는 두만강까지 미치지 않았다고 한다. 잘 알려진 대로 1712년 조선과 청나라가 맺은 국경조약으로 두만강 남쪽의 모든 영역에 대해 조선이 통제권을 인식하게 되었으며, 이 때문에 조선은 함경도 전 지역을 더욱 활발히 개발할 필요성을 느끼게 되었다. 이러한 작업에는 조선의 선왕先王과 관련된 유물을 재정비하는 일이나 그 지역에서 뽑은 이들로 친기위를 만드는 일, 지역 주민들을 위해 별시를 여는 일 등이 포함되어 있었다. 중앙에서는 해당 지방에 '상무尚武'의 분위기를 강조하고 싶어 했음에도 불구하고, 문풍文風이 성장하여 이를 인정하는 분위기가 커졌고, 서원에 사액을 요구하던 문사文士가 앞장서서 성리학적인 문화와 가르침을 널리 퍼뜨리는 현상이 일어났다. 또한 보다 큰 문화적 소양은 역사적으로 만주가 조선의 영토라는 인식이 커짐에 따라 이 인식을 기반으로 한 수많은 책자와 읍지의 간행이 이어졌다.[309]

오수창과 강석화의 연구는 각각 장점과 단점이 있다. 평안도와 함경도 주민들에 대한 민족주의적 인식과 서북부민들의 특정 계급의식을 조금 과장해 서술한 부분이 있지만, 전반적인 논지는 1차 사료에서 확인한 풍부하고 확실한 논거를 기반으로 서술되어 있다. 두 연구에서 나오는 대표적인 큰 그림은 확실하다. 영호남 지방과 마찬가지로 북부지방의 저명한 가문들은 사회적 지위를 공고하게 유지하려고 했다. 그들은 조상들이 15~16세기를 거쳐 영호남에서 북부로 이전하여 자리를 잡았기 때문에 그들 또한 영호남 지방의 양반과 다르지 않다고 주장했다. 필자가 살펴본 북부지방 민들의 족보에서 가장 흔하게 쓰인 설명은 바로 조선 초기인 15세기 말과 16세기 초반에 일어난 정국의 위기 때 그들의 조상이 유배되었다는 것이다. 이렇게 유배된 조상들은 대부분 중앙의 관료나 학자였다.[310]

재미있는 점은 이렇게 북부지방에 거주하는 가문의 선조로 추정되는 조상들이 영호남 지방에 거주하는 같은 가문의 족보에는 빠져 있다는 것이다. 이러한 문제는 대부분 족보의 판본에 따른 시간상 문제에서 기인한다. 예를 들어 만약 이 주장이 사실이라면, 박흥둔朴興遯을 시조로 내려온 정주의 밀양박씨가 영호남 지방 판본의 밀양박씨 족보에도 나와야 하지만 그렇지 않다. 게다가 아마도 대사간이었을 박흥둔도 실록 등 어떠한 공식적 기록에도 나오지 않는데, 사화의 시대에 대사간은 매우 중요한 역할을 수행했던 만큼 연대기와 같은 기록에 나오지 않는다는 것은 생각조차 할 수 없는 일이다. 필자는 밀양박씨 가문 같은 한반도 북부지방에 거주했던 가문들은 성리학이 늦게 전파되었고 그 결과 족보를 편찬하는 문화도 늦어진 지역적 배경 때문에 가문의 계보를 추적하는 것이 매우 힘들었을 것으로 생각한다. 이 가문들은 제한된 양의 기록만으로 족보를 작성해야 했고,

필요하다면 조선 초기의 중앙이나 영호남 지방 양반가와 연결고리를 상상
해내야 했을지도 모른다. 그리고 조선이 초기에 영호남에서 북부로 옮긴
이주민들은 대부분 소작농이나 병사, 피지배층의 범죄자 등이었던 사실로
미루어 몇몇 족보는 위조되었을 가능성도 있다.

　가계의 실재 여부와 관계없이 관서지방의 지배층들은 조선 후기로 갈수
록 극명해진 신분의식을 갖게 되었다. 그리고 북부지방에 성리학이 전파
되면서 향촌 지배층들은 스스로를 양반, 혹은 적어도 자신들의 지역 내에
서는 양반에 준하는 신분이라고 믿게 되었다. 비록 중앙과 영호남 지방의
양반들은 평안도와 함경도 지방 유력층들의 이러한 신분의식을 받아들이
지 않았지만, 그들이 실제로 북부지방의 양반이란 존재에 대해 알고 있다
고 언급한 기록도 남아 있다. 예를 들어, 1653년 평안감사의 관할 구역에

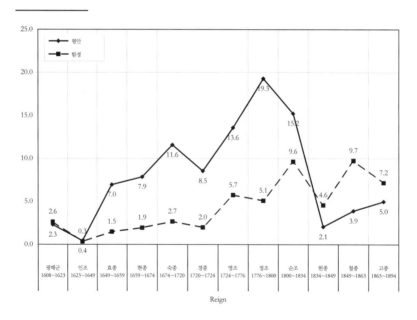

〈그림 3.3〉 1608~1894년 평안도와 함경도의 무과급제자 동향

전거: 《조선시대사찬읍지》, 《한국근대읍지》, 《조선환여승람》, 《교남과방록》, 《호남지》, 기타 읍지 및 족보

서 매우 악명 높은 범죄자들이 체포되었을 때, 관찰사는 지역에 거주하는 한 명에 대해 그가 자신을 양반이라 칭하며 관직을 잡기 위해 영향력 있는 인사들에게 아첨을 한다는 내용으로 비난을 하고 있다.[311] 이는 이 관찰사가 분명히 이러한 행동을 양반의 격을 떨어뜨리는 것으로 간주했다는 것이다. 이 모든 점을 미루어 보아 한반도의 서북지역에 거주했던 백성들의 과거합격률이 조선 후기로 갈수록 높아졌다는 사실은 확실한 것으로 보인다. 조선 후기(1608~1894) 2만 7,367명의 무과급제자 중 2만 6,209명(95.8퍼센트)의 거주지 정보가 밝혀져 있는데, 평안도와 함경도 무과급제자 수의 변화는 〈그림 3.3〉에 나타나 있다.

17세기 이전 북부지방민의 무과급제자 수는 그리 많지 않은 것을 확인할 수 있다. 1620년에 아마도 강력한 정치적 연줄이 있는 것으로 보이는 의주 출신 한 명이 국가에서 시행한 무과에 급제한 최초의 북쪽지방 출신이었다.[312] 비록 이 합격자의 배경이 이이첨이었다는 폄하 상소가 올라온 것을 감안한다 하더라도, 의주 출신이 과거에 급제한 것은 당시로서는 매우 놀라운 일이었던 것으로 보인다. 이렇게 규모가 크고 중요한 위치에 있는 평안도의 국경도시에서 17세기 초까지 한 명의 과거급제자도 나오지 않았다는 것은 이 지역에서 과거를 통해 정부관료로 입문하는 과정이 그리 순탄하지 않았다는 것을 극명히 보여주는 것이다. 북부지방의 문과 응시자에 대한 와그너Wagner의 연구를 살펴보면 한반도 북부지방의 문과급제자 또한 조선 후기에 이르러서야 증가한 것을 알 수 있다. 특히 정주에서 문과급제자의 수가 급증한 것을 확인할 수 있는데, 정주는 한양 다음으로 많은 문과급제자를 배출하였다.[313]

일반적으로 문과가 무과보다 더 많은 특권이 있었기 때문에, 북쪽지방에 거주하는 이들이 문과에서 어떤 성과를 냈는지 살펴보는 것은 역으로 무과의 역할을 살펴보는 데에 도움이 될 것이다. 와그너의 의견처럼, 조선 후기 정부가 문과를 주최한 것은 아마도 한반도의 북부지방에서 교육을 잘 받았지만 정치적으로는 소외된 지역 주민들을 위무하려고 했던 것으로 보인다. 와그너의 다른 연구에서도 볼 수 있듯이 한양을 기반으로 하는 양반가문들이 영호남 지방 양반을 밀어내고 문과를 장악한 점에서는 이런 정책이 다소 당황스러운 정책일 수 있다.[314] 그러나 이런 모순은 다음의 중요한 차이를 살펴보면 설명이 된다. 3장 초반부에서 살펴보았듯이 가장 고충을 받았던 이들은 주로 영호남 지방의 양반들이었다는 것이다. 이와는 반대로 한반도 북부지방의 지배층들은 문과에서 점점 더 많은 급제자를 배출하고 있었다.[315]

조선 정부가 다수의 북쪽지방 출신을 문과에 합격시키면서도 정치권력은 나눠주지 않으려고 한 점에서 어떻게 무과제도를 끝까지 이용할 수 있었는지 의문이 들지 않을 수 없다. 특히 관서지방 출신 무과급제자들의 양상을 가늠하기 위해서는 18세기 영조가 시작하고 정조가 이어 실시한 탕평책이 지역별로 어떻게 적용되었는지를 알아야 한다. 영조와 정조는 서울의 지배층에게 권력이 집중되는 것을 막기 위해 평안도 출신의 무예가 뛰어난 자들을 높이 평가하며 등용했다. 평안도와 함경도는 조정에서 북부지방을 논할 때 자주 등장하는 지역이지만, 두 지역 가운데 적어도 무예가 뛰어난 이를 등용하려는 관점에서 보자면 평안도가 좀 더 중요한 곳으로 여겨졌다. 이렇게 두 명의 왕들은 관서지방에서 무예 훈련을 제도화하고 서북지역의 군인들을 등용하기 위한 노력을 기울였으며, 그들을 왕실 근위병으로 배속하기도 했다. 또한 평안도에 있던 무열사武烈祠—명나라에서 파견한 장수를 기리기 위해 세운 사우—의 운영을 유생들의 강한 반대에도 불구하고 무사들이 관리하도록 조치를 취하였다.[316]

이 같은 제도들 때문에 18세기 서북지방 출신의 무과급제자가 증가한 것으로 보이며 그 시기는 영조와 정조의 재위기간과 일치한다. 평안도는 원래부터 상무의 기상이 높은 곳으로 알려져 있어서, 앞서 말한 정책이 시행될 수밖에 없는 곳이었다. 그와 동시에 평안도의 고도로 상업화된 경제적 배경에 힘입어 무예를 겸비한 부유한 가문 출신의 평안도 장정들은 사회적 지위를 얻을 수 있었다. 즉, 조선 후기 전반에 걸쳐 더욱더 많은 상인들이 무관 직책을 얻게 되었고 이러한 경향은 특히 평안도에서 두드러졌다.[317]

함경도 또한 왕실의 특혜를 받는 지역이었는데, 후에 영조와 정조가 발전시킨 숙종의 정책들은 함경도에서 무예가 뛰어난 이들을 수용해 왕권을 강화시키는 데에 일조했다. 가장 대표적인 일은 함경도를 기반으로 한 친기위親騎衛를 창설한 것이었다. 지금까지 살펴보았듯이 이러한 특수군은 지역 거주민들에게 다양한 군문에서 열리는 무예경연에 참가할 수 있도록 해주었고, 잠재적으로는 무과에서 예비단계를 면제받을 수 있는 특권을 누리도록 해주었다. 이런 식의 신분상승 기회는 함경도와 평안도 주민들에게는 흔한 일이었으나 영호남 지방 주민들에게는 제한적이었다.[318]

숙종의 즉위부터 영조대에 이르기까지(1674~1776) 조선 정부는 수많은 무과 향시를 도입했다. 비록 전체적인 목록은 아니지만 〈부록 B〉에서 여러 가지 이유를 살펴볼 수 있다. 무엇보다도 목록에 나와 있는 시대에는 중앙 무관가문이 출현함과 동시에 왕실에서 지방 무인들을 시위侍衛에 등용함으로써 왕권 강화의 수단으로 삼았다. 이 시기 중앙의 무관가문은 영향력 있는 문관관료들이나 권력 있는 정파를 좇기에 바빴던 반면, 지방의 무인들은 적어도 정책에 따라 왕을 호위하고 있었다.

이 목록을 통해 당시 국가에서 지역 무과에 한해서는 서북부 출신을 편애했음을 알 수 있다. 이런 경향은 한반도 북부에서 영호남까지 지역별로 벌어진 무과 시행 빈도를 보아도 드러난다. 함경도에서는 한 번도 열리지 않았지만 평안도에서 여섯 번, 황해도에서 네 번, 경기도 두 번, 강원도 두 번, 충청도와 전라도 각각 한 번, 그리고 경상도에서 세 번의 무과가 시행되었다. 충청, 전라, 경상의 삼남지역은 한반도에서 가장 인구가 많은 곳이었지만 세 곳에서 열린 다섯 번의 시행횟수는 평안도 한 곳에서 열린 여섯 번보다도 적었다. 정해은이 언급한 바 있으며 5장에서도 다시 언급할 것인데, 서북지방, 중앙, 경상도에 주둔하는 군문의 중요성과 그 지역의 무과급제자들의 강세는 긴밀한 연결고리가 있었다.

무과에서 관서지역민들이 다른 지역보다 더 많은 기회와 혜택을 얻기는 했지만 전반적으로는 실제 관직을 얻지는 못했다. 그러나 그중 일부는 연줄을 이용하든, 로비를 하든, 뇌물을 쓰든 할 수 있는 모든 것을 이용해 주요 관직을 얻으려고 우선 한양으로 올라갔다. 평안도와 함경도의 우수한 무인들은 무과에 급제하기도 전에 서북별부료군관西北別付料軍官과 동북별부료군관東北別付料軍官에 등용되었음이 분명했다. 비록 정식 벼슬인 9품 안에 들어가지는 못했지만 이는 후에 무과에 급제하고 더 나아가 무관직으로 관료사회에 진출할 수 있는 계기가 되었다.[319]

그렇지만 1880년대까지도 기본적으로 그 수가 변함없던 중앙 관료사회의 무관직에 비해 이를 얻으려는 지원자들이 너무 많았다. 관서지방민들은 중앙의 소수 양반가문이 장악한 관료사회라는 장벽에 부딪히게 되었는데, 이 장벽은 영호남 지방의 양반들조차 극복하지 못한 것이었다. 또한 조선에서는 서얼과 함께 서북 출신은 선전관 후보 등록에서 배제함으로써 차별을 제도화했다. 또한 서북민들은 무겸선전관武兼宣傳官, 참군參軍, 권관權官, 부장部將, 수문장守門將의 직위에서도 배제되었다. 앞에서 살펴보았듯이 선전관 후보로 등록되는 것은 무과급제자가 성공적인 관력을 시작하는데 핵심적인 요소였고, 후보로 등록된 자들은 중앙무관직에서 나오는 것이 보통이었다.[320]

숙종대 이후 조선 후기의 왕들은 관서지방민을 선전관 후보에서 제외하는 관행을 없애보려고 노력했지만 19세기까지도 이러한 왕명은 제대로 이행되지 않았다. 숙종의 재위기간 동안 서북부 출신 무과급제자들 중 몇몇이 핵심 관직에 나아가기 위해 제수받아야 할 최소 관직인 종6품을 받은적이 있었지만, 그 누구도 수령직을 받지 못했다. 서북부 출신들을 친위대에 넣는 등 무예가 뛰어난 서북부 출신들의 등용에 힘썼던 영조의 뒤를 이어 서북부 지역민들을 등용하려 했던 정조의 재위기간에조차 그 수가 많지도 않았던 평안도 출신의 무과급제자들은 초관哨官, 방어사防禦使, 변장邊將 이상으로 올라갈 수 없었다. 결국 무예가 뛰어난 서북부 출신들을 지원하고 등용하려던 왕조의 정책들도 그들을 중앙정계의 중요 관직을 맡게하는 데에는 실패했다.[321]

뿐만 아니라 북부지방의 지배층들이 17세기부터 18세기까지 이어졌던 무과급제에서 받은 혜택은 19세기까지 이어지지 않았다. 〈표 3.1〉에서 볼 수 있듯 1800년부터 1834년까지 전국 무과급제자 중 함경도 출신의 비율 (9.6퍼센트)은 19세기 동안의 변동했던 수치(4.6퍼센트에서 9.7퍼센트 사이)에서 대략 최고점을 찍었는데 반해, 평안도 출신의 비율은 1776년에서 1800년 사이 19.4퍼센트에서 1834년에서 1849년 사이 2.1퍼센트로 곤두박질 쳤다. 이 수치에서 볼 수 있는 경향은 중앙에서 북부지방민들을 관리로 기용하려던 노력이 1800년 즈음에는 한계에 다다랐다는 기존 연구와도 일치하는 것이다. 함경도 출신의 무과급제 비율이 떨어진 이유가 정체기였기때문이라면, 평안도의 급제율이 급격히 하락한 이유는 1811년 홍경래의난이 불리하게 작용했기 때문이었다. 두 지역의 후손들은 모두 무예를 연마하는 데 거의 혜택을 받지 못했는데, 특히 반역의 낙인을 안고 있던 평안도가 그러했다. 지역 내에서 지배층 신분으로 남기 위해, 영호남 지방 양반과 마찬가지로 북부지방의 지배층 전체, 특히 서북부의 지배층들은 무예를 연마하기보다는 교육과 학문을 통한 길을 모색하고자 했다.[322]

| 소결 |

조선 후기에 들어서면서 지방의 지배층들은 그들의 목표를 무과로 전환하고 있었다. 무과급제의 양상은 사회정치적 전략으로서의 가치에 따라 지역별로 매우 다르게 나타난다. 세습되는 지위를 가지고 있는 집단으로서, 영호남 지방의 양반들은 그들이 장악한 신분계급을 유지하는 한편 지방통치를 위해 중앙에서 임명된 수령을 보조하면서 지역에서의 정치적 영향력을 행사했다. 한양의 양반가 후손들이 점차 무관직으로 진출했던 것처럼 중앙정계에서 배제된 일부 집단도 17~18세기에 무반으로 전환을 모색했지만, 결국 대부분 무관으로 성공하지는 못했다. 그러던 와중에 부유한 신향들은 양반들이 장악하고 있던 그 지역의 행정적, 사회적 시스템에 도전하기 시작했다. 이런 상황에서 영호남의 귀족들은 자신들의 세습되는 특별한 지위를 강조하며 문화적 활동에 더욱 주목하기 시작했다. 과거 자체가 양반들만 누릴 수 있는 특권은 아니었다. 그렇기 때문에 과거에 합격하기를 바라는 자들은 과거에 응시했지만 그들의 목표는 같지 않았다. 유학자로서의 수준을 가늠하는 시험이던 생원·진사시에 비해 무과는 문화자본을 가늠하는 자격시험의 역할을 하는 데에 한계가 있었다.

개성의 지배층들은 중앙정부와 중앙 귀족층으로부터 의도적, 제도적인 차별을 받았다. 개국 초 조선은 개성 거주민들의 과거 응시를 금지시켰다. 개성이 전 왕조인 고려의 수도였기 때문이다. 이 금지법이 폐지된 이후에도 개성 출신으로 과거에 합격한 자들은 조정에서 주요 관직을 맡을 수 없었다. 개성의 지배층들은 소외된 자신들의 지위를 조선 후기 자유로운 경제 상황 속에서 상업을 장악함으로써 보상받았다. 그럼에도 그들은 17세기 이후 계속해서 과거, 특히 무과에서 두각을 나타내었다. 무과에 급제하면 국가에서 인정한 특별한 지위를 받을 수 있었기 때문에 고위직을 획득하는 수단으로 개성의 지배층들에게 무과는 중요할 수밖에 없었다.

평안도와 함경도 지방의 지배층들은 서북지방에는 양반이 없다는 중앙과 영호남 지방 양반들의 편견에 기반을 둔 차별을 받고 있었다. 이러한 편견은 부분적으로는 북부지방이 문화적으로 뒤처진 곳이라는 인식에서 나온 것이었으나 사실상 정치적인 문제였다. 당시 중앙귀족층이 북부지방 출신들을 배제할 이유를 합리화하기 위해 이러한 인식을 계속 이용한 것이다. 비록 북부지방이 17세기에 상업의 성공과 함께 성리학의 확산에서도 놀랄 만한 발전을 보이기는 했지만, 북부지방의 지배층들도 인정하듯이 해당 지역에는 성리학이 비교적 늦게 전파되었다. 18세기 들어 국왕과 일부 중앙관료들은 왕권 강화의 수단으로 평안도와 함경도에서 재주가 뛰어난 자들을 등용하려 노력했다. 또한 무예가 뛰어난 북부지방의 백성들도 지역에서 시행하는 다양한 무과에 응시하고 있었다. 이러한 환경에서 북부지방의 유력층들은 17세기와 18세기 동안에 높은 과거합격률을 자랑했다. 하지만 당시의 중앙정계는 그들을 받아주지 않았고 그들은 중요한 관직을 맡을 수 없었다. 이에 좌절한 북부지방의 유력층들은 그저 향촌의 지배층이라는 위치에 만족했으나, 그중 일부는 잘 교육받고 무예가 뛰어난 피지배층과 협력하여 홍경래의 난과 같은 봉기를 일으키기도 했다. 홍경래의 난 때문에 평안도의 무과합격률은 곤두박질쳤다. 반면 함경도의 낮아진 합격률은 단순한 정체기에 따른 것으로 볼 수 있다.

무과에 응시하는 지방 지배층들의 다양한 양상을 살펴보면 수많은 무과 급제자와 거국적으로 창설한 새로운 군문이 과연 국가의 방어구조를 얼마나 향상시켰는가에 대한 의문이 생긴다. 1890년대 이전 향촌 지배층들의 지속적이고 중요한 군사 활동은 사병 형성이나 직업군의 면에서는 이야기할 수 없다. 조선 군사체계의 주안점은 전반적으로 군사의 징집과 훈련보다는 과세제도로 옮겨갔다. 정규군의 숫자는 중요하지 않았으며 이에 따

라 정부는 전체 군적에 올라 있는 정규군의 숫자를 늘리는 데에 실패하게
되었다. 조선 후기 무과는 이러한 변화와 별로 관계가 없었다. 무예가 뛰
어난 자들이 나중에 정말 무관으로서 역할을 수행하는가와 관계없이 무과
는 그들에게 그저 국가에서 인정하는 신분증명서를 발급하는 역할을 하게
되었다.

4.
양반층의
결집과
조선
왕조

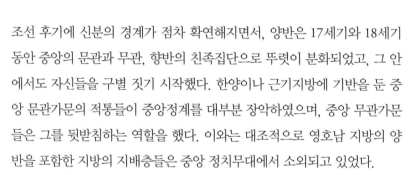

조선 후기에 신분의 경계가 점차 확연해지면서, 양반은 17세기와 18세기 동안 중앙의 문관과 무관, 향반의 친족집단으로 뚜렷이 분화되었고, 그 안에서도 자신들을 구별 짓기 시작했다. 한양이나 근기지방에 기반을 둔 중앙 문관가문의 적통들이 중앙정계를 대부분 장악하였으며, 중앙 무관가문들은 그를 뒷받침하는 역할을 했다. 이와는 대조적으로 영호남 지방의 양반을 포함한 지방의 지배층들은 중앙 정치무대에서 소외되고 있었다.

그렇다면 조선 후기의 양반 귀족사회가 어떻게 세 계층으로 구분되었는지 살펴볼 필요가 있다. 이에 대한 해답을 얻기 위해서는 조선사회사 연구자들이 양반을 관직에 종사하는 중앙관료가 아닌 세습되는 신분집단으로 간주한 점을 염두에 두어야 할 것이다. 그 한 예로, 송준호는 향반 출신의 무과급제자들 및 무관들이 문무과 관계없이 다른 지방 양반들과 사회적으로 동등한 대우를 받았음을 밝혔다. 이러한 대우를 받을 수 있었던 것은 그들이 양반가문에서 태어났기 때문으로, 출생은 그러한 지위를 취득하기 위한 가장 확실한 방법이었다.[323] 더 나아가 별다른 관직이 없는 향반 전체도 대체로 이러한 방식으로 지위를 얻고 있었다.

　조선 후기에 중앙과 영호남 지방 양반 사이의 인적·문화적 교류는 두 집단 간의 정치적 위상이 확연히 차이가 났음에도 불구하고 둘을 계속 묶어주는 역할을 했으며, 그들은 서로에게 이득이 되는 관계를 계속 유지했다. 중앙에서 멀리 떨어진 지방에 기반을 둔 영호남의 귀족가문에게 이런 중앙 양반과의 인맥은 곧 중앙정계와 외교 문제에 대한 새로운 소식을 접하거나, 새로운 수령이나 관찰사에게 개인적으로 안면을 트거나, 심지어 한양 양반가와 혼사로 맺어질 수 있는 기회를 뜻하는 것이었다. 이에 대한 답례로 지방의 양반은 자신들의 연줄인 한양의 양반에게 많은 선물을 했으며, 이는 나라에서 주는 급료만으로는 사치스러운 삶을 향유하기 힘들었던 한양 양반들의 수입을 충당해주는 역할을 했다.[324]

　물론 이런 연줄이 중앙문관과 무관 그리고 남부 지방 귀족을 '양반'이라는 하나의 결집된 지위로 묶어주었다는 증거가 될 수는 없다. 결국, 세 부류 중 중앙의 문관만이 진정한 귀족의 지위를 유지했으며, 중앙문관은 무관과 남부지방 귀족을 자신들보다 낮은 신분을 지닌 하급자로 생각했던 것으로 볼 수 있다. 같은 방식으로 향리나 장인匠人들도 진짜 양반들과 지적인 교류를 이어갈 수 있었을 것이다.[325] 이 같은 관계에서 양반과 중인은 서로 지적으로 동등하다고 생각하며 존중했으나, 신분에서 존재하는 격차를 실생활에서 겪을 수밖에 없었다. 게다가 중앙의 문관, 중앙의 무관, 남부지방에 거주하는 양반 사이에 나타나는 관직 양상의 차이와 정치적인 힘의 불균형은 세 계층을 별개의 신분집단이라고 볼 수 있을 정도였다.[326]

　관직을 가진 중앙의 양반들조차 결집이 안 되기는 마찬가지였다. 세습되는 정치적 분열, 피비린내 나는 숙청, 학파와 사승관계에 따른 서원의 파벌화 등, 양반사회는 특히 정치적으로는 결집력을 갖기가 어려웠다. 그러나 경제적 측면에서는 훨씬 큰 동질성을 보인다. 중앙과 지방 귀족층은 모두 자신들의 토지와 노비에 대한 경제적 특권을 지키는 동시에 군역을 면제받으려 했다. 물론 일부 양반관리들이 정부 재정을 확충하려고 일반적인 양반의 이익에 반하는 입장을 갖기도 했으나, 이와 같이 공익을 위한 개혁은 성공하지 못했다. 요약하자면 붕당이나 학맥은 서울과 지방 양반의 공통 이익을 어느 정도 초월할 정도로 중요한 요소였다.[327]

중앙의 문관과 무관, 그리고 남부지방의 귀족층이 과연 '양반'이라는 하나의 결집된 사회적 지위계층 안에 속해 있었는지를 알아보기 위해선 조금 더 추가적인 기준이 필요하다. 이를 위해 필자는 혼인과 입양 과정, 족보의 근접성, 귀족층과 그밖의 신분에 대한 국가의 대우, 특히 매관매직에 대한 태도 등을 분석할 것이다. 이 장에서는 귀족층이 다른 계층과 구분되는 경계가 문·무반 여부나 중앙 정치구조 내 참여 정도에 따라 양반의 아래 신분들 사이에 존재하는 차이보다 훨씬 더 극명하고 확실했다는 점을 다루고자 한다.

혼인관계

중앙의 무관 귀족층은 동일한 계층 내에서만 혼인관계를 맺는 경향이 매우 강했다. 19세기까지 저명한 무관가문 출신의 무과급제자 대다수는 기술직 중인과 전형적인 배타적 통혼 정도는 아니었지만 비슷하게 유명한 가문과 사돈관계를 맺었다. 중앙 무관가문들 사이에서 혼인하는 비율이 매우 높지만 그들이 남부지방 귀족들과 마찬가지로 결집된 양반 무리 내의 신분을 유지했는지에 대해서는 확실하지는 않다. 그렇지만 이러한 결혼 양상을 통해 조선 후기 동안 뚜렷한 무관귀족층이 출현했다는 것을 알 수 있다.

〈표 4.1〉
동일 직군 내에서 혼인한 19세기 무과급제자 비율

성관姓貫	급제이력자(명)	직분 내 혼인(명)	비중(백분율)
평양조씨	40	36	90.0
덕수이씨	64	43	67.1
능성구씨	74	48	64.9
전주이씨	21	13	61.9
평산신씨	63	36	57.1
수원백씨	38	21	55.3
밀양박씨	20	11	55.0

* 전거:《무보武譜》(장서각 2-1741).

〈표 4.2〉
동일 직군 내에서 혼인한 19세기 역과 입격자 비율

성관姓貫	급제이력자(명)	직분 내 혼인(명)	비중(백분율)
한양유씨	17	17	100.0
경주최씨	20	19	95.0
해주오씨	13	12	92.3
전주이씨	46	42	91.3
밀양박씨	11	10	90.9
천녕현씨	40	36	90.0
정읍이씨	8	7	87.5

* 전거:《무보武譜》(장서각 2-1741).

《무보武譜》는 무관들의 결혼 양상을 보여주는 유용한 자료인데, 여기에
는 무과급제자의 처부와 외조의 내력과 더불어 그들의 해당 관직까지 기
록해놓았기 때문이다. 조선 후기 저명한 중앙 무관가문에 대한 장필기의
최근 연구에서 무보에 기록된 약 3,700명의 무과급제자에 대한 조사 결과
가 나오는데, 그들 중 대부분은 지배층이라는 자의식이 매우 강한 근기近畿

출신이었다. 장필기는 당시의 무관귀족층이 자신들의 신분 테두리 내에서만 혼인을 진행했음을 지적하였다.[328]

하지만 장필기의 연구에 그 혼인 양상에 대한 자세한 통계는 제시되어 있지 않기 때문에 필자가 중인층과 비교해 무관귀족층의 혼인이 어느 정도로 배타적이었는지를 분석해보았다. 이에 따르면 중앙 무관들은 대부분 무반가문 내에서만 혼인을 하였다. 19세기 무보에 기록되어 있는 저명한 중앙 무관가문을 살펴보면, 무과급제자의 55~90퍼센트 가량이 외조부나 처부 중 무과 출신이거나 무관이었던 자가 있었음을 알 수 있다(〈표 4.1〉).

이러한 혼인 양상을 조금 더 균형 있게 파악해 보기 위해 필자는 취재에 입격한 중인들의 혼인 양상도 함께 살펴보았다. 특히 중인가문들끼리의 양상을 살펴보았는데, 여덟 세대 이상 기록된 19세기 역관의 족보를 보면 대략 명망 있는 중인가문 출신 역과譯科 입격자의 88~100퍼센트 정도가 그 처부나 외조부 중에 잡과입격자나 잡관雜官이 포함되어 있다(〈표 4.2〉).

위에서 살펴본 바와 같이, 현재 분석 가능한 혼인 양상 자료를 살펴봤을 때, 조선 말 중앙의 무관귀족층과 중인층 모두 사회적 신분의 균질 정도가 상당히 높은 것을 알 수 있다. 그와 동시에 같은 신분층 내 혼인율은 중앙의 무관가문 사이에서 대략 60퍼센트 정도인데, 이는 조선 말 한양의 무관가문에 대한 장필기의 연구에서 나타난 수치에 미치지 못하고 있다.[329] 이는 또한 중인가문끼리의 실질적인 배타적 혼인 양상과 비교해봐도 너무 낮은 수치인데, 중인들은 같은 신분을 가진 가문들 내에서 혼인하는 비율이 90퍼센트도 넘었기 때문이다.[330]

중앙의 문무관 가문 사이의 혼인은 사실상 17세기까지는 계속되었던 것으로 보인다. 예를 들어 김해의 남평조씨 가문 출신이며 강동江東현감이었던 조이량曹爾樑(1641~1688)의 경우 그의 아들을 현풍곽씨 가문 곽융郭融의 손녀와 결혼시켰다. 조일전쟁 때 의병장이었던 곽재우(1552~1617)의 조카

곽융은 1627년 문과에 급제하여 직강直講을 거쳤다. 마찬가지로 1666년 진주에서 무과에 급제한 수원백씨 백희장白熙章(1644~1730)은 진주에서 문과에 급제하고 사간司諫을 역임한 하진河溍(1597~1658)의 손녀와 그의 아들을 혼인시켰다. 또 본관이 영일迎日이며 1594년 무과에 급제하여 병마절도사를 역임한 정사서鄭思恕(1569~1678)는 그의 딸을 진주가 본관인 사간司諫 강익문姜翼文(1568~?)의 아들과 혼인시켰다. 그의 아들은 합천 출신으로 1606년 문과에 급제하였다.[331]

하지만 19세기에 이르면서 중앙 무관과 중앙 문관가문 사이의 혼인은 점점 더 드문 일이 되어 갔다. 필자가 가지고 있는 무과급제자 자료 중, 총 329건의 경우에서 19세기 무과급제자의 장인과 모계 측 조부의 문·무과 소속 여부를 확인할 수 있는데, 이를 분석해보면 280건이 무과에, 42건이 진사시에 입격한 전력이 있었다. 또 생원시 입격자는 4건, 문과급제자는 3건에 불과했으며, 잡과에 입격한 전력을 보인 경우는 없었다. 그러나 필자가 집계한 19세기 문무과급제자 자료는

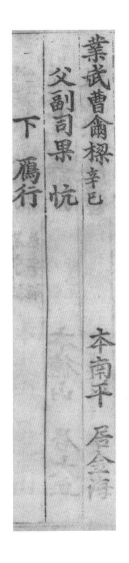

〈그림 4.1〉 1672년 《임자년별시문무과방목壬子年別試文武科榜目》에 등재된 조이량. 32세에 조이량의 직역은 업무業武로 554명의 병과丙科 입격자 가운데 376등이었다. 병과는 을과乙科(46명), 갑과甲科(1명)의 아래였다. 그리고 위의 방목은 문무과 방목이 한 권에 포함되어 있지만, 권제卷題는 '문과' 만 포함되어 있다(하버드대 옌칭도서관 소장 《임자년별시문과방목壬子年別試文科榜目》).

4,718명으로 그 가운데 위에서 언급한 무과급제자는 329건으로 7퍼센트 밖에 차지하지 않기 때문에 성급히 결론을 내리기보다는 주의해서 살펴볼 필요가 있다. 더욱이 329건 중 거의 대부분은 성공한 무관귀족 출신으로 무관 전체를 대변하기에는 부족함이 있다.

그렇지만 위의 사례를 참고해보면 성공하지 못하고 출신 배경이 그리 좋지 않았던 가문 출신의 무과급제자는 그의 외조부나 장인이 문무과 어느 쪽에서도 급제한 적이 없을 가능성이 높은 경향성을 확인할 수 있다. 결국 조선 후기 문무과 급제자들은 극소수 가문들이 통혼권을 유지하면서 중앙 관직을 장악하고 있었다고 볼 수 있다. 19세기에 이러한 양상이 나타난 것을 생각해보면, 19세기 이전에 문과급제자들과 혼인으로 관계를 맺은 무과급제자들이 있었던 것은 17세기는 아직 문관과 무관의 구분이 엄격하지 않았다는 근거가 될 수 있다.

양자 입양

조선 후기 대를 이을 자식이 없는 가문에서는 양자 입양이 필수였다. 비슷한 가문끼리 혼인하는 등 조선 후기에는 점점 배타성이 강조되는 추세였지만, 그와 반대로 양자 입양은 중앙 문관과 중앙 무관, 남부지방의 양반 가문 사이에서 계속되었다. 조선 후기에 양자를 들이거나 아들을 양자로 보내는 일은 '내집단內集團'에서 이루어지는, 신분의식과 관련된 행동으로 남아 있었는데, 이상적인 양자란 가까운 부계 쪽 자손이었다.[332] 하지만 양자 입양이 더욱 빈번해지면서, 양반들은 먼 부계 쪽 친척이라도 재주가 뛰어나고 용모가 단정하면 별 재능이 없거나 서얼인 가까운 친척 대신 양자로 들이기 시작했다.[333] 서얼을 배제했던 이유는 서얼이 귀족의 특권을 물려받는 권리를 막고자 했던 조선의 사회적 정책 때문이었다. 당연한 이야기지만 입양이 이루어지기 위해서는 양자를 보내는 가문과 양자를 들이는 가문이 사회적으로 같은 지위여야 했으며, 반드시 상호 간 승인이 이루어져야 했다.

필자는 몇 년 전, 19세기 덕수이씨 가문의 먼 친척 사이에 있었던 양자 입양에 관한 사례를 확인할 수 있었다. 그중 한 가문은 이순신의 후손이자 조선 후기 중앙 무관을 지낸 가문이었던 반면, 다른 한 가문은 이이李珥의 후손이자 선조 대부분이 문관을 지낸 가문이었다. 이 두 가문의 공통된 선조를 찾으려면 족보를 거슬러 올라가 고려 말까지 가야 했지만 족보상의 거리나 문무관 가문의 차이는 입양에 아무런 장애가 되지 않았다. 이것은 이 두 가문이 서로를 동등한 사회적 지위로 인식했다는 사실을 보여준다. 게다가 두 가문 모두 세대를 전해 내려오며 서얼 출신이 섞이는 바람에 완전한 양반으로 인정받지 못했다. 그렇다면 중앙 문관과 중앙 무관가문, 그리고 서얼이 섞이지 않은 순수한 양반 족보를 가진 남부지방의 양반가문들은 그들끼리 서로를 동등한 사회적 지위로 인식하며 양자를 들였는지가 궁금해진다. 아래에서는 조선 후기 가장 흔했던 몇 가지 경우를 선별해 분석해보고자 한다.

3장에서 다루었던 남평조씨 후손에는 중앙 관료가문과 김해에 기반을 둔 가문들이 있었다. 조강曹忼(1622~1666)은 김해 출신으로서 1656년에 첫 번째로 무과에 합격했으며 1641년에는 김해의 〈읍선생안〉에 올랐고 사과司果를 지낸 인물로, 당시 한양에 거주하다가 아들 없이 죽은 먼 친척에게 사후 입양되었다. 조강 이전에는 이렇다 할 관직자를 배출하지 못했던 김해에 기반을 둔 남평조씨 가문에 비해, 남평조씨의 서울 가계는 좀 더 걸출한 족보를 가지고 있었다. 게다가 이 가문은 혼인을 통해 조선의 최초 네 명의 왕과, 영의정 신숙주申叔舟(1417~1475), 이조판서 박중선朴仲善(1435~1481), 중추원 판사를 지냈으며 처음 실시된 무과에서 장원으로 급제했던(1402) 성달생成達生(1376~1444)과 직계조상으로 연결되었다.[334] 그러므로 중앙 관료가문과 김해에 기반을 둔 가문 사이의 양자 입양은 중앙 관료가문이 김해지역 가문을 동등한 사회적 지위로 인식하지 않았다면 이루어질 수 없는 것이었다.

양자 입양이 같은 집단 내에서만 이루어졌음을 보여주는 또 다른 예로는 갑신정변(1884)을 이끌었던 김옥균金玉均(1851~1894)의 경우가 있다. 잘 알려져 있는 것처럼 김옥균은 충남 공주에 거주했던 안동김씨 가문 출신이었다. 비록 김옥균의 가까운 조상 중에서는 관직을 지낸 자가 없었지만 김옥균이 어릴 때 그를 양자로 들인 김병기金炳基(1814~?)는 지방관을 지냈고 한양에 거주하였으며, 그 가까운 조상 중에는 중앙에서 주요 문관직을 지낸 자가 있었다. 이러한 경우를 보더라도 중앙 문관가문과 지방에 기반을 둔 같은 양반가문은 서로를 동등하게 여기며 서로에게 유대감을 가지고 있었음을 알 수 있다.

족보상 시조가 같고 서얼 출신이 없는 가문들은 양자 입양과 관계없이 서로를 같은 혈족으로 인식하였다. 마크 피터슨의 연구에서 확인할 수 있듯이, 양자가 필요한 가문에서는 족보상으로만 연결되어 있을 뿐 서로 아무런 왕래가 없었던 먼 친척으로부터도 양자를 들였다.[335] 조선 후기에는 어떠한 양반가에서도 서얼이라는 이유로 혈통상 문제가 있는 (중인이나 향리, 평민, 노비 등은 말할 것도 없이) 가문의 자손을 양자로 맞아들이는 것은 고려조차 하지 않았다. 이 사실을 생각해보면, 중앙 문관, 중앙 무관, 영호남 지방의 양반가문들 내에서 서로 양자가 오고간 것은 이 세 집단이 서로를 동등한 양반 신분으로 받아들이고 있었다는 것이 분명해진다.

문·무관 소속의 다양성

조선은 18세기 말경에는 부계 중심으로 확장된 가족 형태를 지닌 문중 중심의 사회가 되었다. 인구가 늘어남에 따라 양반가문들조차 전국으로 흩어져 있는 가문의 구성원들을 제대로 파악하여 족보를 정기적으로 갱신하기가 점점 더 어려워졌지만, 양반들은 이러한 어려움에도 불구하고 같은 시조를 가진 문무관원들 간의 관계를 밝혀 기록하는 일을 계속해나갔다. 이 기록들은 조선 말 양반가문들이 문무관 소속 모두를 비롯하여 과거급제자나 관직을 지낸 자가 아예 없는 영호남 지방의 양반들까지 모두 족보에 포함시켰다는 것을 명확하게 보여준다. 중앙 무관가문과 영호남 지방의 양반들도 중앙 문관가문과 동일한 조상을 공유하는 일이 가능했다. 사실상 조선 후기에 접어들면서 족보상으로나 사회적 지위 면에서 세 집단은 서로 비슷한 처지에 있었으며, 중앙의 문관가문이 나머지 집단보다 지위 면에서 우위를 차지한 것은 조선 초기부터 17세기 사이였을 뿐이다.

연이어 네 명의 어린 왕들이 즉위하며 문관들이 조정을 장악했던 1800년부터 1863년 사이에도 문관가문과 무관, 영호남의 양반가문 사이에는 밀접한 연관관계가 있었다.[336] 예를 들어, 1789년에 조선 후기 무과에 급제하였고 김삿갓으로 잘 알려져 있는 유명한 방랑시인 김병연金炳淵(1807~1863)의 조부 김익순金益淳(?~1812)은 그의 여러 친족들과 함께 척화대신으로 유명한 문신 김상헌金尚憲(1570~1652)의 안동김씨 무인 후손들 중 한 명이었다. 19세기에는 외척이었던 한양의 안동김씨 문관가문 또한 이들의 후손이었다.[337]

조선 후기 양반가문 가운데 문무관 가계에 대한 또 다른 대표적인 예로 함종어씨 가문을 들 수 있다. 갑오개혁(1894~1896)의 주역이자 탁지부대신을 지낸 어윤중魚允中(1848~1896)과 신미양요 당시 미군과의 전투에서 장렬하게 전사한 중군中軍 어재연魚在淵(1823~1871)은 모두 함종어씨였다. 어

윤중은 경종景宗(재위기간: 1720~1724)의 계비 집안이자 노론이었던 문관가
문의 문과급제자였던 반면, 어재연은 무관가문의 무과급제자였다. 두 가
문 모두 한양과 그 주변을 기반으로 1429년의 문과급제자 이조판서 어효
첨魚孝瞻(1450~1475)으로부터 내려오는 가문이었다. 어효첨 가계의 자손들
이 김해와 경상남도 지역에서 지방 귀족인 함종어씨의 가문을 이루게 된
것이다. 1871년에는 어윤중이 함종어씨 족보 신판新版의 서문을 달기도 했
는데, 이 족보에는 중앙 문무관 가문은 물론 향촌의 양반가문 모두가 기록
되어 있었다.[338]

중앙의 문무관과 남부지방의 양반가문이 서로를 가까운 친척이자 같은
본관씨족으로 받아들였던 사실을 잘 보여 주는 또 다른 예를 들어보면 박
충원朴忠元(1507~1581)으로부터 내려온 밀양박씨 가문이 있다. 이 가문은
한양에 기반을 두고 공신功臣을 배출했으며, 1591년 기묘사화의 희생자들
이 포함되어 있었다.[339] 박충원은 1531년 문과를 급제하여 우찬성右贊成을
지냈다. 그는 네 명의 아들을 두었는데 그들은 각각 관직에서 성공한 정도
가 달랐다. 그중 첫째인 박계현朴啓賢(1524~1580)은 문과에 급제하여 병조
판서까지 지냈으며, 그 자손들 또한 정치적 명성을 누렸다. 손자 박승종은
영의정을 지냈고, 증손자 박자흥은 딸을 광해군의 왕세자와 혼인시켰다.
이 가문의 정치적 명성은 1623년 광해군의 폐위로 막을 내렸는데, 박승종,
박자흥 그리고 그의 딸이 모두 이때 자결하였다. 이 끔찍한 참사가 있은 후
에는 박계현의 직계후손 중 몇 명만이 과거에 급제했는데, 대부분 19세기
전라도 지방의 양반이었다. 둘째 박응현朴應賢(1532~?)은 아무 관직도 지내
지 못했을 뿐만 아니라 그의 후대에도 과거급제자를 배출하지 못했다. 셋
째 박용현朴用賢(1536~?)과 그의 아들은 모두 무과에 급제했지만 무과가문
으로 명성을 떨치지는 못하였다. 대신 그 직계후손 중 소수만이 한양과 충
청도에 거주하며 문과와 사마시를 통과하였다. 후대에 여러 명의 과거급

제자를 배출하고 문무관 중 하나를 선택해 가문을 일으킨 자는 막내인 박
호현朴好賢(1550~1581)이었다. 그의 자손 중에서는 적어도 4명의 문과급제
자와 24명의 사마시합격자, 46명의 무과급제자가 나왔다. 그리고 문무과
와 관계없이 대부분의 그의 자손들은 한양이나 근기지방에 살았는데, 조
선 후기까지 이어졌던 이 가문의 정치적 참여도나 계속된 과거급제 전력
을 봤을 때 이는 전혀 놀라운 일이 아니었다.

　가문의 시조와 가까운 후손 대에서 중앙 문관가문과 무관가문이 함께 나
오기도 했다. 이에 딱 들어맞는 사례는 1583년 무과에서 장원급제를 하고
이후 경상좌도 병마절도사兵馬節度使를 지낸 오정방吳定邦(1552~1625)을 시
조로 한 소론 해주오씨 가문이다. 오정방의 아들 오사겸吳士謙은 과거에 급
제하지는 못했지만, 오사겸의 네 아들 중 세 명은 1612년부터 1646년 사
이에 문과에 급제했다. 그중 장남은 1649년부터 1891년까지 총 13명의 문
관을 배출한 중앙 문관가문의 시조가 된 반면, 그 아래 삼형제는 각각 4명,
13명, 41명의 무관을 배출한 중앙 무관가문의 시조가 됐다. 둘째아들로부
터 시작된 가문은 다른 나머지 두 형제에 비해서 엄격하게 무관만 배출한
가문은 아니었다. 네 명의 무과급제자 외에 적어도 두 명의 문과급제자
(1665년과 1892년)가 배출되었기 때문이다. 반면 셋째와 막내로부터 시작된
가문은 모두 무관만을 배출하고 있다. 요컨대 오정방으로부터 시작된 해
주오씨 가문은 조선 중기 무관으로부터 시작된 가문이 어떻게 문무관 모
두를 배출한 가문이 되는지 잘 보여주는 사례라고 할 수 있다.[340]

　혼인을 통한 결합, 양자의 입양, 족보 편찬 등은 모두 양반가문이 그들
내부의 사회적 실천을 통해 어떻게 자신들의 가문을 유지했는지를 잘 보
여주는 사례들이다. 다음으로는 이러한 목적을 위해 귀족들이 어떻게 국
가를 이용했는지, 그리고 이것이 어떻게 사회에 영향을 미쳤는지에 대해
살펴보도록 하겠다.

매관매직

새로 등장한 귀족들이 관직이나 직위를 통해 비록 표면상으로는 지배층과 동등해졌을지 모르지만 지배층들은 그들과 다르다고 생각했다. 양반이 지배하던 조선은 부가적으로 세입이 필요함에도 불구하고, 신분에 따라 다양한 직위와 관직의 가격(대부분 곡물의 양)을 결정하는 요소가 달라야 한다고 주장했다. 또한 양반이 아닌 자가 관직을 사는 것을 제한하기도 했다. 이러한 제한은 양반과 그밖의 신분 간 경계를 매우 중요하게 생각했다는 근거가 된다. 하지만 중앙 관료사회에서 문관과 무관, 영호남 지방의 양반 사이에 관직상 역할이나 관직에 참여하는 비율이 다른 것은 특별히 중요하게 생각되지 않았다.

관직을 사서 출세하는 것은 새로운 현상이 아니었다. 조선 정부는 일찍이 16세기부터 이전에는 과거 응시가 금지됐던 서얼과 천민 출신도 곡물로 값을 치르면 과거에 응시할 수 있게 해주었다. 하지만 이와 같은 방식의 신분 상승은 대부분의 노비들에게는 너무 비싼 비용을 치러야 하는 것이었다.[341] 게다가 서얼들은 문화적으로나 교육상으로나 양반의 자손들과 경쟁하기에 모자람이 없었음에도 1583년부터 실시된 납미허통제納米許通制, 즉 서얼이 기부금을 내고 과거에 응시하는 것은 서얼들에게 억울함과 굴욕감을 안겨주는 이유가 되었다. 오랜 논의 끝에 조선 정부는 1696년 납미허통제를 폐지하여 서얼도 기부금을 내지 않고 과거에 응시할 수 있도록 하였다.[342]

17세기에는 부를 얻은 새로운 계층들이 국가적인 차원의 매관매직을 통해 신분을 획득할 수 있었다. 이를 가장 원했던 이들은 부민富民들과 소외된 양반들이었다. 반복되는 기근과 세입 부족에 직면한 조선은 양반관료들이 필요악으로 보았던 매관매직에 의존할 수밖에 없었다. 1661년 조선은 이러한 거래를 상세한 규정과 함께 시행하기로 결정했다.[343] 이 시기 동안 실행된 직위와 관직 판매는 다양한 정부 문서에 기록된 바를 통해 크게 세 가지 범주로 나뉘는데, 첫째 가설직加設職, 둘째 60세 이상을 위한 직위, 그리고 셋째 추증追贈[344]이 그것이다. 특정한 양의 곡물이나 다른 물품의 상납 여부에 따라 상납자는 정부가 구매자 본인 혹은 추증 내용이 적힌 공식적인 관직증명서를 받았다. 정부로부터 주목받을 만한 곡물을 낸 구매자들은 특별 맞춤형 서류를 받기도 했지만, 보통은 관직을 받는 자의 이름을 지방관의 직권으로 기재할 수 있도록 공석으로 남겨놓았기 때문에 이 서류는 '공명첩空名帖'으로 불렸다.[345] 정부는 심각한 기근이 들어 더 많은 곡물을 마련해야 하는 등 특히 어려운 시기에는 수백 개의 공명첩을 만들어 각 지방에 배분하기도 했다. 때때로 지방의 수령들은 남은 공명첩을 다시 중앙정부로 보내야 했는데, 남은 공명첩이 제대로 파기되도록 하기 위해서였다.[346]

직위와 관직의 가격은 그 위신에 따라 달라졌고, 쌀을 세는 단위인 석石 (5.12부셸 혹은 47.6갤런)으로 정해졌는데, 은이나 면포로 구매하는 것도 가능했다. 물론 관직의 가격은 공명첩이 얼마나 발행되느냐에 따라 거듭 변동되었다. 공명첩은 기근의 심각성에 따라, 그리고 잠재적인 기부자들로부터 걷힐 만한 곡물의 양을 가늠해 정부가 필요한 만큼 발행했다.[347] 대개 고령자에게 수여되는 다양한 관직의 가격은 17세기 중반 무렵 3~5석 사이로, 가장 변동이 적은 편이었다. 나이가 많아지면 관직의 가격도 떨어져 고령자의 관직은 가장 적은 양의 곡물로 살 수 있었다. 1660년에 논의된 규정에서는 3품의 문관직을 고령자에게 내리는 데 드는 비용이 60세에서 69세는 5석, 70이 넘은 자들에겐 3석이었으며, 1661년과 1690년에 논의된 규정에서도 이 가격이 그대로 유지되고 있었다. 동시에 70세에서 89세는 4석, 90세 이상은 2석이라는 낮은 가격에 팔리고 있었다.[348] 흥미로운 점은 세 가지 규정 모두 이미 3품의 문관직을 가지고 있는 고령자들이 추가로 2

석이나 3석의 쌀을 바쳐서 종2품의 문관직을 수여받을 수 있게 했다는 것이다.[349]

이처럼 정부의 통제하에 정해진 가격이 있었음에도 불구하고, 조선 후기에 이르러서는 국가에서 고령자들에게 대가없이 관직을 수여하는 것이 매우 흔해졌다. 그렇지만 관직 수여에 있어 양반과 양반이 아닌 고령자 사이에 최저 연령은 구분하고 있었다. 이 구분은 1706년에 있었던 두 번의 경연에서 제주도와 한양의 고령자들에게 관직을 수여하는 문제에 대해 토론했던 것을 통해 확인할 수 있다. 두 번의 논의 모두 신분상에 따른 차이를 두었는데, 평민고령자는 90세 이상에게 수여한 반면 양반고령자는 80세가 최저 연령이었다.[350]

이렇게 고령자에게 수여된 관직과 비교했을 때, 추증이나 가설직에서는 더욱 넓은 범위의 가격이 매겨진 것을 알 수 있다. 각각 1660년, 1661년, 1690년에 개정된 규정을 보면, 추증을 할 때는 관직이나 직위에 따라 적게는 쌀 4석에서 많게는 25석까지 가격이 정해진 것을 알 수 있다. 가설직의 경우에는 더욱 고가여서 17세기 중반에는 쌀 12석에서 50석까지로 가격이 정해졌다. 별로 비싸지 않거나 심지어 무료로 수여받을 수도 있었던 고령자 우대 관직과는 달리, 추증과 가설직은 대상의 사족 여부에 따라 가격이 바뀌거나 제약이 있는 경우도 있었다. 심지어 군역을 지고 있던 평민과 상민 출신은 가설직을 살 수 없었으며, 사은숙배謝恩肅拜 또한 일정직 이상의 양반들에게만 허락되었다.[351]

관직이나 직위의 가격이 구매자의 총 소득에서 어느 정도의 비율을 차지했는지 계산하는 일은 매우 어렵지만, 구전에 따르면 조선 후기에 쌀 만 석을 수확하는 자는 매우 큰 부자로 여겨졌으며 천 석을 수확하는 자 또한 유복하게 여겨졌다. 조선 후기 농업 생산량이 상당히 증가했던 것을 고려하면 조선 후기 천석꾼은 17세기 중반에 쌀 600석을 수확한 자와 비슷한 수준이라고 추정해볼 수 있다.[352] 1660년에서 20세기 초까지의 쌀 생산량과 총 식량 생산량의 증가를 실제 양보다 적게 잡은 추산에서조차, 17세기 동안이든 1900년 즈음이든 상관없이 관직의 가격이 연 천 석을 수확한 이의 한 달 수입과 맞먹는다고 기록하고 있다.[353] 그러므로 당시 명확하게 중앙 정계에 몸담지 않았던 후손들이 각각의 족보에는 중앙관직으로 기록되어 있는 경우 그들은 평범한 소작농이거나 가난한 양반은 아니었다.

양반과 비양반 구매자 사이에 구분을 지으려는 국가의 노력에도 불구하고, 양반이 아닌 자들이 관직을 사는 것을 나라에서 막지 못했던 일이 많았다. 1683년 여름, 대신들은 숙종이 쌀 5석을 받는 대신 고령자 가설직 정3품에 해당하는 첨지중추부사僉知中樞府使를 이전에 역관이었던 이에게 내리라고 했던 명을 이행할 수 없다고 하였다. 그 이유로 당시 현존했던 규제에 따르면 그러한 가설직은 양반에게만 수여할 수 있기 때문이라고 하였다. 그러자 숙종은 그 역관에게 다른 보상을 해주라고 일렀는데, 당시의 논의를 전체적으로 살펴봤을 때 이 역관은 기술직인 중인으로 보인다.[354]

그로부터 한 달 뒤, 더 상세한 기록에서는 병조판서 남구만南九萬(1629~1711)이 곡물을 납부한 자가 양반이 아닌데 가설직을 수여할 경우 생길 수 있는 혼란에 대해 이야기하고 있다. 여기에서 분명한 것은 둔전군관屯田軍官 임명을 둘러싸고 의견 충돌이 있었고, 역관이 받은 높은 직위의 가설직은 양반이 아닌 자들이 받기에는 너무 높은 관품이기 때문에 당시의 규제를 깬 것이라는 이야기를 하고 있다는 것이다. 이 논의에서 남구만이 과거에는 평민이라 하더라도 가설직을 사는 데 차별이 없었다고 말하자, 숙종은 그의 편을 들어 관리 부처에서 알아서 하도록 맡겨두기보다는 조정이 직접 이 문제에 대해 새로운 규제를 만들고, 이를 어명으로 실행해야 한다고 했다.[355] 이 기록과 더불어 다른 많은 기사들을 통해서도 당시 양반에게만 할당하도록 된 관직을 사족士族이 아닌 자들이 사는 일이 계속되었다는 사실을 알 수 있다.

이처럼 신분상 차이를 두려던 조정의 노력에도 불구하고 양반들에게는 공명첩의 가치가 점점 낮아졌다. 예를 들어 1684년 진휼청이 아뢴 바에 따르면, 충청도(당시의 공홍도公洪道)에 살던 어떤 무관이 굶주림에 시달리는 이들을 위해 곡물 60석을 바쳤는데, 당시 곡물을 바치는 자에게 흔히 내려졌던 통정첩通政帖을 해당 무관에게 수여했다고 한다. 이에 진휼청에서는 이조의 통정첩을 다시 거두어 가는 것을 허락해달라는 청원을 올렸다. 그는 자신이 이런 관직을 받고자 기아에 허덕이는 자들을 위해 곡식을 제공한 것이 아니라고 하면서 이같이 관직을 수여받는 것은 양반으로서 부끄러운 일이라고 주장했다. 결국 진휼청이 이같은 공로가 있는 자를 모른 척해서는 안 된다고 주장하며, 이 청렴한 무관이 제공한 잡곡의 양이 쌀 24석에 비견할 만한 것이라는 것을 감안하여 원래 내려졌던 관직을 물리고 이를 문관직 정3품에 해당하는 가설직인 군기시정軍器寺正으로 대체해서 내려줄 것을 청하였고 숙종은 이를 받아들였다.[356] 조정은 비록 군기시정 또한 매매가 가능한 관직이었으나 부유한 평민층이 흔히 사던 통정직보다는 문관직 정3품직이 양반 신분에 더 걸맞은 관직이라 여겨 해당 양반에게 이 관직이 더 명망 있게 받아들여질 것이라 생각했을 것으로 보인다.

정부에서 매매했던 직위와 관직들은 실제로 등용되지 않는 허직虛職이 많았다. 따라서 정부와 도움이 필요한 사람들을 사심 없이 도와주려던 귀족들에게 정부가 이런 관직들을 널리 수여하기는 했지만, 이미 양반 신분을 가지고 태어난 대부분의 진짜 양반들은 관직을 구매함으로써 얻는 이익이 그다지 크지 않았다. 이와는 반대로 곡식을 기부한 비양반층들은 관직이나 직위 그 자체에 체화된 보상에 더욱 끌렸을 것이다. 양반과 평민 사이의 간극이 대부분의 사람들에게 분명했을 확률이 크다. 특히 귀족층이라는 유리한 위치에서 봤을 때, 양반이 아닌 자들이 그 자리로 가기 위해

할 수 있는 일은 아무것도 없었다. 매관을 통해 얻은 관직에 비교적 경외심을 가졌던 평민들조차 자신들이 관직을 산다고 해서 양반 신분으로 상승할 수 있으리라고는 믿지 않았다. 불행히도 조선 후기에 아무리 관직을 돈으로 산다고 해도 진정한 양반이 되기는 어려웠다. 그러나 많지는 않더라도 관직이 매매되고 있다는 사실은 적어도 몇몇 양반들에게는 비양반층의 시각에서 볼 때에 아직 그들이 명망을 유지하고 있다는 증거이기도 했다.

신성불가침한 귀족

19세기 중앙 무관들은 스스로의 위상에 만족하며 그들이 지닌 귀족 지위와 정치적 책임, 문화적 역할을 보장받는 상황을 유지하기 위해 지속적으로 노력했다. 국가와 중앙 문관가문들도 유능한 무관들의 존재를 인정하였고, 특히 민란과 제국주의 국가들의 침략이 잦아지자 이들의 전문성은 더 중요하게 부각되었다. 기술직이나 지방 향리들은 문화적 성과를 일구어내는 한편 국가에 가치 있는 역할을 하였지만 관료사회에서 중요한 요직을 맡는 것은 금지당하는 등 좌절을 겪고 있었다. 이들과 달리 양반 출신 무과급제자들은 변화의 주역이 될 수는 없었다. 그들이 지닌 세습적 귀족 신분은 관직이나 관품으로 인한 것이 아니라 온전히 신분계급 때문에 유지되는 것이었기 때문이었다.

우리는 기술직 중인과 지방 향리들의 기존 체제 내에서의 신분 만족도에 대한 논의를 주목할 필요가 있다. 이를 통해 조선 후기 체제에서 무관귀족들이 가지고 있던 태도와 비교해 볼 수 있기 때문이다. 기술직 중인들은 양반들이 장악한 중앙 관료사회 내에서 평등한 기회를 추구했으며, 동시에 점점 사회적 특권층이 되어갔다. 조선 후기에는 주로 한양에 기반한 소수의 기술직 중인가문들만이 대를 이어 중앙정부의 기술직을 독점했다. 유능한 기술직 중인들은 높은 관직과 관품을 받았는데, 당시 예와 재능을 갖춘 이들을 등용하는 데에 전념했던 왕과 양반관료 모두에게 전문성을 인정받았기 때문이다.[357] 직위를 세습했던 기술직 중인들은 그들의 역할이 국가에 필수적인 부분임을 깨닫게 되었고, 고유한 신분의식을 지니기 시작했다. 그들은 이러한 인식을 자신들이 이룩한 성과에 초점을 맞춘 잡과입격자 명단 작성, 문집 간행 등을 비롯하여 족보 편찬 등의 사회문화적 활동을 통해 보여주기 시작하였는데, 대표적인 예로 잡과입격자들의 가계를 기록한《성원록姓源錄》이나《역과팔세보譯科八世譜》를 들 수 있다.[358]

　한양 이외의 지방에서도 직위를 세습하던 지방 향리들은 고유의 신분의식을 갖기 시작했다.[359] 5장에서 다시 살펴볼 예정이지만, 많은 지방 향리들은 수준 높은 교육을 받으면서 동시에 문화적 소양도 갖추고 있었다. 이를 통해 그들은 당대 명망 높은 양반 유학자들과 사회문화적 유대관계를 맺을 수도 있었다. 국가가 시행하는 과거에 합격하거나 양반의 천거를 통해 중앙의 관직을 받고 싶어 했던 향리들에게 양반과 교유하는 일은 매우 중요한 것이었다. 또한 교육 수준이 높은 지방 향리들은 양반 귀족들에게서 더 존중받기를 원하게 되었다. 향리들 중 지식층은 단순히 그들의 고유한 역사와 그들의 역할이 차지하는 중요성을 강조하기보다 양반과 기원이 같다는 점을 강조했다. 이러한 주장은 고려 왕조대에 지방 향리들도 과거에 통과하면 중앙 공직에 들어가 중앙 귀족사회에 합류할 수 있었던 역사적 사실에 근거한 것이었는데, 물론 이렇게 양반이 되었던 가문의 자손들은 자신의 가문이 지방 향리로부터 비롯되었다는 사실을 애써 모른척했다. 뿐만 아니라 향리 지식층들은 그들 또한 양반과 다를 바 없이 유교적 예를 중시한다고 주장했다. 그런 이유로 세습적 지방 향리들은 직위를 세습했던 경아전京衙前들과 마찬가지로 적절한 유교적 예우를 양반들에게 받

고자 했다.[360]

이러한 주장과는 상관없이 귀족층은 계속 기술직 중인과 지방 향리를 하대하였다. 하지만 예외도 분명히 있었다. 청나라를 자주 방문했던 노론 중앙 양반가 출신의 박규수朴珪壽(1807~1876)와 역관이던 오경석吳慶錫(1831~1879)이 서로를 존중했던 사례가 그것이다.[361] 고종(재위기간: 1864~1907)이 서구와 일본에 문호개방을 결정하고, 다른 무엇보다 전문기술의 중요성을 알리고자 했던 1870~1880년대 개화운동에 특별한 기술직 중인들이 참여해 중요한 역할을 할 수 있었던 데에는 이러한 관계가 기폭제가 되었다. 그래도 한국의 사회언어적 관습의 복잡성은 양반 신분의 학생이 사회적 신분의 우월함을 나타내는 하대 말투를 완전히 버리지 않고도 중인 신분의 스승을 지적으로 우월하게 대우할 수 있었다. 양반들은 자신들이 중인들의 전문기술이나 지방 향리들의 행정적인 전문성보다도 박학다식한 유학자상을 계속 선호했다는 것을 쉽게 알 수 있다.

많은 양반들로부터 하대 받으며 중앙 관료사회에서 배척당했던 세습적 지방 향리들과는 다르게 기술직 중인들은 관직에 참여했다. 심지어 그들 중에는 기술직이 아닌 관직을 받은 사람들도 있다. 주로 양반들만이 임명되었던 지방관으로 임명되기도 했던 것이다. 하지만 양반관료들은 기술직 중인이 더 중요한 관직을 맡는 것을 저지하였을 뿐만 아니라 매우 엄격한 평가의 잣대를 제시했다. 기술직 중인들은 미미한 추문이나 경미한 죄에도 쉽게 처벌받았는데, 특히 왕과 왕족의 건강을 책임지는 어의들은 더욱 심했다.[362]

기술직 중인과 향리들은 교육 수준이 높고 교양이 있었을 뿐 아니라 일반적으로 상당한 부를 축적하고 있었다. 하지만 향리들의 이런 잠재력은 신분상의 제약 때문에 제대로 실현될 수 없었다. 많은 중인들은 좌절하였고, 다수는 재빨리 자신의 조상이 양반가문과 같은 시조를 가진 것처럼 그

럴듯하게 꾸밀 수 있는 기회를 놓치지 않았다. 광무개혁(1897~1905) 당시
이들의 개인 이력을 살펴보면 많은 기술직 중인 출신과 지방 향리 출신 정
부 관리들이 그들을 잡과입격자 명단이나 향리 선생안 등의 기존 기록과
는 다른 가문의 후손이라고 주장한 것을 볼 수 있다.[363] 그러나 필자가 한
국의 족보를 연구한 경험에 비추어 봤을 때, 대체로 한양의 중인들은 19세
기 말에 들어서면 족보의 간행과 증보에 참여하지 않은 것을 확인할 수 있
는데 현대에 간행된 족보에 그들의 계보를 전혀 알 수가 없어 아주 간헐적
으로라도 기록해주었으면 하는 아쉬움이 들 정도이다. 그 이유는 그들 스
스로 양반보다 낮은 신분을 숨기려고 했던 것부터 전근대적인 관습으로
퇴보하는 사회에 대한 경멸에 이르기까지 다양했을 것이다. 평민 출신 조
상을 둔 자손들은 계속해서 심지어 오늘날까지도 다양한 방법으로 양반가
의 족보로 편입되려고 노력한 것과 비교할 수 있을 것이다.[364]

　기술직 중인 및 지방 향리들과 달리, 중앙의 무관가문은 조선 후기 양반
중심의 정치, 사회체제 내에서도 비교적 평온하고 안정적으로 자리를 지
켰다. 무인귀족들은 문과급제자들과 마찬가지로《무보武譜》를 편찬함으로
써 자신들을 차별화시켰다. 명망 높은 무반가문 출신의 입신양명한 무과
급제자들을 족보에 기록할 때는 평민 출신뿐 아니라 서얼, 기술직 중인,
지방 향리 출신을 모두 배제했다. 19세기에 5만 명이 넘는 무과급제자 중
현존하는 무과급제자 족보에 기록된 인원은 겨우 3,700명이 조금 넘는다
는 것은 이러한 사실을 잘 보여준다.[365]

　기술직 중인들의 족보와는 달리, 중앙 무인귀족들의 족보는 ‘유장儒將’으
로서의 이상을 존중하는 양반사회에서 무인들이 스스로를 양반의 일원으
로 인식하고 있었다는 사실을 보여준다. 무예의 위상이 떨어진 상황에서
현실적으로 무인이 추구할 수 있는 가치는 이것뿐이었다. 유장은 단순히
신체적으로 뛰어나거나 무기를 잘 다루는 전사나 병사가 아니라 전반적으

로 교양 있는 학자여야 했으며, 전장에서 승리할 수 있는 효율적인 전략을 짜내는 박식한 전략가여야 했다.[366] 그러므로 지금까지 본 연구에 언급된 것을 포함하여 현존하는 무관의 초상화들에서 모두 갑옷이 아닌 무관복을 입고 있는 것은 매우 특별한 의미가 있는 것이다. 다음에 나오는 예들은 모두 무장보다는 유장이었던 무인들을 보여준다.

무반이었던 조우석趙禹錫(1782~1863)은 전문성과 지식에 본인 스스로 강한 확신을 갖고 있는 인물이었다. 그는 한양의 명망가 평양조씨 출신으로, 1855년 《무비요람武備要覽》을 편찬했다. 이 병서에서 그는 자신이 알고 있는 군정軍政, 무기류, 전술 등을 자랑스럽게 제시하였다.[367] 그는 고대 중국의 전국시대부터 명나라 말에 이르는 병서를 참고하여 조선의 상황에 맞게 적용시켜 《무비요람》을 편찬했는데, 병서에 등장하는 대포와 같은 유럽 무기에 관한 지식은 17세기 중반 중국인에게 알려졌던 내용에 한정되어 있다고 할 수 있다.(사실, 1866년의 병인양요나 1871년의 신미양요에서도 조선인들은 홍이포紅夷砲를 사용하였다). 그는 서양의 화기에 비해 열악한 조선 무기의 문제를 언급하지 않았고, 궁수와 창병을 포수로 바꾸는 것을 지지하지도 않았으며, 외국의 무기를 사거나 모방하는 것, 혹은 외국의 군사 전문가를 초빙하는 것에 대해서도 다루지 않았다. 일본의 사무라이가 훗날 그랬던 것처럼 조우석이 서양의 무기에 대해 아무 반응을 보이지 않았기 때문에 《무비요람》의 중요성은 다른 면에서 찾을 수밖에 없다. 조선 초에는 개인이나 무관보다는 국가에서 병서를 편찬하였기 때문에 조우석의 《무비요람》은 사찬私撰 병서의 시초였다. 그는 유장으로서 중요한 덕목이라 할 수 있는 고전적인 군사지식들을 병서를 통해 보여주었다. 그러나 병서에서 나타난 그의 시각이 떠오르는 서양 열강의 군사적 위협에까지 미치지는 못하였다.

병서에 대한 개인적 저작만으로 조선 후기의 무관들이 기술직 중인이나 지방 향리보다 스스로를 자랑스러워했다고 할 수는 없다. 조선 후기 귀족 중심의 사회가 전체적으로 유능한 무관들을 인정했음을 보여주는 지표가 필요하다. 하지만 이와 관련된 증거는 다소 모호한 편이다. 3장에서 다루 었던 바와 같이 무장인 진주강씨의 시조 강응환은 무과에 급제하고 나서 도 부친이 무관이 되는 것을 허락하지 않아 이를 극복해야 했다. 강응환은 부친을 설득하기 위해 긴 시조를 지어 무예로 나라에 충성하고자 하는 강 력한 의지를 내보임으로써 무관의 길에 들어설 수 있었다. 반면, 서유대徐 有大(1782~1802)에 대한 다음 칭찬을 살펴보자. 《순조실록》에서 이 사건을 더 간략하게 기록하기는 했지만 여전히 몇몇 무인들에 대해서는 열렬한 찬사를 보내고 있다.

> 훈련대장 서유대가 졸하였다. 대왕대비가 경연에 나와 하교하기를, "이 무장이
> 늙기는 늙었지만 본시 숙장宿將으로서 갑자기 이 지경에 이르렀다" 하고 한참
> 동안 애석해했다. 서유대는 달성인達城人으로 문정공文貞公 서성徐渻의 후손이
> 었다. 용모가 걸출하고 여력膂力이 남보다 뛰어나서 별천別薦으로 무과에 올랐
> 다. 막부幕府로서 통신사를 따라 일본에 들어가니 일본 사람들이 모두 장군將軍
> 이라고 말하였다. 천성이 관대하여 융원戎垣을 두루 관장하였으나 군졸이 (그의
> 철두철미한 규정에 대한 준수를) 원망하는 이가 없으니 복장福將이라고 일컬어졌
> 다.[368]

서유대는 1759년 무과에 급제한 후 18세기 후반 내내 20여 년 동안 중요 무관으로 재직했다. 서유대는 총융사를 네 차례 지냈으며, 일곱 번의 어영 대장, 세 번의 훈련대장, 그리고 일곱 번의 금위대장을 지낸 것이다. 그는 현명한 장군으로서 무관의 길을 걸었을 뿐 아니라 뛰어난 서예가로 알려 졌고 또한 유명 서예가의 작품을 즐겨 수집하였다.[369] 서유대가 유장儒將으

로서 명성을 얻은 것은 놀라운 일이 아니었다.

대부분의 무반들은 서유대에 비해 무관 경력의 부침이 심했는데, 이주국 李柱國(1721~1798, 〈그림 4.2〉)이 대표적인 예이다. 그는 조선의 2대 왕 정종의 후손으로 20세에 무과에 급제해 중앙과 지방에서 높은 무관직을 여러 차례 지냈다.[370] 무관 인생 마지막 20년 동안 그는 여사대장纛士大將에 재직했는데, 당시 여사군이 소란을 피웠거나 군량을 충분히 비축해 놓지 못했거나 전선戰船을 잘못 관리했거나 등의 이유로 파직과 제수를 반복하였다.

이주국이 문책당할 때 그 처벌의 범위는 단순한 파직부터 절도絕島 유배까지 이르렀지만, 놀랍게도 그는 형을 받은 뒤에 다시 주요 무관직에 재임명되었다. 또한 중앙 무관가문 출신의 무과급제자에게도 어려운 일이었던 병조판서를 역임했다.[371] 비록 이주국이 영향력 있는 문관들과 정치적, 개인적 인맥을 맺고 있었을 가능성을 열어두어야 하지만, 이는 조선사회에서 이주국이 저지른 실수의 경중보다 그가 가지고 있던 전체적인 전문성에 더 중점이 두어졌던 사실을 보여준다.

순전히 무예를 중시해 귀감이 되었던 이주국, 서유대, 강응환, 조우석 등과는 달리, 조선 후기 무인들이 다양한 분야에 관심을 가졌고 여러 분야에 재능이 뛰어났던 것은 이례적인 일이 아니었다. 신헌申櫶(1810~1884, 〈그림 4.3〉)의 예를 보면, 그는 무관이었던 동시에 학자였으며, 정치인이자 서예가 그리고 화가였다.[372] 그는 또한 1876년 강화도조약과 1882년 조미수호통상의 파견단의 일원으로도 잘 알려져 있다. 신헌은 신립(1592년 탄금대 전투를 지휘한 장군)의 형으로부터 내려온 평산신씨 무관 가문의 일원으로, 1828년 무과에서 급제한 뒤 다양한 고위관직을 역임했다.[373] 그는 우의정을 지낸 박규수가 수장인 정치집단의 일원이었는데, 박규수는 서양의 가공할 무기를 기민하게 관찰하였고 청나라뿐 아니라 모든 외국과의 근대적인 수교통상을 강조하며 조선의 개방을 주장한 것으로 잘 알려진 인물이

〈그림 4.2〉

이주국李柱國의 64세(1784) 당시 초상화. 두 마리 호랑이가 흉배에 새겨진 것은 그의 지위가 무관이
며 정3품 당상의 높은 관직이었던 사실을 확인시켜준다. 조선 초기부터 전해진 전통적인 초상화
법을 반영하긴 했지만, 18세기 후반부터 조선에서 널리 사용됐던 사실주의적 기법 또한 눈에 띈
다. 김원전의 개인 소장품(이강칠의《역사인물초상화대사전》415쪽 복사본).

<그림 4.3>

신헌의 61세 때 초상화(1870). 초기 이주국의 초상화와 비교해보면 사실주의 기법이 좀 더 잘 드러나 있다. 인물의 전체적인 특징은 노후에 들어선 현명한 유학자로 표현되어 있으며, 가슴 부분에 수놓아진 한 쌍의 호랑이가 무인임을 나타내고 있다. 고려대학교 박물관 제공.

<그림 4.4>

신헌의 67세 때 사진(1876). 사실적으로 나타난 중앙의 모습을 통해 노쇠하고 초췌한 노인의 형상을 그대로 드러낸다. 신헌은 가슴 부분에 학 두 마리가 수놓아진, 당시 자신이 재직하던 높은 관직의 문관 의복을 입었다. 장성길의 개인 소장품(http://www.koreanphoto.co.kr/political/jungchi/19.htm).

다. 신헌은 정약용과 추사 김정희(1786~1856) 등의 실학자들 밑에서 수학
했으며, 그 자신도 군사나 역사, 지리, 농업, 금석학에 관한 책을 두루 편찬
하였다.[374] 그의 지적 호기심은 불교에까지 미쳤는데, 1844년 전라우도수
군절도사로 근무하는 동안 그 지방 사찰의 저명한 수도승과도 가까이 지
냈다.[375]

신헌이 유장으로서 능력을 십분 발휘할 수 있었던 절정의 기회는 '조선
의 개방'이었다. 고종을 대신해 섭정했던 흥선대원군(1821~1898)이 프랑스
와 미국의 공격을 불러온 해방책海防策을 고수하는 동안 신헌은 실제 전투
에서 큰 활약이 없었다. 흥선대원군이 자리에서 내려온 1873년 이후, 신헌
이 다른 동료 무인들과는 달리 서양의 '양이족洋夷族'과 맞서 싸울 운명은
분명히 아니었다. 고종은 친정을 실시하면서 중국 이외의 국가들과 협조
하는 입장을 채택했으며, 이러한 환경에서 신헌은 두 개의 근대 조약을 체
결하는 역사적 임무를 맡을 수 있었다. 신헌이 무인임에도 불구하고 이러
한 지위에 임명될 수 있었던 것은 조선이 중국 이외의 다른 나라들을 상대
적으로 하대했기 때문이다. 당시 중국과의 외교관계에서는 조선 대표로
훨씬 정치적으로 영향력 있는 문관들이 임명되었던 사실을 보면 이를 명
확하게 확인할 수 있다.[376] 그럼에도 불구하고 신헌의 이런 행보는 조선 후
기 무관의 궁극적 성과를 전형적으로 보여준다. 즉, 소수의 문관 출신 가
문들이 압도적이었으며 따라서 무관에 대한 제재가 심했던 궁중에서, 유
장으로 낼 수 있었던 최대의 성과였던 것이다.

양반 무관이 유장으로서 군주를 충실히 섬기는 것이 현실적으로 실현 가
능한 이상적인 모습이라고 한다면, 조선의 전체적인 관직체계 안에서 무
관들이 이런 이상에 환멸을 느낄 것 같지는 않았다. 대신 무관들은 각자 적
절하게 자신의 역할에 충실했음을 알 수 있다. 1811년 홍경래의 난을 진압
했던, 영의정을 지낸 박승종朴承宗의 방계친족인 평안도 병마절도사 박기

풍朴基豊과 다른 장군들은 대개 중앙 무관귀족 출신이었다. 또한 강화도에서 서양 부대와 교전을 벌이던 당시 좌선봉장 양헌수梁憲洙(1866, 정족산성)나 앞서 언급했던 어재연魚在淵(1871, 광성보) 등의 중앙 무관들은 구식 무기를 장착하고도 군대를 이끌어 기술적으로 우세한 외세에 대항해 용맹하게 맞서 싸웠다.

| 소결 |

본 장에서는 중앙 문관, 중앙 무관, 남부지방의 양반들이 서로를 양반 귀족계층으로 인식했는지 알아보기 위해 신분에 관계된 사회적 제도들을 살펴보았다. 이 문제는 매우 중요한데 최근의 연구에서는 영호남에 거주하는 양반들을 중앙 문무관과 관련이 없는 혹은 지배층으로 누리는 권력이 없었던 아예 다른 그룹으로 보기도 하기 때문이다. 그리고 다른 연구들에서는 중앙 무반가문이 중앙 문관가문들보다 낮은 사회적 지위를 차지한 것으로 묘사하고 있기도 하다.

그러나 필자는 이러한 견해를 반박할 수 있는 증거를 찾았다. 비록 조선 후기 들어 세 종류의 양반들 사이에 혼인으로 맺어진 관계가 약화되는 경향을 보이기는 하지만 족보상으로 비교적 가까운 관계와 양자교환을 한 사실로 미루어 한 가문 내 세 종류의 양반들은 서로를 사회적으로 같은 위치로 인식하고 있었음을 알 수 있다. 게다가 정부 관직이나 직위를 사려는 잠재적 구매자들에게 무게를 두고 고려했을 때조차 조선을 가장 엄격하게 통제했던 것은 직위나 문무과 소속으로 결정되는 것이 아닌 귀속적 속성을 갖는 양반 그 자체였다.

조선 후기 중앙 무관들이 귀족계급이 우세하던 당시의 체제를 계속해서 유지하기 위해 노력했던 것은 놀라운 일이 아니다. 중앙 양반가문 출신의 무과급제자들은 이상적인 유장이 되는 일을 성취했거나 적어도 그렇게 되기를 바랐다. 그들은 교육받은 기술직 중인과 지방 향리들과는 달리 현실에 불만족스러워 하지도 않았다. 기술직 중인들과 지방 향리들은 스스로가 국가에 중요한 존재라고 믿고 그들보다 하위계급을 배제하기 위해 소속 그룹의 정체성을 유지하는 한편, 귀족계층에 의해 제약받던 관료사회에서의 승진 기회를 얻으려고 공연히 애를 썼다.

 이와 같이 19세기 한양의 무인 귀족층은 국가 내부의 반란과 제국주의 침략에 맞서 싸우며 국가에 계속해서 공헌하고 있었음을 알 수 있다. 결국 사회정치적인 관점에서 봤을 때, 무과제도가 조선시대 내내 성공적으로 유지됨으로써 양반들이 나서서 서양 열국과 일본에 맞서야 하는 상황을 모면하게 해주었다. 그러나 이러한 불만족스러운 문제에 대한 더 완벽한 답을 얻기 위해서는 피지배층으로 무과에 급제한 자들까지 살펴보아야 할 것이다.

5.
피지배층과
무과

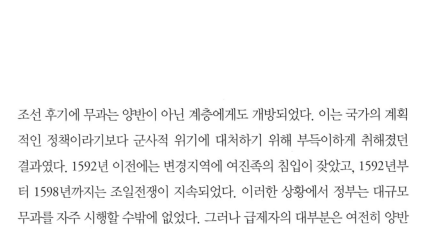

조선 후기에 무과는 양반이 아닌 계층에게도 개방되었다. 이는 국가의 계획적인 정책이라기보다 군사적 위기에 대처하기 위해 부득이하게 취해졌던 결과였다. 1592년 이전에는 변경지역에 여진족의 침입이 잦았고, 1592년부터 1598년까지는 조일전쟁이 지속되었다. 이러한 상황에서 정부는 대규모 무과를 자주 시행할 수밖에 없었다. 그러나 급제자의 대부분은 여전히 양반들이 차지하였다. 반면 청의 군사적 위협에 대처하기 위해 17세기 초반에 시행되었던 이른바 '만과萬科' 출신들은 양반이 아닌 경우가 많았다.

조청전쟁 이후 정부가 '복수설치復讐雪恥' 계획을 포기한 다음에도 대규모 무과의 시행은 멈추지 않고 계속되었다. 무과 시행을 통해 무관을 충원하려는 본래의 기능도 남아 있지만, 조선 후기 무과는 권력에서 멀어져 있던 피지배층의 불만을 완충시키는 사회적인 기능도 담당하고 있었던 것이다.

'비양반층non-yangban'은 '피지배층nonelites'을 의미하는 것인데, 양반들은 자신들과 이들의 사회적 지위가 같다고 인식하지 않았다. 인구의 대부분을 구성하는 피지배층들은 다음과 같은 집단들로 구성되어 있다. 첫째는 중인中人으로 광범위하게 정의할 수 있는 집단이다. 여기에는 역관譯官, 의관醫官, 화공畵工, 악공樂工 등의 부류뿐만 아니라 귀족이나 양인이 아닌, 예를 들면 군졸, 서얼과 같은 부류도 포함된다. 둘째는 양인良人이다. 이들은 소농의 대부분을 구성하기도 하며 상인이나 서얼의 자손들도 이에 포함되어 있다. 셋째는 천민으로, 노비를 비롯하여 광대나 무당같이 어느 정도 세습적 성격을 띠는 부류를 일컫는다.[377]

피지배층들에게 조선 후기 무과제도의 사회적 기능은 양반과 차이가 있었다. 차이가 나는 가장 큰 이유는 무과급제 후 얻을 수 있는 직위가 신분에 따라 달라졌기 때문이었다. 하지만 과거급제자의 향후 전망이 어둡다고 해서 과거에 대한 인기가 사라진 것은 아니었다. 당시에도 여전히 귀족들이 과거에 합격하고 있었기 때문에 과거에 대한 위신은 유지되고 있다. 과거에 급제하거나 중앙에 관직과 관품을 얻는 것은 양반의 외형을 모방하고자 하는 사람들에게 유용한 수단이었다. 더욱이 표면적으로 중앙권력과 관계가 있는 것을 입증하는 이러한 과시적인 요소는 급제자들에게 실질적인 혜택도 가져다주었다. 예를 들면 이들은 군적에서 빠질 수 있었기 때문에 결국 군역에서 벗어날 수 있었고, 군포도 납부하지 않게 되었다.[378] 18세기 중반부터는 대대로 양반이었던 자들도 동포洞布와 호포戶布의 부과를 피해갈 수 없었지만, 1870년 혹은 1871년까지도 군포 면제는 양반 지위의 상징이었다.[379]

무과가 피지배층에게 어떻게 기능했는지 분석하기 위해서는 이른 시기부터 무과에 응시했던 피지배층들의 사례에서 분석을 시작해야 한다. 이를 위해 당대의 기록, 법전, 방목 등의 주요 자료를 통해 이러한 정보를 집중적으로 살펴보고자 한다. 또한 그 다음으로 피지배층과 조선의 사회변동에 대한 문제로 범위를 더 넓혀서 생각해보고자 한다. 필자는 피지배층들이 무과를 통해 사회적 지위를 향상시키려고 한 움직임은 명백한 한계가 있다고 본다. 하지만 이러한 제약에도 불구하고 다양한 문화 장르에서, 예를 들면 실존하지 않는 전쟁영웅을 문학작품에서 그려내는 방식으로, 평민들이 무과에 관심을 갖고 있었다는 사실을 확인할 수 있다.

17세기 피지배층의 정치 참여에 대한 민담과 법적 조항의 근거들

필자는 공식적, 비공식적 근거를 통해 국가가 하층민의 신분상승 염원을 반복해서 저지하려 했던 사실을 확인할 수 있었다. 이것을 처음으로 확인할 수 있는 시기는 1628년으로, 당시 국가는 천민들과 다른 피지배층들이 무과에 응시하지 못하게 금지하고 있었다. 이는 국가와 귀족층 모두가 이 문제를 심각하게 생각하고 있다는 것을 보여주고 있다. 조선 초 성종 대에 간행되어 국가의 근간이 되었던 《경국대전》에서는 피지배층들을 고려 대상에 넣지 않았다. 반면 1746년에 간행된 《속대전》에는 응시를 금지하는 집단에 대한 상세한 설명이나 불법적 참여에 대한 징계 등이 포함되어 있다. 이러한 《속대전》의 내용을 통해 조선 후기에 들어서면서부터 피지배층들이 무과에 참여하는 것이 부정할 수 없는 현실이 되었다는 사실을 알 수 있다.

이러한 법 규정이 나타나기 훨씬 전에 국가는 하층민도 시험에 응시할 수 있도록 과거 응시 기준을 조정했는데, 당시 응시 기준을 조정했던 가장 큰 이유는 국가에 필요한 인력을 충원하기 위해서였다. 선조가 1593년 영유永柔에 머물면서 지방에서 무과를 시행하라고 할 때에는 공·사노비들까지도 무과에 응시할 수 있었다. 그래서 당대에 명망 높던 이항복李恒福(1556~1618)이 노비를 불렀는데 대답이 없으므로, 손님에게 "필시 이놈이

과거를 보러 간 것이로구나"라고 하여 모인 사람들이 크게 웃었다는 일화가 있을 정도였다.[380]

그렇다면 당시에 어느 정도의 하층민들이 무과에 응시하였던 것일까. 《무과방목》과 관의 기록을 기반으로 한 심승구의 연구에 따르면, 당시의 무과급제자들은 향리와 서얼을 비롯하여 노비까지 비양반계층들이 포함되었지만 그래도 대부분은 양반이었다.[381] 이러한 관점에서 보면 양란 이후 하층민이 대거 신분상승을 했을 가능성에 대해서는 조금 과장된 느낌이 든다.

다양한 1·2차 사료를 통해 검토해보면, 17세기 초반 광해군 대에 눈여겨볼 만한 하층민들의 정치 참여가 나타나고 있다.[382] 이수광은 당대의 무과에 대해 언급한 바 있는데, 일본의 침략으로 수천 명에 달하는 무과급제자들이 등록될 정도로 무과의 규모가 매우 커졌다고 했다. 당시 대다수 급제자들이 활조차 제대로 쏘지 못하거나 천민 출신이었다고 한다. 그럼에도 국가에서 이들을 무과에 합격시켰던 이유는 실제 군사적 효용이 없음에도 불구하고 이들을 위무해야 할 필요성이 있었기 때문이다.[383]

당시 여진족이 군사적으로 성장하고 명明에 군대를 파견해야 할 가능성이 높아지면서 무과의 규모를 확대할 필요가 생겼다. 이에 1618년에 만과萬科 정시廷試를 통해 3,200명, 1619년에는 별시를 통해 3,000~1만 명, 1621년 정시에서는 4,031명을 선발했다. 당시 정부는 북방의 국경을 지키기 위해 필요한 군사를 대략 4만 명으로 추산하고 있었다. 광해군은 느슨한 무과 시행을 통해 훈련된 10만 군사를 양성하는 것이 어렵지 않을 것으로 보았다. 이러한 광해군의 정책은 16세기에 급박하게 북방을 경계하기 위해 취했던 방식과 매우 유사하다고 할 수 있다.[384] 상황에 따라 정부는 천민들도 무과에 응시할 수 있도록 허가하였고, 많은 사람들이 불법으로 신분을 속여 무과에 응시하기도 했다. 1620년 6월, 병조는 당시 시행된 초시나 대규모로 시행된 무과에 합격한 사람들 중 공사천公私賤이나 서얼 출신은 합격을 취소시키도록 명령을 내리기도 했다. 또 광해군에게 무과의 부정에 연루된 서원書員, 공형公兄과 색리色吏 등을 색출하여 벌할 것을 아뢰었다.[385] 이러한 의견은 당시 대두되었던 논의들 중 하나였는데, 이와 같은 국가의 노력에도 불구하고 공사천들이 과거에 응시하는 현상은 계속되었다. 1622년 사헌부에서는 1621년의 《무과방목》에 거자擧子의 성명과 부친의 성명을 지우고 다시 쓴 것을 확인하기도 했다.[386]

1623년 인조반정으로 광해군과 북인이 실각하고 인조와 서인이 정권을 잡으면서 천민들의 불법적인 과거 응시를 바로잡으려는 강력한 조치가 시작되었다. 1628년 조정에서는 나장羅將, 조예皂隸, 조졸漕卒, 일수日守, 공사천, 서얼로 아직 허통되지 않았음에도 금법을 무릅쓰고 무과에 응시한 자들은 모두 전가사변율全家徙邊律로 다스리고 사면하지 않도록 했다.[387] 특히 노비들은 수군에 충정充定하는 처벌을 받았는데 역이나 세금을 부담하는 서얼이나 다른 신분의 사람들이 받았던 처벌에 비해 가혹한 것이었다.[388]

또한 양반들은 무과에 급제한 비양반층들을 양반신분의 무과급제자 및 관직자와 구분하려고 했다. 1637년 남한산성에서 실시한 무과에서 5,000명이 넘는 무과급제자가 배출되었는데, 이 중에는 남한산성을 수비한 공로로 면천된 수백 명의 노비들도 포함되어 있었다. 당시 과거급제자나 양반관리들의 범죄를 다루는 관서였던 의금부에서는 무과 출신이지만 정직正職을 받지 못한 자들에 대해서는 의금부가 아닌 형조에서 죄를 묻도록 하는 안을 왕에게 청원했다. 이에 대해 좌의정 최명길과 우의정 신경진申景禛은 과거급제자들에게 주어지던 오래된 특권은 무시할 수 없다고 하였고, 인조는 결국 의금부의 요청을 거절하였다.[389]

이처럼 무과급제자들을 우대하는 정책이 제도적으로 유지되면서 피지배층이 불법적으로 무과에 응시하는 현상은 계속되었다. 인조는 즉위 직후부터 이를 막고자 다양한 정책적 노력을 기울였지만 상기한 흐름을 막지는 못했다. 1665년 효종은 공사천에서 속량된 자는 보충대의 공문이 없으면 과거에 응시하는 것을 허락하지 않음으로써 이들의 진출을 가로막았다.[390] 이런 조치의 대상은 역졸驛卒·조군漕軍·조예 등이었는데, 이들은 법적으로는 모두 양인이었지만 대부분 비천한 직무를 담당하고 있었다. 조군들은 양인이지만 사회적으로 천민 대우를 받았던 수군조차 무과에 응시할 수 있음을 예로 들면서 이의를 제기하였고, 결국 이러한 금지령은 1672년 폐지되었다.[391] 더욱이 1676년 숙종은 납속을 하지 않고 무과에 응시하여 급제한 서얼들도 무과 응시 이후에 값을 지불하면 관직에서 쫓겨나지 않는 안을 허용하였다.[392]

숙종 대에 이르러 관직에 등용되지 못한 수많은 비양반층 무과급제자들은 다양한 사회적 문제를 야기하였다. 1678년 여름 조정의 논의에서는 1만 7,652명의 최다 급제자를 선발한 1676년 무과급제자 가운데 공사면천公私免賤된 무뢰배가 많이 포함되어 있다고 지적하고 있다.[393] 이 논의의 결과 국가에서는 하층민 출신의 급제자들을 양인으로 대우해주게 되었다. 같은 해에 관에서는 무과에 급제한 양인과 천민이 범죄를 저지를 경우 본래 취조를 받았던 형조가 아닌 의금부에서 심문받게 해주는 특권을 빼앗아야 한다고 선언함으로써 규제책을 명확히 했다. 무과에 급제한 이는 형조가 아닌 의금부에서 심문을 받는 특권이 사라지면서 양반으로 문과나 무과에 급제한 이들과 차별을 받을 수밖에 없었다.[394]

이러한 조치는 1637년 만과 시행 이후 양반이 아닌 무과급제자에게 죄를 지을 경우 의금부가 아닌 형조에서 죄를 묻도록 한 청원과 같이 즉시 반감을 불러일으켰다. 무과급제자의 전통적 특권을 국가가 빼앗아가는 것에 대한 잠재적인 불만을 염두에 두었던 대사헌은 숙종에게 상기한 조치를 철회하도록 상소했다. 숙종은 무과급제자들을 한량과 다름없이 대우하면 불만을 느끼게 될 것이므로 다시 이전 예를 따르라고 명하였다.[395] 그러나 1686년에는 비양반층 무과급제자들이 살인이나 강상윤리를 범한 경우에는 의금부가 아닌 형조에서 죄를 심문하도록 명령하였다. 이후 숙종 대인 1692년과 영조 연간이었던 1734년에도 양인이나 천민 출신으로 무과에 급제한 자들이 심각한 범죄를 저지를 경우 형조에서 판결을 받도록 하는 조치를 재확인하였다.[396]

이러한 흐름을 반영하여 1746년에 간행된《속대전》에는 천민 신분으로 무과에 급제한 자들이 저지른 범죄를 처벌하는 규정이 담겨져 있다. 이런 규정을 통해 신분적 배경이 비천한 자들의 무과 응시에 대한 전반적인 문제를 이해할 수 있다.《속대전》의 규정은 양인이나 천민 신분으로 급제한 자들이 남의 무덤을 침범하는 범죄를 저질렀다고 하더라도 증언을 하지 않겠다고 거부하지 않는 이상, 고문을 받지 않고 심문을 받을 수 있도록 규정하고 있다. 만약 증언을 거부하게 된다면 죄인은 형조의 권고하에 더 가혹한 심문을 할 수 있었다. 더욱이《속대전》에서는 양·천 출신의 무과급제자들 중 납속과 군공으로 관직을 얻는 경우 의금부가 아닌 형조에서 심문을 받도록 규정하고 있다.[397] 무과에 급제한 자들을 규정하는 상대적인 법규정과 동시에, 이러한 규정들이 무과의 완결성을 지키는 데에 실패했던 것을 살펴보면서, 다음에서는 실제 과거에서 비양반층 응시자들이 어떤 대우를 받았는가를 살펴보도록 하겠다.

《무과방목》을 통해 살펴본 비양반층 과거 응시의 실제

《무과방목》을 조사한 정해은의 연구에 따르면, 17~18세기에 무과에서 비양반층이 다수 급제한 것으로 나타난다. 그 후 비양반층이 방목에서 사라진 것은 실제 과거에 응시하는 숫자가 감소했기 때문이 아니라 이전에는 진짜 양반들에게만 주어졌던 지위를 비양반층이 얻는 데 성공했기 때문이다. 이는 정부의 용인하에 이루어지기도 했지만, 많은 경우 관리에게 뇌물을 줌으로써 이루어졌다. 또한 많은 《무과방목》 등재자들이 공식적으로는 양반으로 분류되었지만 양반임을 확인할 수 있는 근거인 각 가문의 족보에는 빠져 있어 결국 방목에 기록된 이들이 실제 양반인지 여부를 알 수 없었다. 사실 《무과방목》에 나타난 자들은 문과와 비교하여 가문 배경이 훨씬 다양함을 확인할 수 있다. 앞으로 살펴보겠지만 조선 후기에 양인이나 천민이 다른 시험보다 무과에서 더 많은 합격자를 내고 있던 사실을 《무과방목》을 통해 확인할 수 있다.[398]

당시의 실태를 명확하게 파악하기 위해 과거응시자의 직역은 무시할 수 없는 요소인데, 직역에 상응하는 실제 사회적 구성이 시간이 지남에 따라 변할 수 있다는 사실, 그리고 이전에는 양반에게만 허용되었던 직역이 점차 직역명 자체로는 양반임을 대변하지 못하게 되는 사실을 고려해야 한다. 그럼에도 어떤 직역은 자체로 비양반계층임을 나타내기도 하는데, 허통許通된 서얼, 서리, 공생貢生, 면향免鄕, 역리, 기병騎兵, 궁인弓人, 속오束五 등이 그것이다. 조선 후기 무과급제자 중 비양반 출신 급제자의 비중은 얼마나 될까. 필자가 가지고 있는 조선 후기 무과급제자를 분석한 데이터베이스에는 급제자 직역의 대부분이 양반에 해당하는 직역으로 편향되어 있다. 필자는 지방 읍지와 《무보》를 통해 무과급제자를 분석했는데 이 자료에서는 가능하면 실제 직역과 관계없이 대부분 급제자를 양반으로 편향되게 기록했기 때문이다. 이러한 한계를 극복하기 위해 본고에서는 실제 《무과방목》과 《무과총요武科總要》에 수록된 급제자만을 분석 대상으로 삼았다. 시기는 1608년부터 1894년까지로 그 수는 총 2만 2,565명이다. 이를 분석해보면 그중 8퍼센트인 총 1,864명의 급제자가 양반이 아니었는데,

여기에는 서얼, 1696년 이후 보인으로 기록된 자, 본인 대나 부친 대에 관직을 산 급제자가 포함되어 있다. 1608년부터 1864년까지 무과급제자 중 비양반층의 비중은 3.3~16.4퍼센트였다. 단, 고종 대의 급제자 데이터는 매우 적기 때문에 제외하였다.[399]

이 수치를 통해 일정 정도의 비양반층이 조선 후기 무과에 지속적으로 응시하고 있었으며, 비양반임이 확실한 무과급제자가 존재했다는 것을 확인할 수 있다. 여타의 다른 직역으로 기록된 급제자 중에도 다수의 비양반층이 존재하고 있는데, 본래 양반들만 사용하던 직역을 점차 비양반층도 사용하게 되었기 때문이다. 예를 들면, 부친의 직역이 명확하게 양인良人이라고 기록되어 있는 102명 중 71명의 직역이 군직군軍職群이나 군관으로 확인되고 있는데 이러한 사실을 통해 무과 관련 급제자 5,528명 가운데 상당부분이 조선 후기부터는 비양반층이었다는 수치로 명확하게 확인할 수 있다.[400]

무과급제자들 중 관직이나 관품이 없고 다른 직역이 없는 한량의 비중은 급속도로 증가했지만, 반면에 실제 관품과 관직을 가지고 있는 자의 수는 고정되어 있었다. 한량의 비중은 17세기 전반 0.6퍼센트에서 19세기 후반에는 64.4퍼센트에 이를 정도로 증가했는데, 무과 급제 이전에 관직이 있는 전력자의 경우 25~33.5퍼센트 사이에서 변동을 보였다.[401]

정해은과 필자는 한량이 조선 후기 무과에 급제하는 숫자가 급격하게 증가하는 현상을 어떻게 해석할 것인가에 대해서 의견을 달리하고 있다. 정해은은 그들이 당대 사회적 현실보다 앞으로 그들이 어떻게 될 것인가를 강조하는 면에서 방목을 포함한 다양한 문서에 기록되어 있는 한량이 실제로는 중인과 양인 그리고 이전에는 유학幼學으로 등재되었던 직역층에 포함되었을 가능성은 필자와 달리 낮게 평가하고 있다.

잘 알려져 있듯이 조선 후기에 만들어진 호적에는 직역이 '유학'으로 표시된 자들이 많이 증가하고 있는데, 예를 들면 피지배층들 가운데 부유한 사람들이 호적대장을 기록하는 색리에게 뇌물을 바치는 방식을 통해서 가능한 일이었다.[402] 정해은은 이 문제에 대해서 명확하게 언급하지 않았지만, 정해은이 조선 후기 무과급제자 중 한량이 급증하는 원인에 대해 밝힌 연구에 대해 필자는 부분적으로 본래 양반이 아니었던 자들이 한량을 법적으로 혹은 거짓으로 요구했기 때문에 일어난 현상으로 보고 있다.

정해은이 서술하였듯이 《속대전》에서는 다른 무과급제자처럼 한량들도 선전관천宣傳官薦, 부장천部將薦, 수문천守門薦에 의망擬望될 수 있다는 규정을 볼 수 있다. 그래서 한량들은 빠른 신분상승을 위해 무과에 응시하지 않을 이유가 없었다.[403]

조선 후기에 한량이라는 직역은 다양한 사회요소를 포괄하는 것이었다. 우선 정부에서는 무과를 준비하는 유학을 한량으로 규정했다.[404] 유학이라는 직역은 18~19세기에 비양반층들이 호적에 유학을 모칭하기 시작하면서 가치가 떨어지기 시작했다. 또한 무과에 응시하는 관직이나 관품을 가진 평민이나 중인들도 한량의 범주에 포함되었다. 예를 들면 1881년 1월 수도를 방어하던 무위소武衛所에 근무하던 필자의 증조부인 별무사別武士 박태식朴泰植(1855~1933)—장인匠人과 혼인관계가 있던 서울의 중인 하급 무관—도 직역이 한량으로 기록되어 있다.[405]

적지 않은 사람들이 무과에 응시하면서 거짓으로 한량을 모칭하는 이들이 생겨났다. 1866년 조정에서는 한 해 전에 발간된 《대전회통》을 적용시켜 사노私奴 신분으로 한량을 모칭하여 무과에 응시한 자를 수군으로 충정하였다.[406] 조정에서는 한 사람이 발각되자 이에 대한 처벌을 내놓았는데, 실제 어느 정도의 규모로 이러한 모칭이 이뤄지고, 모칭으로 얼마나 많은 사람들이 특권을 향유하고 있었는지는 알 수 없다. 한량 이외에도 서울에 있는 오군영에 소속된 군직과 황해도, 평안도의 특수군 중에서도 무과급제자 중에 모칭하는 자들이 증가하고 있었다. 정해은이《무과방목》에 기록된 1만 6,575명의 급제자를 분석한 내용에 따르면, 무과급제자 가운데 문관품계를 받은 이들을 제외하면 5,528명 가운데 3분의 1에 해당하는 이들의 직역이 군직군이었다. 그리고 5,528명의 3분의 2에 해당하는 인물이 하위 군관직이었다. 필자의 추정에 따르면 2만 2,565명 가운데 1,846명(8퍼센트)이 비양반층에 해당한다.[407]

군영에 소속된 무관과 군졸들은 무예를 시험하는 권무과權武科에 참여하고 있었다. 그들은 무과에 급제를 하거나 무기를 활용하는 시험을 통해 높은 점수를 얻게 되면, 차례로 다음 직부전시에 나갈 수 있는 특권을 얻었다. 또한 서울에 거주하는 자들은 식년마다 실시되는 무과에 합격할 가능성이 높았고, 반면 평안도나 황해도의 거주자들은 별시나 특별시에서 많은 급제자를 내고 있었다.[408]

군직군 가운데 신분이 미천하더라도 전시에 전공을 세운 자들은 무과에서 쉽게 합격할 수 있었다. 1637년 남한산성에서 실시된 산성정시山城庭試가 대표적인 예인데, 정해은의 연구에 따르면 당시 산정정시를 통해 5,506명을 선발했는데 그 가운데 최대 85퍼센트가 상기한 경우라고 볼 수 있다. 조청전쟁으로 곤란에 빠진 정부는 남한산성에 갇혀 있던 그해 초에 노비를 면천시켜서 군사로 징발하였고, 이후 면천시킨 노비의 대다수를 각 군문에 배속시켰다.[409]

족보를 조사해보면 1637년 당시 산성정시에 합격한 사람들이 대부분 미천한 신분 출신이었던 사실을 확인할 수 있다. 1637년에 실시된 무과급제자를 기록한《무과방목》에 따르면 김해김씨와 밀양박씨가 합격자를 배출하기도 했다. 당시 총 합격자 수 5,506명 가운데 김해김씨와 밀양박씨는 각각 356명(6.5퍼센트)과 266명(4.8퍼센트)을 기록하고 있다.[410] 물론 상기한 숫자가 17세기 김유신(595~673)이나 경명왕景明王(박승영朴昇英, 재위기간:

917~923)의 후손들이 무과급제자의 10분의 1을 차지하고 있었다는 것을 뜻하지는 않는다.[411] 조선 후기와 마찬가지로 오늘날까지 대규모 친족집단을 형성하고 있는 김해김씨와 밀양박씨 같은 성관은 조선 후기까지 정체성이 부족했던 사람들이 그들의 성관으로 채택함으로써 마치 우산 형상과 같은 후계집단을 갖게 되었다.[412]

그래서 《무과방목》이나 다른 방목에 들어가기를 요구했던 밀양박씨의 경우 절반 정도는 족보를 통해 추적할 수 있지만, 반면에 다른 방목을 통해서는 밀양박씨를 추적할 수 없다. 전자의 전형적인 예로 1651년 실시된 별시에서 1,236명이 급제했는데, 46명의 밀양박씨 가운데 14명을 추적할 수 있었다. 두 번째 경우를 보여주는 사례는 1637년과 1784년에 있었던 정시를 들 수 있다. 현존하는 두 시험의 방목을 통해 각각 5,506명의 급제자 가운데 260명과, 2,692명의 합격자 가운데 139명이 밀양박씨였다는 사실을 확인할 수 있다. 그러나 필자는 그 내역을 현존하는 밀양박씨 족보에서 단 한 명도 추적할 수 없었다.[413] 즉, 족보에 기록된 그들의 조상은 사실상 의미가 없는 것이었다.

1637년에 작성된 방목은 보통 한 글자나 두 글자의 한자로 시작하는 성인 남자들의 이름을 궁금해하는 사람들에게 보고寶庫나 다름없다. 방목에 등장하는 급제자의 이름에 성은 비록 밀양박씨라고 적혀 있더라도 이름은 양반들이 주로 좋은 의미의 글자를 사용하는 것과는 다른 글자를 사용하고 있다. 이중 몇몇은 '개똥', '말똥', '두꺼비', '검둥' 같이 현대 한국인들도 그 뜻을 명확하게 알 수 있는 것도 있다. 그리고 양반가에서는 절대 사용하지 않았을 글자를 사용해서 조합한 이름도 있었다. 예를 들면 '악인惡仁', '악한惡漢' 같은 이름인데, 이는 당시 문맹자들을 대신해서 이름을 적었던 서리가 한자의 뜻을 고려하지 않고 우리말 발음에 가장 유사한 한자의 음을 따서 이름을 적는 현상이 만연했음을 보여주기도 한다.

예를 들면 밀양박씨와 같이 규모가 크고 성관이 같은 후계집단뿐만 아니라 성관이 불분명한 다른 후계집단도 1637년《산성정시방목》에 모두 기록되어 있지만, 후자의 경우 오늘날까지 확인할 수 있는 본관과 성은 거의 없다. 3장의 김해 남평조씨 가계의 운명에 대한 서술에서 밝혀졌듯이, 양반 여부와 관계없이 잘 알려져 있지 않은 후계집단은 그들이 직계후손을 잇는 데 실패해서라기보다는 후손들의 입양이 흔해졌기 때문이다.

이러한 모든 근거들을 기반으로 하여 궁극적으로는 '얼마나 많은 피지배층들이 조선 후기 무과에 급제했는가'라는 질문을 제기할 수 있다. 이에 대해서 필자나 정해은은 둘 다 정확한 숫자의 분포를 제시하지 못했지만 상당수 무과급제자가 진짜 양반이 아니었다는 사실에는 동의하고 있다. 앞에서 3.3~16.4퍼센트로 추정한 수치는 명백히 양반이 아닌 사람들의 비율이었고 양반이 아닐 것으로 추정되는 무과급제자는 이보다 더 많았다.[414] 사실 1637년 산성정시에서 85퍼센트의 급제자가 면천된 노비였던 것은 극단적인 경우라고 할 수 있는데 다른 대규모 무과의 경우, 특히 18세기의 무과에서는 무과급제 이전에 왕을 시위하는 전력이 있는 자들만 급제시키는 경우도 있었다.

피지배층과 조선 후기 사회변동

조선 후기 무과급제자는 다양한 사회계층에서 나오고 있었는데 이러한 현상은 무과의 시스템상 이전에는 없던 모습이었다. 무과는 국가를 위해 인원을 충원하는 기능을 지속하고 있었고, 특히 중앙관직에 무반들을 선발하면서 무관직의 위신은 계속 유지되었다. 무과에 급제한 피지배층은 그들의 사회적 지위가 상승했는데 이러한 내용은 최근의 향촌사 연구에서 밝혀졌다. 향촌사 연구에서는 조선 후기 사회에서 특히 부를 축적한 피지배층이 향촌의 행정에서 어떻게 주도권을 확보했으며, 문화적 경쟁력을 얻고 있었는지 보여주고 있다. 이러한 피지배층들은 지속적으로 높은 사회적 지위를 획득하고 권위를 확장하려고 했지만 지위상승에 대한 자유로운 기회를 누리고 있지는 못했다.

한편, 피지배층이 이전에는 양반을 뜻했던 직역을 사용하면서 신분상승을 꾀한 결과, 무학武學이나 업무業武와 같은 직역의 가치가 점차 하락하고 있었다. 본래 호적에 무학으로 기록되어 있는 호주는 향촌에서 양반으로 기록되었는데, 각 도에 설치한 무의 교육기관인 무학의 교생으로 부세와 군역에서 면제되었다. 17세기 초반 무학은 무과에서 강경에 떨어진 자들이 포함되었고, 17세기 후반에 무학은 양반과 양인 사이에 구별되는 사회계층을 형성했다. 18세기에 들어서면서 무학은 《무학지안武學之案》에 등록되어 군역과 부세를 면제받으려 허위로 무학 직역을 요구하는 자들까지 포함하게 되었다.[415] 그동안 양반으로 무과를 준비하고 군역과 부세 의무에서 면제된 이들을 '업무業武'라고 보았는데, 17세기 후반의 '업무'는 서얼을 제외하고 여전히 이전과 같은 특권과 신분을 유지했다. 그리고 18세기에는 업무와 업유 등을 호적에 유학幼學이라고 기록하는 경향이 나타났다.[416]

조선 후기 새로 나타난 세력이 사회적 지위를 상승시키는 결정적인 요인은 경제적 측면에 있었다. 지방 수령들이 중앙정부에 보고한 소위 '민은소民隱疏'에 따르면 18세기 후반 부세제도는 당시의 현실을 반영하지 못하고 부정이 만연하였다고 하였다. 대동법과 균역법같이 부세제도를 개혁했음에도 불구하고 불공평하고 부당한 조세제도는 백성들의 생계를 위협했고 그들로 하여금 의무로부터 벗어나기 위해 갖가지 방법을 찾을 수밖에 없도록 내몰았다. 가장 흔한 방법은 직역이 양반으로 구분된 사람이 법적으로 위의 의무에서 면제되는 상황을 이용하는 방법이었다. 이러한 방법으로 많은 사람들이 향리들에게 뇌물을 주거나 잘못된 정보로 보고함으로써 면역 혜택을 받는 직역을 요구하고 있었다. 물론 이러한 방법은 주로 경제적인 수단을 이용할 수 있는 새로 등장한 계층이 활용하였다.[417]

만약 모칭하려는 직역이 이전에 양반들이 사용하였던 직역으로 피지배층들이 부세를 면제받을 수 있고 그런 이유로 더 큰 경제적인 보장을 받았다면, 그들은 더 높은 사회적 지위도 획득했을까? 지금까지 많은 사례연구들이 이러한 문제와 관련된 사항들을 살펴봤다. 특히 경상도에 있는 단성 지역은 호적이 남아 있어 위와 같은 사례연구를 가능하게 했다. 김준형의 최근 연구에 따르면, 19세기까지 단성의 양반들이 그들의 지위를 유지하고 있었지만, 단성의 피지배층들은 더 높은 사회적 지위를 획득하기 위해 상당한 노력을 기울였다고 보고 있다. 면천된 경우를 포함하여 일부 피지배층들은 자신의 대에 높은 신분을 획득하기도 했지만, 반면에 다른 이들은 몇 세대에 걸쳐서 노력하기도 했다. 경제적인 수단을 가지고 있는 피지배층은 양반들이 장악한 향촌기구와 밀접한 관련이 있는 계契에 참여하기 시작했다. 19세기 중반까지 신흥세력들은 더 많은 노비를 얻고, 관직을 사며, 유학으로 칭할 수 있도록 요구하기도 했다. 구 귀족들이 대체적으로 영향력 있는 새로운 세력을 받아들이길 거부했지만 간혹 두 세력 간의 사회문화적 교류가 나타나기도 했다. 특히 양반이 적거나 혹은 경제적으로 안정되지 못한 향촌의 경우 이러한 교류가 나타나고 있었다. 신흥계층들이 향임을 맡기도 했고, 적은 숫자지만 서원에서 직임을 맡기도 했는데 이것은 이전에 향촌에 거주하는 양반들의 전유물이었다.[418]

단성지방의 사회적 유동성은 세습적으로 신분을 지키며 배타적으로 이익을 유지하고 매우 긴밀한 사회적 관계를 유지하고 있던 향리들에게도 영향을 미쳤다. 17세기 후반 일부 양인과 몰락한 양반들은 지방행정을 담당하기도 했는데, 이에 관심이 있는 무리들이 여러 지위와 관련된 경제적 이득을 계산했고, 고을의 수령들이 향리의 빈자리를 채울 때에 뇌물을 받으면서 경쟁이 격화되기도 했다. 19세기에 귀족들의 향청 지배가 약화되었고 수령이 향임을 일방적으로 임명하면서, 수령과 향리들이 백성과 지역의 자원resources들을 착취하는 문제는 예전보다 더욱 악화되었다.[419] 향리에 대한 인사권이 전적으로 수령에게 있었던 만큼 세습적인 향리가문들도 새로운 변화를 받아들일 수밖에 없었다. 반면 이들은 자신들을 새로 등장한 세력과 사회·문화적으로 구분하는 방식을 찾고 있었다.[420]

그럼에도 새로운 사회요소들social elements은 향촌에서의 정치적 권력뿐만 아니라 더 큰 문화자본cultural capital마저도 획득해나가고 있었다. 예를 들면 19세기 원주에서 새로운 가문이 생원·진사시에서 입격자를 배출하고 있었는데, 원주는 조선시대 동안 생원·진사시 입격자를 네 번째로 많이 배출해낸 곳이었다. 이러한 상황은 19세기 이전까지 원주에서는 소수의 지방 양반가문만이 존재했다는 사실을 보여준다. 원주의 사마시 입격자를 배출한 86개 성관 가운데 17개의 성관이 각각 최소 10명의 입격자를 배출했는데 이들은 원주의 전체 입격자 가운데 72.8퍼센트를 차지했다. 그러나 고종 대에는 원주에서 처음으로 사마시 입격자를 배출한 성관이 14개나 되었다.[421]

시험에 합격할 만큼 충분한 문화적 자본을 가진 신흥세력은 어디에 뿌리를 두고 있는 것일까. 조선 후기 방목을 통해 그들의 등장을 여러 가지 유형으로 구별할 수 있는데 이들은 대부분 무과에 전념하고 있었다. 무엇보다도 다수 합격자들은 양반에서 '떨어져 나온' 후손들이었다. 일반적으로 양반인 부친과 양반이 아닌 모친 사이의 자식은 모친의 신분을 따르게 되어 있었고, 이들은 또한 동등한 신분이거나 더 낮은 신분과 혼인할 수 있었다. 사실 양반 아버지와 노비 어머니 사이에 태어난 자식은 본래 노비였다. 서얼 혹은 적자嫡子와 관계없이 이들은 동일한 성관을 갖고 있었지만 양반인 부친의 가계에 설 수는 없었다. 그리 놀랄 일은 아니지만 조선 후기 족보는 몇 세대 이후에는 서얼에 대한 가계를 확인할 수 없게 되었다.[422]

두 번째로 규모가 큰 본관씨족은 다양한 구성원들로 이뤄져 있는데 사실상, 그리고 추정하기로도 다양한 사회적 신분으로 구성되어 있다. 역사적으로 고려 초기 향리집단에 연원을 둔 소수의 가계만이 양반계급으로 진출한 바 있다. 양반이라는 호칭은 조선 개국 이전에 중앙관직에 오른 사람들에게만 가능했는데, 조선 개국 이전에 중앙관직자가 되지 못한 이들은 본질적으로 얻을 수 없는 호칭이었다. 따라서 원래 지방 향리의 지위를 찾거나 혹은 유력가문과 관련성을 증명하지 못하고 중앙 관계에 발을 들여놓지 못한 대다수는 양반이 될 수 없었다.[423]

세 번째로 여러 세대에 걸쳐 신분을 상승시킨 비양반층 가문들은 명문가의 후손이라는 간판이 필요했다. 처음에는 널리 알려진 성을 자신의 성으로 채택했고 거주하던 지역명을 본관으로 조합했다. 그리고 한두 세대가 지난 이후에 잘 알려진 본관을 성과 함께 다시 조합해서 사용했다. 호적을 다룬 많은 연구 성과들에서 조선 후기 지배층 가운데 이러한 현상이 빈번히 발생한 것으로 확인할 수 있다.[424] 신분을 상승시킨 많은 후손들의 경우, 자신들의 이름과 직역뿐 아니라 19세기 중반까지 단성호적에 양반이 아닌 것으로 나타나는 선조들까지 바꾸었는데, 단성호적에 기록된 비양반층의 숫자는 동일한 후손의 선조들 숫자보다 적었다. 대개 직역을 변동시킨 후손들은 족보상 선조들과 연결되지 않았다. 현대 족보에서 상기한 후손들의 경우 거의 변함없이 바꾼 이름을 사용하였다.[425]

전체적으로 볼 때에 양반이 아닌 피지배층은 호적과 방목 등의 조선 후기 자료에서 구분할 수 있다. 그리고 그들이 급제한 과종科種과 등수, 관직과 그들의 지위에 대한 가치하락은 전체적으로 의심의 여지가 없다. 조선 후기 자유로워진 경제는 어떤 면에서는 크지는 않지만 피지배층이 상기한 양반이 되기 위해 필요한 공명첩과 같은 증서를 구입하거나 양반이 되기 위해 필요한 과거를 준비할 수 있는 경제적 기반을 마련하는 데 도움을 주었다. 따라서 중앙의 정치관료들은 점점 더 소수만으로 정의되었기 때문에 서울 이외의 정치 사회 문화적 역동성의 복합성을 향촌 차원에서 연구할 필요성이 있다.

사회적 성공으로 이끄는 무과의 한계

조선 후기 무과급제자의 대다수는 양반뿐만 아니라 주변부의 지배층들로 구성되어 있다. 합격자들이나 그의 부친 가운데 대다수는 양반에 해당하는 직역이거나 적어도 자신의 본래 신분을 가릴 다른 방법을 쓰거나 방목을 작성하는 서리에게 손을 쓸 정도의 여력이 있는 가문이었다. 무과에 급제하는 것은 문화자본을 필요로 했기 때문에 피지배층이 신분상승을 꾀하더라도 어려움을 겪을 수밖에 없었다. 급제자들 가운데 주요한 관직에 나가는 이들은 명문가 자손들 사이에서 선발했고, 문화적으로 지배층과 피지배층 사이 격차가 더욱 벌어졌다. 양란이 끝난 후 비교적 평화가 찾아온 당시에 전공戰功을 세울 만한 기회가 적어지면서 문화적 배경이 부족한 피지배층이 높은 신분을 획득하는 것은 더 어려워졌다.

　무과급제자들의 사회적 변동을 확인할 수 있는 자료 가운데 현존하는 《무과방목》은 급제자들의 직역과 관직을 알 수 있는 중요한 자료이다. 조선에서 무과에 급제한 내역은 개인의 사회적 신분에 대해 국가가 공인한 것으로 위조가 가능한 족보와는 다른 것이다. 교서관校書館에서 방목을 필요한 부수만큼 작성하였고, 병조가 방목을 최종적으로 보관했다. 급제자들은 관에서 작성한 방목 외에도 사적으로 옮겨 적은 방목을 자신의 영예를 후손에 알리기 위해 또는 후손들이 선조의 업적을 기리기 위해 별도로 만들었다. 개인이 방목을 간행할 때에는 방중색장榜中色掌이 관련되어 있었는데, 방중색장은 과거 응시에 필요한 사조단자四祖單子를 거두어 방목의 기초 내용을 수집하는 역할을 담당했기 때문이다. 관에서 만들거나 혹은 사적으로 만들더라도 개인이 왕과 관리 그리고 다른 급제자들이 있는 가운데 위조를 하는 것은 쉽지 않았다.[426]

무과에 내재된 사회적 변동의 한계를 이해하기 위해서 우리는 먼저 1637년 산정정시의 방목에 반영된 변형된 모습을 살펴볼 필요가 있다. 정해은은 1637년 정시에서 급제한 면천자들에 대한 분석에서 무과가 신분상승과 어떤 관계에 있는지 규명하려고 했다. 무과에 급제한 군직군으로 기록된 면천인들이 이전의 하층민들과 다른 이유는 그들이 무과에 급제한 것보다 면천된 사실이 이들의 사회적 지위상승에 더 큰 영향을 미쳤기 때문이다. 1628년 산성정시에서 공사노비의 무과 응시가 금지되었던 것을 통해 하층민은 무과 응시가 금지되었다는 점과 동시에 불법적인 응시가 널리 퍼져 있던 사실을 동시에 확인할 수 있다. 이전의 법적인 조치에 따르자면, 1637년 정시에 합격한 면천인들은 더 이상 천민이 아니었다. 사실 보충대補充隊에 대한 규정을 완성할 때에 정시에 합격한 무과급제자들은 양역을 국가에 지고 있었으므로, 사회적으로나 법적으로 천역賤役에서부터 양역까지 완전하게 벗어날 수 있었다. 이전에 노비였던 이들은 무과급제가 아니었다면 소유주로부터 차별이나 심지어 학대를 당할 수도 있었지만 무과급제를 통해 결국 후손들은 높은 사회신분을 획득할 수 있는 길이 열리게 되었다.[427]

양인신분을 요구했던 하층민은 신분에 대한 확증이 불확실해지자 자신들의 무과급제 내역을 강조하였다. 1786년에 일어난 사건 기록에 따르면, 무과에 급제한 최창록崔昌祿은 돈화문敦化門에 난입하여 원정原情을 올리고 있다. 최창록의 원정에 따르면 최창록의 할아버지가 관사를 축조하는 일에 응역應役하게 되었는데 본래 그의 증조모는 역노驛奴의 양녀였지만 본래 양인이기 때문에 응역할 필요가 없었다고 하였다. 이에 최창록도 새로 향교를 짓는 일에서 면역되어야 함을 주장하였다. 이후 그가 무과에 급제했을 때 그는 그를 포함하여 3대의 이름을 역안驛案에서 삭제해야 한다고 요구했다.[428]

백성들은 무과급제를 통해 신분상승을 할 수 있을 것이라고 생각했지만 무과급제 자체만으로 관직을 얻거나 하물며 정치적인 권력을 보장받지는 못했다.[429] 예를 들면, 선전관으로 진출하곤 했던 중앙의 무관가문은 점차 서울에서 관직을 얻는 것이 어렵게 되었다. 다수의 급제자들이 급제 자체에 만족하지 못한다면, 군직으로 많게는 수십 년을 복무했다. 예를 들면, 1787년(정조 11)에 충의위忠義衛에 소속된 조운수曹雲秀가 상언한 내용에 그의 할아버지는 이미 오래전에 무과에 급제했음에도 불구하고 아직도 훈국訓局의 취고수吹鼓手로 복무하고 있다고 하였다.[430] 다른 관서를 통해 왕에게 보고되었던 상언에서 볼 수 있듯이 무과급제자들은 서울에서 장기간 형성된 인맥과 청원 등을 통해 그들의 관직을 확고히 하려고 노력했다.[431]

많지는 않지만 적어도 어느 정도의 피지배층 출신 무과급제자들은 신분적인 제약을 완전히 떨쳐버리지는 못했지만 관직을 얻을 수 있는 보다 중요한 기회가 있었다. 대표적인 예로 박충망朴忠望(1630~?)을 들 수 있다. 박충망은 본래 노비로 양반가에 속해 있었는데, 이후 속신贖身하여 양인이 되면서 무과에 응시할 수 있게 되었다. 1651년에 무과에서 1,236명 가운데 한 명으로 합격하면서 방목에는 박충망을 한량으로, 그의 부친을 정3품 관직자로 기록하고 있다. 얼마 되지 않는 그의 관직 기록을 토대로 박충망은 1672년에 종4품 만호萬戶로 관직을 마감했던 사실을 확인할 수 있고, 1681년에 예빈시의 정6품직을 제수받고 있다. 비록 예빈시의 별제別提는 만호의 품계보다 하위직이었지만, 박충망이 서울에 중간급의 관리로 자리 잡은 것으로 볼 때 이것은 승격된 것으로 봐야 할 것이다. 그러나 사헌부에서는 같은 해에 그의 형제가 아직 천역에 종사하고 있다는 점을 들어 그를 책망하였고 왕은 그와 비슷한 상황의 다른 관원과 함께 신분에 관한 문제를 주된 이유로 거론하며 박충망을 면직시키고 있다.[432] 박충망의 경우에서 살필 수 있듯이 미천한 신분 출신의 무과급제자들은 양반귀족이 장악하고 있는 중앙정계에서 한계를 분명하게 나타내고 있었다.

양반들은 이와 같은 새로운 세력을 생활방식 등을 구실로 양반으로 인정하지 않았다. 예를 들면 피지배층 출신의 무과급제자 가운데 일부는 그의 부친이나 조부와 동시에 합격한 경우도 있다. 이러한 결과에 대해 조정 관료들은 비판적인 시각으로 논의하고 있었다. 1717년 9월 부자가 온양 별시에서 함께, 특히 아버지보다 아들이 훨씬 좋은 성적으로 급제하자 조정에서는 도덕적인 관습에 어긋난다고 논쟁을 벌이기도 했다. 이전에도 부자가 같은 과거에 합격할 경우 동시에 방목에 기록되는 것은 허용되지 않았고, 아들의 합격은 다음 과거로 미뤄졌는데 그 이유는 부자가 함께 동방同榜한다는 것은 효에 어긋난다고 간주했기 때문이다. 온양에서 실시한 과거와 같은 경우는 문과에서 새로운 선례를 남기는 것으로, 이후 부자가 동시에 같은 차수의 과거에 급제하는 것이 가능하게 되었다.[433]

지배층들이 부자 사이의 동방에 대해 좋지 않은 시선으로 바라봤던 것은 동시에 과거에 급제한 이들의 경우 특별한 결속이 그들 사이에 있다고 보았기 때문이다. 방목에 동시에 이름이 오르는 이들은 형제와 같은 결속력이 있었고, 개인적인 친밀이 평생 유지될 정도였기 때문이다. 더욱이 과거 급제자의 아들은 부친의 과거급제 '동년同年'들에게 숙부와 같은 경의를 표할 정도였다.[434]

만약 문화라는 관점에서 무과에 합격하기 위해 필요한 기본적인 기예가 양반으로 대우받기 위해 필요한 필수적인 기준에 미치지 못한다고 본다면 부르디외가 사용한 '상징적 의사표현symbolic manifestation'이라는 개념은 이를 해석하는 매우 유익한 관점을 제공해주고 있다. 지배층들은 자신들과 자신들을 제외한 나머지 사회의 차이를 유지하려고 하는 합리적인 이유가 있는데, 부르디외는 유럽의 전산업화 사회와 산업화 사회의 여러 집단으로부터 이러한 경향을 분석하고 있다. 부르디외는 교육받은 정도와 그리고 신분에 따라 습득할 수 있는 능력 그리고 능력을 발휘하는 방식에도 차이가 나타날 수 있다고 보고 있다. 이런 능력이 발휘되는 방식은 '상징적 의사표현'이라고 볼 수 있는데, 마지막에 이것의 의미와 가치는 능력을 갖춘 당사자와 그 능력을 소비하는 당사자가 결정하게 되는 것이다.[435]

이러한 공식은 우리에게 조선 후기 무과를 통한 사회변동을 추정할 수 있도록 알려주고 있다. 국가가 요구하는 문화적인 능력을 보여준다면 양반과 평민은 신분과 관계없이《무과방목》에 기록되었다. 그럼에도 불구하고 신분을 획득하는 방식의 차이나 과정에서 나타나는 방식은 특히 양반들에게는 다르게 적용되었다. 무과가 귀족들이 평가하는 문화적인 능력cultural competence과 귀족국가aristoscracy state에서 평가하는 전문적인 능력professional competence을 상징화하고 있더라도 문화적인 능력은 선천적으로 타고난 신분에 따라 더 큰 영향을 받고 있었다. 이런 방식으로 국가는 피지배층이 사회계층에 대해 도전하지 않도록 하면서 흔쾌히 신분에 대한 성취를 인정해주고 있다.

피지배층의 열망

무과에 급제하는 것은 제한적이지만 피지배층 출신의 무과급제자들에게 신분을 향상시킬 수 있는 기회였다. 이에 지배층들은 피지배층의 열망과 구별되는 다른 길을 모색하고 있었다. 그럼에도 불구하고 신분상승을 꾀하는 자들이 획득했던 무관직이나 관품이 의미가 없는 것은 아니었다. 미천한 가문 출신으로 결국 무과에 급제했던 자가 양반의 일원으로 받아들여질 기회는 없었지만 무과급제를 통해 무관이 될 수 있기 때문에 양반이 아닌 자들에게 무과는 여러 가지 이유로 매력적이었다.

무엇보다도 피지배층들의 신분상승에 대한 열망은 조선 후기에 더욱 강화되었는데, 평민들 사이에 성리학적 가치와 이상이 부분적으로 확대되었기 때문이다. 한국의 전통, 학문에 대한 유교적인 이상, 도덕, 예식ritual에 기반한 강력한 계급의식은 상위계층의 특징으로 들 수 있다. 따라서 우리가 살펴보았듯이 더욱더 많은 피지배층들이 관품이나 관직을 얻는 방법을 찾았고 양반의 후계라고 자처했으며 족보를 위조해 그들이 학자관료로 교육받았으며 제사를 지내고 있는 후손임을 보여주려고 했다. 그러나 어느 누구도 진짜 귀족의 반열에 오르지 못했음에도 불구하고, 문화가 양반을 만든다는 믿음은 사람들을 어느 정도 사회적 지위를 얻게 해주고 성리학적 기준에 따라 정체성을 부여해주기도 했다. 이러한 조선 후기의 관행은 성리학적 가르침인 군자라는 개념 안에서 신분과 도덕적 개념에 기반한 '군자'라는 개념으로 재정의되었다.[436]

문화자본을 포함하는 세 가지 상태에 대한 부르디외의 개념을 통해 조선 후기의 발전을 형상화할 수 있을 것이다.[437] 조선시대 무과에 응시하는 자들은 사회적 신분과 관계없이 강경부터 활쏘기와 말타기, 창검술과 그밖에 다른 무술을 시연할 정도의 수준이 체화될 때까지 연습해야만 했다. 신분상승을 바라던 하층민들이 객관화된 상태objectified state의 문화자본을 갖추기 위해서는 개인적으로 전문지식을 학습하는 것이 필요했다. 무과에 지원하는 이들이 다양한 무술기능을 갖추는 것은 실질적으로 문화자본이 체화된 상태를 보여주는 것이다. 문화자본이 무과응시자에게 체화되고 제도화된 상태가 된다면 이들은 무과에 급제하는 것만으로 제도화된 상태의 문화자본을 얻을 수 있다는 희망을 품을 수 있었다. 결국 무과에 급제하는 것은 무과급제자가 국가로부터 문화적인 배경을 인정받는 것과 동시에 자신의 사회적 신분도 상승시키는 결과를 가져다주고 있다.

부르디외의 문화자본에 대한 개념은 문과나 사마시보다는 조선 후기 무과에 더 잘 적용할 수 있을 것으로 보인다. 그 이유 가운데 한 가지는 조선시대에 문과와 사마시를 치르는 모집단은 상대적으로 적고, 실질적으로 학식이 높은 사대부만이 10여 년의 노력을 과거 준비에 투자할 수 있었기 때문이다. 더욱이 3장에서 살펴봤듯이 문과나 생원·진사시에 통과한 것은 아직도 양반의 주요한 지표였음에도 불구하고, 조선시대의 양반들은 과거에 합격하거나 관직이나 관품을 갖지 않더라도 귀속성ascription에 기반한 귀족적 사회신분을 유지할 수 있었다. 이러한 기반에서 다양한 계층이 응시했던 조선 후기의 무과는 대부분의 백성들에게 신분을 상승시키기 위한 보다 현실적인 방법이었다. 확실히 문화자본을 소유하는 것은 조선 후기 양반과 영호남의 귀족들에게는 더욱더 필수적이었다. 그들은 고귀한 태생에 걸맞게 살아야 했기 때문이다. 피지배층 남자들에게 무과급제는 국가에서 인정해주는 신분 표시수단으로 위신을 갖게 되는 것과 같고, 축적된 문화자본을 갖고 있다고 정식으로 확인해주는 것이다.

확인 가능한 근거에 따르면, 무과급제에 필요한 조건이 강화되었지만 19세기 들어 나타난 평민들의 무과 응시는 계속 증가하고 있었다. 1865년 간행된 《대전회통》에 따르면 무과에서 강서講書가 다시 부활되었다.[438] 국가는 정조 사후인 1800년에 보수적인 접근방식을 택하여 강서를 복구했는데, 이를 통해 평민들의 무과 응시를 없애지 못한다면 차라리 줄이려고 했다. 조선 후기 백성들이 어느 정도 문자를 해득하고 있었는지에 대한 통계는 없지만, 평민들은 적어도 당대의 경전에 대해 겉핥기 정도의 지식은 갖게 되었을 것으로 보인다. 그 경전에 대한 이해는 아마도 구두로 혹은 한글로 번역이 되어 있거나 심지어는 한자로 기록되어 있던 것을 지식적으로 알고 있어, 국가는 무과급제에 대한 기준을 상향시켰다.

문맹자를 위한 직업적인 서사꾼들이 있었음에도 불구하고 문자해독률이 높아진 것은 민담 등을 목판으로 인쇄하여 파는 상점이 증가한 것을 통해 간접적으로 알 수 있다. 조선 후기에 백성들 사이에서 특히 인기가 있던 것은 군담소설이었다.[439] 이 문제는 다음에 살펴볼 것인데, 소설의 주인공은 비록 성리학의 기본덕목이 해이해지던 시기임에도 그 덕목을 잘 형상화하고 있으며, 신분을 넘어 다양한 독자들의 관심을 끌고 있었다.[440] 이러한 작품이 유행하는 것은 조선 후기에 성리학 교육의 효용이 증가하고 있던 사실과 성리학을 배움으로써 이를 통해 개인의 열망에 영향을 줄 수 있다고 믿는 당대의 사실을 반영하는 것으로 보인다.

이러한 배움에 대한 열망은 대부분 실용적인 것이었다. 대다수 평민들은 무과에 급제한 이후 권력은 말할 것도 없고 관직을 얻는 것도 기대하지 않았다. 대신 그들은 군포를 면제받았고 국가로부터 다른 부담스러운 역을 면제받을 수 있었다. 또, 구조적인 고려考慮와 별도로 무과급제가 갖는 의미는 무과급제에 따르는 다른 평민들의 존경심 때문이다. 따라서 평민들은 무과에 급제하기를 간절히 바랐다. 미천한 신분으로 과거에 급제하고 어전에서 붉은 색의 증서인 홍패를 받는 것은 감동적인 순간임에 분명했다.[441] 그리고 급제자들은 왕이 직접 전달하지 않더라도 항상 교지를 받았다.

1638년 평안도의 상황을 왕에게 보고한 내역은 양인들에게 홍패가 얼마나 중요한지를 명확하게 설명해준다. 평안도에 파견된 선전관은 평안도에 동원된 대부분의 동료들이 1년 전에 무과에 급제했지만 홍패를 받지 못했다는 호소를 보고하고 있다. 그들은 "우리는 지금 추위를 무릅쓰고 사지死

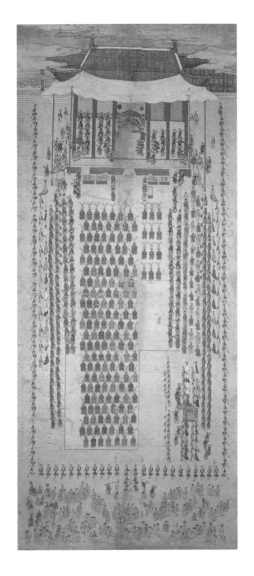

〈그림 5.1〉

1795년 수원 화성에서 문무과급제자 축하연을 그린 그림. 머리에 두 가닥의 꽃을 꽂은 급제자들이 왕을 마주하고 가운데에 줄지어 있다. 빈 의자는 왕의 자리로 왕은 초상화가 아니면 그리지 않는 것으로 왕에 대한 묘사는 금기시되었다. 또 주목할 만한 것은 총을 지니고 연회장을 호위하고 있는 호위병들과 그림의 하단에 있는 구경꾼들의 모습이다. 화성능행도병華城陵行圖屛의 4첩 낙양헌방방도洛南軒放榜圖(삼성리움 미술관 소장).

地로 멀리 가게 되었는데 국가의 일이 망극하여 감히 기피할 수는 없으나 지난해 과거의 홍패를 지금이라도 받을 수 있다면 몸은 비록 가서 죽는다 할지라도 자손들에게 영광이 될 것이니 선전관이 조정에 가서 전해주십시오"라고 하고 있다.[442] 문무과에 대한 민심의 향방은 1725년 당시 실시된 정시를 무효화할 것인지에 대해 승지와 논쟁한 내용을 통해 감지할 수 있다. 논쟁이 정점으로 치닫자 승지는, 국가는 재능 있는 사람을 과거를 통해 채용하기 때문에 백성들은 자신의 삶이 영화롭게 될지 여부는 오직 이에 달린 것으로 인식한다고 지적하고 있다.[443] 사실 많은 불운한 무과급제자들은 홍패를 분급할 때에 홍패를 도난당하기도 했고 이러한 사건은 매우 흔하다고 기록하고 있다.[444]

과거급제자에 대한 명예는 우선 형형색색의 성대한 잔치로 표현되고 있었다. 이는 사람들의 이목을 집중시키고 있었다. 과거급제자들은 임금이 내리는 어사화로 머리를 장식하고 차양을 한 채 거리를 행차했는데 사흘간 광대와 악대도 동행하였다. 드문 경우이기는 하지만 왕이 급제한 사람을 특별히 총애하는 경우 1~2일 정도 행차를 연장하기도 했다.[445]

무과의 위상이 문과에 미치지 못했지만 무과급제자의 행차와 관련된 행사는 그에 맞게 행해졌다. 18세기까지 문무과급제자를 발표한 당일 장원급제한 자가 본인의 집에서 궁궐까지 왕에게 감사 인사를 올리기 위해 사은하는 행사는 관습적으로 지속되었다. 사은한 다음날 그들은 무과에 장원급제한 사람의 집에 모여 사당에 예를 올렸다.[446]

국가는 장원급제자에게 문과와 무과 관계없이 특별한 예우로 대접했다. 합격자를 호명하는 자는 수석급제자를 발설하지는 않았고, 대신 수석으로 급제한 자를 '장원'이라고 불렀다.[447] 백성들이 이 행차를 만날 경우, 손을 잡고 인사하거나 허리를 굽히는 대신 땅에 엎드려 예를 다해야 했다.[448] 특별한 공경을 표하는 사은숙배謝恩肅拜의 예식은 실질적인 이익을 가져다주기도 했다. 조선 후기에 조정에서는 무과에서 장원급제를 한 경우 국경에 배치되는 근무를 면제시켜주었다. 대신 이들은 다른 무과급제자들과 함께 내금위에서 근무하였다.[449]

새로 급제한 이들을 결속시키는 소속감은 평생 지속되었다. 같은 차수의 과거에 급제한 경우 같은 방목에 기록되었다고 해서 '동방同榜' 혹은 '동년 방同年榜'이라고 칭하였다. 이들은 특별한 일이 생길 경우 모이기도 하고 방목을 다시 간행하기도 하고, 급제한 이후 60년이 지났을 때 '회방回榜'이라고 하여 서로 축하하는 모임을 갖는 등의 행사를 통해, 형제와 같은 결속감을 유지했다.[450] 사실 국왕조차도 회방을 맞은 관리들에게 그들의 신분과 관계없이 예를 표했다. 그러나 회방을 맞이한 관리들은 30대에 대부분 관직을 시작했기 때문에 관직을 시작한 이후 60년을 맞이하는 경우는 상당히 드물 수밖에 없었다.[451] 1823년에 순조(재위기간: 1800~1834)가 회방을 맞이한 자들과 접견할 당시, 도승지 이지연李止淵은 '열성조에서 노인을 우대한 은전은 비록 보통 사람常人이라도 본디 베푸는 전례가 있었는데, 이러한 사람들에게는 더욱 표창하고 후하게 대접하여, 나라에서 특별히 진념하는 뜻을 보여야 하겠기에 감히 이렇게 말씀드립니다'라고 하였다.[452] 이러한 전통은 왕조 내내 계속된 과거제보다 오래 지속되었다. 1919년과 1923년에 순종(재위기간: 1907~1910)은 은퇴한 전前 관리들에게 회방을 축하하기 위해 연수금宴需金을 하사하였다.[453] 군주가 무과에 표시한 두터운 신망을 생각할 때에 피지배층들이 무과에 급제하기 위해 투자하는 것은 결코 놀라운 일이 아니었다.

무인의 기풍과 통속문화

지배층 자체는 단일하게 유지되지 못했고 조선 후기 사회는 더욱 계층화
되는 가운데 조선의 사회계층 구조에서 중재역할을 담당했던 것은 문화였
다. 대부분의 사람들이 자신의 신분을 알고 있었지만 특히 중간계층의 경
우 그들의 신분에서 협상할 수단을 전혀 갖지 못했던 것은 아니었다. 강고
하고 카스트와 같이 안정적인 사회시스템은 여전히 문화의 이념적 기능에
의지하고 있었고, 조선 후기에는 이러한 점이 아직 많이 남아 있는 사회였
다. 한글소설, 탈춤 그리고 판소리와 같은 대중문화 장르는 다양한 사회집
단을 결속시킬 뿐만 아니라 피지배층이 그들의 신분상승 욕구를 표현하거
나 귀족들을 거스르지 않고도 그들의 불만을 표현할 수 있도록 해주었다.
조선 후기 무과도 또한 이러한 기능을 담당하고 있었다.

　대중문화는 가장된 공간과 수동적인 저항의 형태로 구성되어 있다. 제임
스 스콧James C. Scott은 '숨겨진 대본hidden transcript'이라는 개념을 사용해
피지배층이 지배층에 대한 적극적인 항거만을 저항이라고 보는 것과 지식
인들만이 대중을 단념resignation이나 쁘띠부르주아의 의식으로부터 끌고
나가야 한다는 주장을 비판하고 있다.[454] 좀 더 치밀한 저항을 생각해보면,
스콧은 지배층과 피지배층 사이의 가시적이고 일상적인 상호작용은 '공공
적인 표기public transcript'로 전개된다고 보았다. 그런데 공공연하게 드러나
는 지배층에 대한 내용은 사료에는 실제와 다르게 편향적으로 표현될 수
밖에 없고, 그 결과 후세 역사가들은 지배층이 피지배층을 지배했다고 단
언하였다. 피지배층이 자신들의 숨겨진 바람을 표출하고 지배층의 압력을
피할 수 있도록 해주는 '숨겨진 대본'은 공식 역사의 기록에서 제외되었다.
따라서 오늘날 우리는 과거 사회는 안정되었고 변화를 거부한다는 잘못된
인식을 하게 되었다. 스콧은 그의 저작에서 피지배층은 지배층과 같은 기

반에서 자신의 목소리를 주장할 수 없었기 때문에 공개적으로 싸우기보다는 끝없는 게릴라 전투로 싸울 수밖에 없다는 점을 지적하고 있다. 이러한 투쟁은 바로 '숨겨진 대본'이라고 표현할 수 있는데, 넓게 퍼져 있고 강도가 낮은 수준의 정치 영역은 완전히 지배에 순응하거나 혹은 노골적으로 저항하는 행위 사이의 어딘가에 위치해 있다.

스콧의 '숨겨진 대본'이라는 개념은 조선 후기에 얼마나 다양한 문화매체가 있었는지와 그 가운데 탈춤이 사회적인 갈등을 드러내고 있었는지 여부를 설명하는 데 도움이 된다. 탈춤은 지역적으로 특징을 갖는 탈을 통해 표현되는 해학적이고 풍자적인 우화에 의존하고 있다. 몇몇 공연은 직접 국가의 통제를 받기도 했지만 대부분의 경우 독립적으로 지역주민이 공연을 주관하였다. 몇몇 학자들은 심지어 국가에서 탈춤을 주관한 공연인 경우에도 '제의적인 반란'의 역할을 한다고 보았는데, 향리들이 공연을 감독했고 귀족들에 대한 대중들의 의견을 대변했기 때문이었다.[455] 이러한 해석은 1960년대와 70년대에 남한의 지식인들이 독재정권과 특권층에 비판적이었던 맥락에서 등장한 것이다.[456] 1980년대 후반 이후, 민주화가 진행되면서 많은 학자들이 탈춤을 대중들이 일으키는 제의적인 반란으로 보기보다는 안전밸브는 아닐지라도 사회적인 조화의 수단으로 바라보았다. 임재해가 보수층에 대해 지적하고 있듯이, 양반이 다수를 차지하고 있던 안동 같은 지역에서도 대표적인 지역 양반인 풍산유씨 가문이 탈춤공연을 지원하고 있었다. 뿐만 아니라 탈춤 공연자들이 쓰고 있는 탈의 신분에 따르는 역할을 존중해주고 있었다.[457] 따라서 백성들은 한량이나 부귀한 귀족의 탈을 통해 양반들에 대해 풍자하거나 조롱할 수 있었던 것이다.[458]

무과는 제도적으로 본래 정치적이고 지배관료를 정의하고 재생산하는 데 도움을 주고 있음에도 불구하고, 통속문화의 영역에서도 영향력을 확장시키고 있었다. 무과에 응시하는 대부분의 피지배층 응시자들이 실제 중앙

관직에서 의미 있는 경력을 기대하지는 않았다. 그러나 무술과 관련된 영웅과 그들이 누리던 영광은 평민들을 지속적으로 무과에 끌어들이고 있었고 그 미끼는 실제일 수도 있었고 비현실적인 상상의 산물일 수도 있었다.

성공담은 구전으로 백성들 사이에 재전승되기도 했는데 판소리가 문자화되거나 한글소설로 전승되기도 했다. 19세기에 이르러서는 두 가지 장르가 계층을 막론하고 대중적으로 인기를 얻고 있었다. 전설적인 판소리 창자唱者들은 보통 미천한 신분 출신이었는데 무과에 급제한 것으로 간주되는 등 귀족층의 비호를 받고 있었다. 그리고 양반 저자들은 한글소설 작품을 다수 저작하였다.[459] 이 두 장르는 피지배층 영웅을 주목하고 있는데 이들 피지배층 영웅들은 이전에는 양반의 전유물이었던 충, 효, 정절과 같은 유교의 기본 덕목을 구현하고 있다. 판소리는 구전으로 전해졌던 반면에 기록으로 전승된 한글소설의 서사는 다양한 판본이 양산되었다.[460] 그러나 현재 한글소설보다 판소리가 더 많이 남아 있기 때문에 필자는 이러한 작품이 유교사회 내의 무관들을 어떻게 묘사하고 있는지 확인해보고 있다.

무엇보다도 이러한 한글소설들은 지방읍지에서 해당 고을 출신 자제들의 무공을 기리고 있는 것과 비슷하게 영웅을 숭모하고 있다.[461] 지방읍지에 실린 이러한 성공담은 실제 역사적 인물을 묘사하고 있는데, 전부는 아니지만 대부분 역사적으로 사실을 확인할 수 있기 때문에 세부적인 묘사가 사실에 기반하고 있다고 볼 수 있다. 가장 흔히 등장하는 주인공은 다음과 같다. 우선 출신 성분이 미천한 경우가 대부분이다. 이들은 젊은 남자들로 신체적으로 뛰어난 능력과 용기를 갖춘 경우가 많다. 예를 들면 주인공은 부모님을 해친 호랑이를 맨손으로 때려잡고 죽은 호랑이의 배를 갈라 부모님의 시신을 되찾아 장례를 치르고 무과에 급제하여 북방지역의 경비나 사령관으로 현달하는 능력을 발휘하고 있다.[462] 사실 정부의 관료가 지방에서 특출한 신체적 기량을 보인 자들을 채용하는 일은 이전에 전혀 없지는 않았다. 예를 들면 1676년 병조의 보고에 따르면 순무사가 동래와 비안比安에 무예에 재능이 있는 한량을 발견하여 경시京試에 응시할 수 있도록 건의했다고 하는데 숙종도 이를 허락하고 있다.[463]

군담소설은 판소리 창자를 통해 공연되는 경우, 무력을 갖춘 영웅설화는 상상의 영역으로 나아가기도 한다. 실례로 허균許筠(1569~1618)이 지은 《홍길동전》은 가상의 얼자孼子인 홍길동의 활약을 그린 소설로, 결국 외딴섬에 자신만의 왕국을 건설하는 것으로 끝을 맺는다. 이를 통해 알 수 있듯이 군담소설은 대량으로 양산되었으며, 조선 후기에 간행된 고전소설 가운데 일부가 될 정도였다.

군담소설에 나타나는 주인공은 다양한 성격을 보여주고 있는데 때로는 무술, 종교, 이념과 정치에 대해 본능적으로 영웅적인 모습을 행동으로 보여준다. 전형적인 영웅의 생애에는 다음과 같은 요소들이 포함되어 있다. 우선 양반가계 출신으로 특별한 출생 이후, 유년기에 전쟁이나 정치적 갈등을 겪어 가족들과 이별하는 아픔을 겪는다. 하지만 후원자를 만나 어려움을 헤쳐나가는 과정에서 주인공은 영웅적인 면모를 보이며 더불어 명성, 고귀함, 부 그리고 영광스러운 사후세계가 특징적으로 나타난다. 넓게 정의된 요소들 가운데 거의 변함없이 고전소설에 등장하는 특별한 주제들을 다음과 같이 규정할 수 있다. 우선 고전소설의 주인공은 검술이나 승마술을 습득하여 숙련하였고 필요한 시기에 왕에게 충성심을 보였으며, 외딴 섬이나 다른 일상적이지 않은 장소에서 어릴 때 헤어졌던 아버지를 다시 만나고 있다. 물론 여성도 몇몇 작품에서 등장하고 있지만 여성의 영웅적인 행동은 일반적으로 남성연인과 짝하여 나타나고 있다.[464]

군담소설은 또 두 가지 종류로 더 나누어 구분할 수 있는데, 사실적인 군담으로 영웅의 삶을 실제 역사적 전쟁으로 기본구조를 삼은 소설과 가상의 전쟁과 관련된 창의적인 군담소설이 그것이다. 전자의 예로 대표적인 것은

〈그림 5.2〉
임경업의 초상화는 그를 관원으로 묘사하고 있다. 초상화에 짓궂은 표정으로 묘사된 것은 그의 생애가 돌출적인 돈키호테와 같은 길을 걸었던 것을 표현하려고 했던 것으로 보인다. 임경업은 그의 사후인 1697년에 신원복관 되었는데 초상화가 그려진 시점은 그 이후로 보인다(일본 텐리天理대학 소장).

〈그림 5.3〉
임경업 장군을 신으로 묘사한 무속 채색화. 그림에서 강조된 것은 용맹함과 상대가 누구이든지 싸울 준비가 된 무인의 자질에 초점이 맞춰져 있다.
전거: 김금화의 개인 소장품(《민족문화대백과사전》 "임경업장군신" 조에서 찾아 볼 수 있다.)

《임진록壬辰錄》,《임경업전林慶業傳》,《박씨전朴氏傳》이 있다. 이 군담소설은 조일전쟁이나 조청전쟁과 같은 역사적인 전쟁을 이야기의 배경으로 삼고 있다. 역사적인 사실에 기초하거나 허구에 기초한 인물은 이러한 묘사에 등장하는데, 조선이 외적에 승리를 거두는 영웅적인 서사에 나타나고 있다. 우리가 보았듯이 조일전쟁과 조청전쟁에서 조선은 조선사회의 근본적인 문제점을 노출시키고, 조선은 오랑캐나 야만인으로 규정했던 적의 손에 굴욕을 당하고 있다. 역사를 배경으로 한 군담소설은 16세기 후반과 17세기 초반 조선의 상황을 반영하였고, 독자들이 영웅들의 위업을 듣거나 읽으면서 외적으로부터 패배한 좌절감을 극복할 수 있도록 해주었다.[465]

조선 후기까지 나타난 다양한 판본의 《임진록》에서 초점을 맞춘 것은 왜와 싸운 다양한 신분의 개인들이었다. 군담소설에 나타난 인물은 실제 이순신과 같은 장수부터 저명한 양반들과 승병을 이끈 승려뿐만 아니라 속임수 그리고 술법을 통해 적장을 없애버린 기생이나 포수들도 있었다.[466] 군담소설의 주된 독자들은 역사적인 비극 앞에서 영웅의 등장에 목말라 있었는데, 전쟁 중에 정부와 양반들에게 보인 적대감을 보면 그들의 바람을 이해할 수 있을 것이다. 따라서 류성룡(1542~1607)은 자신이 지은 《징비록》에서 임진왜란 당시 국가의 잘못된 대응과 심지어 양반들이 전쟁 기간 동안 보여준 비겁함과 무능에 대한 백성들의 분노를 서술하고 있다.[467]

비교해보면 더 많은 순수 창작 민담들이 주인공의 활약을 비역사적인 상황에서 일어난 것으로 묘사하고 있다. 많은 작품들이 이러한 하위구분에 해당하는데, 그 가운데에는 《소대성전蘇大成傳》,《유충열전劉忠烈傳》,《장백전張伯傳》 등이 있다. 이러한 작품들은 더 나은 기회에 대한 바람, 정계에서의 좌절, 전체적인 시스템을 전복시키려는 그들의 열망 등을 주제로 삼고 있다. 양반 출신이 아닌 영웅이 등장하는 군담소설의 줄거리는 주인공을 중심으로 만들어지는데, 주인공은 출신 배경이 미천하며 상대의 노력을 헛되게 만들어버리는 비범한 능력을 소유하고 있다. 반면에 양반이 주인 공이 되는 군담소설에서 주인공은 전쟁의 승리, 개인의 영광, 국가적인 승 리로 이야기를 진행하고 있다. 장애물을 극복하면서 영웅은 간혹 초자연 적인 능력을 얻어 승리를 거둔다. 그 과정에서 선과 악의 구분, 이승과 저 승의 구분 그리고 충실함과 사악함의 구분은 명확하게 드러난다. 결국 하 늘의 질서가 세상 모든 일의 결과를 결정하게 된다.[468] 이 가운데 여성은 조선 후기에 공적인 역할이 매우 제한되었음에도 불구하고, 상상 속 뛰어 난 무공을 가진 영웅의 영역에서 제외되지는 않았다. 조선 후기에 군담소 설을 읽는 열성 독자층 가운데에는 여성도 있었고, 몇몇 작품은 전술에 대 해 해박한 지식이 있는 여성에 초점을 맞추고 있었다. 군담소설의 줄거리 에는 간혹 남장을 한 여성 장수가 등장해 전장에서 용감하게 싸워 연인을 구하고 결국에는 나라까지 구하는 이야기가 나타나고 있다. 성리학이 확 산되어 여성이 공공영역에서 제외되기 전에도 여성은 과거에 응시하거나 관직에 오를 수가 없었다. 하지만 어떤 법조항도 여성이 과거에 응시하거 나 관직을 수행하는 것을 제지하고 있지는 않다.[469] 공공영역에서의 이와 같은 명백한 차별을 생각할 때 군담소설에서 여성이 등장하는 것은 더욱 주목할 만하다.

군담소설은 임경업(1594~1646, 〈그림 5.2〉)과 같은 실제 무관을 기리기도 한다. 임경업은 고문을 받으며 숨지기 직전까지 조선이 청에 당한 굴욕을 보복하는 꿈을 굳게 간직하였고, 정사正史가 아닌 백성들의 집단의식 속에 공경을 받고 있었다. 그는 《임경업전》 혹은 《임장군전》이라는 제목의 조선 후기 군담소설에서 살아있는 영웅보다 더 영웅으로 환대받고 있다.[470] 《임 경업전》의 다양한 판본이 존재하는데 이들의 서사구조는 일반적으로 그의 생애에 대해 알려진 것과 무과에 급제해 만주족과 싸운 실제 업적에 기반 하고는 있지만, 자유롭게 과장되고 소설적인 세부묘사를 더하고 있다. 임경업 장군에 대한 다양한 영웅담은 큰 인기를 누렸다. 영웅은 청에 대해 복수를 완수했고 많은 남성들은 무술이 뛰어난 영웅에 매료되었다. 실제 평민 남자들은 군담소설의 영웅적인 모습에 이끌려 무과 준비를 위해 무술을 수련하기도 했다. 다른 양반들과 같이 조선과 명나라는 청에 비해 문화적으로 우위에 있다고 강조했던 송시열에 따르면, 임경업의 명성은 백성들과 심지어 승려들까지도 청과 전쟁을 선포한 임경업으로 분한 화자話者 근처에 구름처럼 모여들 정도로 높았다.[471]

군담소설에서 유명하였고 국가에서도 사후에 충신으로 추증된 임경업은 무속신앙의 신으로 숭배되기도 했다(〈그림 5.3〉 참조). 샤머니즘의 관점에서 보면 임경업의 충정과 용기는 보이지 않는 세계에서 평민들에게 해를 끼칠 수 있는 악령의 대항마로 기능할 수 있었다.[472] 임경업 장군은 신격화를 통해 조선 샤머니즘의 신이 되었는데, 또 다른 대표적인 예로 최영崔瑩(1316~1388) 장군과 남이南怡(1441~1468) 장군이 있다.

신격화된 다른 장군들 가운데 최영 장군은 이성계가 조선을 건국하는 과정에서 일으킨 권력투쟁의 주요 희생자였다. 조선 초기와 고려시대 편찬된 정사에서는 이성계의 반대파에는 심한 편향성을 보이고 있지만, 최영의 정직한 도덕성과 뛰어난 무술실력에 대해서는 인정하고 있다. 전설에 따르면 최영 장군은 처형 직전에 자신의 무죄를 주장하며 생전에 부끄러운 일을 하지 않았기 때문에 무덤에 풀이 자라지 않을 것이라는 말을 남겼다고 한다. 정사에서도 최영 장군의 죽음을 듣고 슬퍼했던 백성들에 대해서 기록했을 뿐만 아니라, 후대의 다양한 사료들이 최영 장군 무덤에 풀이 자라지 않는 내용을 기록하고 있다. 남인 학자관료였던 허목許穆(1595~1682)은 최영 장군의 영혼은 길흉화복에 변덕스럽게 영향력을 끼칠 수 있다고 언급하고 있다. 영혼에 대해 무례한 행동을 하는 어느 누구든 그 자리에서 급사했기 때문에 이를 두려워하는 시골의 백성들이 장군에 대한 제의를 엄숙히 거행했다고 한다.[473] 전체적으로 최영 장군에 대한 대중적인 반응은 전장에서 뛰어난 장수로서 그리고 비극적인 죽음을 당했던 존경할 만한 인물이라는 사실에 기반하고 있다. 결국 신화는 최영 장군을 한국 무속의 신으로 자리매김하고 있다.

수십 년간 장군으로 화려한 경력을 남긴 최영 장군 신과 달리, 남이 장군 신은 젊은 무관과 관련이 있다. 남이 장군은 세조의 후원으로 20대에 빠르게 관직에 올랐고 가장 높은 직책까지 얻을 수 있었다. 그러나 뒤이어 왕위에 오른 예종(재위기간: 1468~1469) 대에 남이 장군은 반대파의 모함으로 반역죄에 몰려 불과 28세의 나이에 처형당하고 말았다. 남이 장군에 대한 영웅적인 전설은 매우 많은데, 예를 들면 소년 시절 남이 장군은 소녀의 목에 복숭아를 걸리게 해 죽이려 한 악령을 쫓아냈다는 일화가 있다. 소녀의 부친은 개국공신이었던 권근(1352~1409)으로, 살아난 딸을 남이 장군과 혼인시켰다. 최영, 임경업과 같이 남이 장군도 영웅적인 면모를 보이는 무인으로 억울한 죽음을 당했는데, 그 역시 무속신으로 추앙받고 있다.[474]

남이, 임경업 그리고 최영 장군은 모두 무관으로 한국에서 민간의 무속신으로 대접받고 있었다. 그러나 이순신과 같은 더 유명한 무인은 무속신의 지위를 누리지 못했는데 무엇이 그들을 구별되도록 했는지 알 수는 없다. 조흥윤에 따르면, 영웅신으로 추앙받기 위해서는 대상인물이 현세에서 업적이 뛰어나야 했을 뿐만 아니라 평민들이 그들을 이해하고 그의 업적을 받아들이면서 감정적으로 움직여야만 가능했다고 한다.[475] 만약 그러하다면, 훌륭한 무인으로서 그리고 왕에 대해 충성을 다한 순국선열로 추앙받는 이순신의 명성은 성리학 담론을 넘어서는 영역까지 영향력을 미치는 것은 아니라고 할 수 있다. 아마도 이순신이 왜군 함대에 거둔 영광스러운 해전의 승리와 마지막 해전에서 사망해 나라에서 '충무忠武'라는 시호를 내려준 것은 대중적 상상력이 개입될 만한 여지가 거의 없을 정도로 정형화되어 있었다. 이순신 장군은 남이 장군이나 임경업 장군이 빼앗긴 세속적인 보상을 관직을 통해 받았다. 이에 비해서 남이 장군이나 임경업 장군은 끝내 그들의 목표를 이루지 못한 채 죽음을 맞이했고, 각각 정치적인 반대파에 부당한 대우를 받았다. 사실 조흥윤은 고귀한 인품과 국가에 봉사하는 면모를 영웅의 신격화에서 근본적인 요소로 우선시했는데, 그는 또한 '한恨'이 한국의 무속제의에서 억울한 원혼을 달래주는 역할에 관계되기 때문에 영웅의 신격화에서 역시 '한'을 중요한 요소로 규정하고 있다.[476]

조선 후기 문화적인 맥락에서 무과제도는 귀족세계와 평민들 사이를 연결해주는 다리와 같은 역할을 하고 있었다. 주로 여성과 백성들을 중심으로 확산되었던 무속신앙은 남성이 중심이 되고 귀족적이며 성리학적 기반과는 상극을 이뤘지만 동시에 두 영역에서 공통적이면서 넓은 기반이 존재하고 있었다. 무속에서 행하는 의식은 성리학과 민속 측면에서 해석이 가능했다. 동시에 서로 거리를 두었던 성리학과 무속제의는 민간에서 나타났던 특별한 사회·종교적인 필요를 충족시키고 있다.[477] 조선 후기의 무과는 다차원적이었는데 무과에 응시하는 사람의 배경에 따라 그 의미가 변하였다. 물론 성리학을 기반으로 하고 있는 문반과 무반은 왕의 '신臣'으로 전체 백성들 가운데 선발된 인원이다. 그래서 성리학이 민속에 영향을 주는 대중문화의 영역에서 무과는 신분의 구분을 초월하고 있다.

| 소결 |

조선 후기 평민들의 무과 응시는 증가하고 있었다. 귀족층에서도 지속적으로 무과급제자들이 나타났으며 실제로 주요 관직에 올라가고 있었지만, 《무과방목》에 기록된 급제자와 그들 부친의 직역을 통해 보면 대부분이 확실한 양반이라고 보기 힘든 경우가 많다. 방목에 성명이 기록된 사람이나, 귀족이 아닌 가문 출신으로 성공한 자들은 번듯한 양반은 아니었다. 당대 지배층들의 시선과 법적인 자료에 나타난 우려대로 방목에 기록된 정보는 피지배층의 불법적인 무과급제가 만연한 상황을 입증한다고 할 수 있다.

무과제도는 피지배층의 요구를 수용하는 사회적인 역할을 담당했는데, 피지배층들은 무과에서 경쟁해야 했던 귀족들의 생활방식, 문화 등을 간절히 바라고 있었다. 이런 이유 때문에 양반이 아닌 계층이 무과에 합격한다고 해서 관직에 오르거나 정치적 권력을 얻는 것은 아니었지만, 무과는 피지배층이 사회적 명망을 얻고, 국가적으로 인정하는 사회계층이 되고자 하는 열망을 충족시키는 역할을 해주었다. 성리학적인 문화에서 무武보다 문文이 높이 평가되었고 문화자본이 부족하다는 측면에서 무과급제자의 진출이 제한되었지만, 이론적으로 무과급제자들은 관직에 나갈 수 있었고 성리학적인 자질을 갖춘 것으로 볼 수 있었다.

성리학적인 영향력이 저변으로 확대되어 갈수록 피지배층도 신분을 상승시키기 위한 바람이 커져 갔다. 국가와 귀족들이 피지배층의 '성리학화'를 장려했을 뿐만 아니라, 성리학은 비록 피지배층 사이에서 형식적인 예절로 적용되었지만 잠재적으로 피지배층에게 문화자본으로 기능할 수 있는 기반을 제공해주고 있었다. 판소리와 한글소설에서 그려진 피지배층의 영웅적인 모습은 성리학적인 미덕이 더 이상 귀족들만이 아니라 피지배층에게도 공유되었던 사실을 확인할 수 있다.

   권력의 가장자리에 있던 이들의 신분상승에 대한 열망이 강해지면서 많은 사람들이 새로 등장한 문화매체가 필요하게 되었다. 한글소설과 판소리 외에도 탈춤 같은 다양한 장르의 대중문화가 피지배층이 불만을 표출할 수 있는 통로역할을 해주었다. 신분상승에 대한 열망이 확산되면서 무과제도는 문화적인 매개체 역할을 담당하고 있었다.

조선 후기의 사회신분 구조는 매우 복잡했다. 사회신분의 양극단은 고정되어 있었으나 중간층은 비교적 유동적이었다. 이런 현실은 뿌리 깊게 자리 잡고 있는 신분의식 속에서 사회 지위를 상승시킬 만한 능력이 있는 계층을 자극하였다. 적절한 교육, 예식禮式 습득, 영향력을 끼치는 사회적 관계망의 발달, 경제적인 부의 축적, 그리고 과거급제, 관품과 관직의 획득과 같은 국가가 용인한 신분상승을 할 수 있는 발판을 조선 후기 새로운 계층들이 지위를 상승시키기 위한 수단으로 사용되었다. 그 가운데 무과는 특히 중요했다. 무과제도는 국가의 주요한 제도로서, 무관직이나 중앙관직에 새로운 관원을 모집하는 본래의 기능은 유지하면서도 점차 다양한 사회 기반을 가진 지원자들에게 직위를 수여하기 시작했다. 이런 이중의 기능은 전체적으로 피지배층과 권력에서 도태된 양반들의 열망을 충족시켜주는 동시에, 현존하는 정치사회적인 구조의 안정을 보장해주었다.

서울에 거주하는 극소수의 양반들은 계속해서 정치적인 권력을 행사하고 있었다. 이들은 최고의 사회신분을 누리고 신유학적 가치와 수사에 기반을 둔 관료문화를 고수하였으며, 농업경제에서 상업화로 진행되는 가운데 확대되어 가던 자원들resources을 통제하기 시작했다. 국가는 피지배층이 무과에 응시하는 것을 법적으로 금지할 것인지 아니면 무과 응시에 대한 규제를 완화시킬 것인지 결론을 내리지 못했지만, 수세기에 걸쳐 규제를 완화시키는 후자의 방안이 훨씬 우세하게 나타났다.

　국가구조에서 권력에 대한 역동성을 살핀 스월의 통찰을 통해, 조선 후기에 지배층들이 어떻게 자원들을 활용했는지에 대해 조명할 수 있을 것이다. 제대로 된 국가는 구조로서 안정적이고 지속 가능해 보일 수 있다. 왜냐하면 국가는 그들이 통제하는 백성들이 일상생활에서 볼 수 있는 강력한 권력을 만들어내거나 동원할 수 있기 때문이다.[478] 그러나 고도로 중앙집권화된 국가가 붕괴되지 않는다면 구조적인 위기나 변형을 감수해야만 했다. 국가가 가지고 있는 자원들이 광대하고 뚜렷하여 자연스레 저항에 직면할 수밖에 없기 때문이다. 반면에 효율적이고 강력한 국가는 피지배층이 자연스럽게 받아들이며 누구에게나 그렇지는 않지만, 어느 정도 정치적 행위자들이 그들의 목표로 향해 가는 데 있어서 강력한 국가를 권력의 중화기제power-neutral vehicle로 인식하고 있었다. 국가구조의 지속은 국가의 권력보다는 국가권력의 깊이에 따라 결정되는 경향이 있다.[479]

　스월의 논의는 소수의 귀족들이 사회 전체를 지배하였지만 점점 권력의 가장자리에 머무른 자들의 도전이 이어졌던 조선 후기 사회를 이해하는 데 시사점을 제공해준다. 비록 정부에서 정치적인 행위자들은 주로 상충된 목적을 가진 양반들이었으나, 국가는 이렇게 상반되는 목적을 이루기 위한 합법적인 수단을 남겨두었다. 대다수 사람들은 법적인 규제와 도덕적 지침의 자연적 수호자인, 왕으로 상징되는 국가의 정당성에 대해 의문을 제기하지 않았다. 적어도 국가는 새로운 집단이 충분한 자원을 대안alternative vision이나 일련의 스키마set of schemas 주변에 수집하는 것을 못하지 않는 한, 피지배층의 신분이 상승하여 사회적 지위를 높일 수 있다는 점을 어느 정도는 알고 있었다. 고려 후기와 달리 조선 후기에는 귀족층과 평민의 입장에서 지배층을 거역하는 혁명적인 세력이 나타나지 않았다. 고

려는 동북부 무관들과 소수 신유학을 익힌 관리들이 물질적·지적 능력을
축적하고 난 후에, 이미 자원들에 대한 위신과 통솔력이 약해진 고려 왕실
을 전복시켰다.[480] 19세기 무렵의 봉기는 과도한 세금, 만연한 관의 부정,
현실 속의 계급차별에 반발해서 일어났는데, 이를 해결하는 방법으로 왕
조를 대체하거나 왕정을 없애려는 방법을 생각한 것은 극소수뿐이었다.
이후 조선에 공화정이 도입된 것은 고종이 1919년에 서거하고, 1910년 일
본에 병합되고 난 이후였다.

  오랑캐인 청이 중원을 차지하게 되자 조선은 스스로 성리학적인 정체성
을 갖고 중화를 지켜나갈 역할을 자임하였다.[481] 18세기의 두 성군이자 군
사君師를 자처했던 영조와 정조는, 국가는 왕으로 대표되어 존엄성을 갖는
다는 인식의 확립에 지대한 영향을 끼쳤다.[482] 조선은 성리학적인 '감화感
化'를 통해 더 미묘한 방법으로 피지배층에게 권력을 행사하였다. 이는 청
나라의 전형적인 무력적 제압이나, 일본의 도쿠가와에서 사회질서 유지를
위해 행해졌던, 좀 더 자세하게 보자면 훨씬 더 가혹한 법적 강제 없이 행
해진 것이었다.[483] 조선 후기 국가는 명백한 권력의 잣대로 보자면 특별할
것은 없을 것이다. 그러나 대부분의 피지배층들은 그 구조 안에 소속되기
를 바랐고, 이것은 조선 후기의 권력기구 내에 스월이 강조했던 것처럼 '심
도depth'가 있다고 보아야 할 것이다. 청이나 도쿠가와는 명확한 국가권력
으로도 국가시스템이 쇠락해가는 것을 막지 못했다. 그러나 조선 후기 국
가권력의 심도는 비록 시간이 지날수록 점점 쇠퇴해갔지만, 사회적 불만
이 고조되는 것을 중화시키고 있었다.

  체제를 유지하면서 피지배층의 신분상승 욕구를 채워주어야 하는 딜레
마에 빠진 조선과 당대에 실질적인 귀족들은 부르디외의 이력현상hysteresis
과 오토넘autonom 개념으로 설명할 수 있는 일들을 시행했다. 이력현상은
자신의 사회적 지위에 대해 민감하게 의식하는 신향들이 구 귀족들에게는

더 이상 신분의 필수 증명이 되지 못했던 급제 여부나 임명증서들을 얻기 바랐던 현상을 설명하는 개념이다. 이력효과는 예를 들면 소작농처럼 교육에서 배제되어 뒤처지는 바람에 이러한 관직이나 임명증서의 가치가 하락한 것을 알지 못해 쉽게 덫에 걸릴 수 있는 신분에게 더 강력하게 발휘되었다. 반면 오토넘은 여전히 높은 지위를 누리고 있는 사회의 다른 부류들에게 적용될 수 있다. 그 자체로 가치가 떨어지는 홍패나 백패와 같은 증서가 넘쳐나고 하위관직의 가치가 예전 같지 않게 되면서 새로운 계층들은 자신의 지위에 맞지 않는 관직에 앉기보다는 고의로 무직 상태에 있는 것을 선택했다. 이러한 고의적인 무직 상태는 과도기에 주로 일어나는데, 이것은 신흥세력 또한 가치가 하락한 임명증서에 만족하지 못하며 전반적인 교육체계에 환멸을 느껴 궁극적으로 체계 자체를 부정하게 만들 수 있었다. 이력현상이 잘 일어나는 점에서 오토넘이라는 영역은 불만의 중심지로 변할 가능성이 높았다.[484]

조선의 변화는 부르디외가 설명한 세 단계의 변화를 그대로 반영하고 있다. 피지배층이 가치가 하락한 무관을 선택하는 것부터 스스로 관직을 버리고, 더 나아가 전체 체계를 부정하는 것이 그것이다. 부르디외의 이력현상과 오토넘의 개념은 가치가 하락한 무과를 통과해 신분상승을 하려고 했던 피지배층의 행동을 설명해준다. 일찍이 살펴보았듯이 조선 후기의 관직이 여전히 유효한가 여부는 이를 획득한 자들의 사회적 지위가 어떠한가에 큰 영향을 받는다. 무과에 급제한 자들은 여전히 중앙 관료사회의 무관으로 자리 잡고 있었지만 이들은 대부분 극소수의 중앙귀족 출신이었다. 이와 같은 현상 때문에 무과를 통해 얻는 지위는 다른 어떤 신분보다 수월하게 얻을 수 있었지만, 국가가 인정하는 신분 표지가 되는 무과급제는 피지배층의 눈에 여전히 명망 있어 보이는 것이었다. 그러나 동시에 피지배층의 정치 참여가 점점 늘어나면서 중앙정치에서 소외된 주로 한반도 남부지방에 거주하던 양반들은 그들의 지위를 가문으로 규정지으려고 했다.

'고의적 무직 상태'에 대한 부르디외의 시나리오는 조선의 경우와 맞지 않지만 조선 후기 사회와 문화의 역동성에 대한 통찰을 제공해준다. 한양 밖에서 정치권력과 직접적 연관관계가 없는 백패, 홍패와 같은 증명서는 진정한 양반들이 아닌 피지배층이나 하층민들이 좀 더 선호했다.[485] 게다가 이렇게 뚜렷이 차별되는 징표를 획득한 이들은 관료사회에 들어가기를 바라는 경향이 있었다. 달리 말하자면, '고의적 무직 상태'는 스스로의 위치에 대해 확고했기에 나라에서 주는 증서가 필요 없었던 남부에 거주하던 귀족에게 널리 퍼져 있는 현상이라는 것이다. 지방 귀족들이 여전히 현존하던 사회체계 내에서 혁명세력이 되기 위해 전력을 다하던 반면, 가치가 낮아진 신분이라도 구하려던 피지배층은 자신들에게 백패나 홍패와 같은 임명증서를 내주던 국가를 공격할 이유가 없었다.[486] 부르디외가 사회 신진세력과 국가 사이의 관계에 대해 짐작했던 것과는 반대로, 문화자본을 가진 이들은 누구나 충분히 지위를 얻을 수 있었던 조선 후기의 국가를 법적인 규제와 도덕적 지침의 자연적 수호자로 여겼다. 교육의 기회에서 한참 배제되었던 소작농들조차 비록 부패한 귀족과 관리가 아주 많기는 했지만, 아득히 멀게 느껴지는 나라의 수장인 왕을 탓할 이유가 없었다.

조선 후기에 들어서면서 국가는 무과급제로 수여하는 직위와 무과제도를 피지배층 사이에서 잠재적인 체제 전복적 요소들이 봉기로 이어지는 것을 막아주는 안전망으로 사용했다. 부르디외에 따르면 직위와 같은 자격 부여가 넘쳐나고 그 결과 가치가 하락하게 되면 이는 구조적으로 불변의 상태structural constant가 된다고 한다. 이론적으로 이러한 자격을 얻는 기회가 부르주아와 같은 사회적 지배층의 모든 새로운 세대에게 똑같이 주어지는 동안 다른 계층도 이러한 자격에 접근하는 절대적인 비율이 높아지기 때문이다.[487] 심지어 17세기 후반 외세의 군사적인 위협이 사라진 후에도 조선은 무과 시행을 줄이지 않아 무과급제자도 감소하지 않았다.

 물론 무과에 급제하거나 혹은 가치가 낮아진 그 어떠한 자리라도 대다수의 피지배층들은 그 자리를 얻는 방법조차 알 수 없었을 것이다. 19세기까지 많은 수의 평민들은 18세기 영조와 같은 군주들의 경장更張책에도 불구하고 그들에게 주어진 조세 부담을 감당할 수가 없었다. 많은 이들이 양반가에 투탁하여 역이나 부세를 면제받고 대신 노비같이 노동해야만 했다. 피지배층들 가운데에는 극심한 부담을 견디지 못하고 도망하는 경우도 나타났는데 잠시나마 국가의 탐학에서 벗어나고자 모색한 방법이었다.[488]

 논란의 여지가 있지만, 조선 후기 국가가 더 이상 백성들에게 충성을 강요할 수 없다고 생각할 수 있는 신호는 1811년 일어난 '홍경래의 난'이라고 볼 수 있다. 관서지방은 조선시대 내내 중앙정부와 중앙귀족들이 가장 차별하던 지역이었다. 서울을 포함한 근기지방 그리고 영호남의 양반들은 지속적으로 관서지방을 문화적으로 뒤처졌으며 진정한 양반을 찾아볼 수 없는 곳으로 여기고 있었다. 18세기에 비록 일부 왕들과 관료들이 평안도와 함경도에서 성리학 교육과 무예훈련을 강화하고 능력 있는 자들을 기용했음에도 소용이 없었다. 하지만 이러한 변화 덕택에 관서지방에서는 점차 문무과에서 급제하는 성과가 나기 시작했으며, 좀 더 많은 피지배층에게 교육이나 무예를 배울 기회를 제공할 수 있었다. 이러한 발전은 결국 다수가 중앙정부에 등을 돌리는 계기가 되기도 하였는데 중앙정부가 여전히 그들을 배제하려 했기 때문이었다. 향촌의 유력층들은 문화적 혹은 경제적 자본이 있는 피지배층과 더불어 홍경래가 이끈 봉기에 가장 활발히 참여하였다. 홍경래는 직업적인 지관地官으로 비록 급제는 못했지만 과거에 응시한 경험이 있을 만큼 성리학적 소양이 풍부한 자였다. 지방의 지배층과 향리들이 대부분 성공적이지 못했던 봉기에 참여하는 것을 피한 반면, 요호부민饒戶富民, 상인, 소농 등은 좀 더 활발하게 참여했다.

지역적 차별 때문에 북부지역민들이 불만을 느꼈음에도 불구하고, 중앙의 부당한 대우에 맞서는 물리적인 불만은 지역민들이 택한 전략 때문에 반세기 동안 표출되지 못했다. 이에 대한 한 가지 이유는 부세를 부담할 수 있는 사람들은 부세제와 부패한 수령과 향리들에 대응할 수 있는 집단적 대응방식을 고안해냈기 때문이다. 무엇보다도 지방의 납세자는 가호가 실제 부담할 수 있는 부세 부담 능력에 기반한 부세제도를 채택했다. 또한 향회鄕會는 조선시대 양반의 지방 지배기구와 수령의 자문기구로 다양한 사회적 집단의 대표적인 성격을 띠게 되었고, 이들 가운데 대다수는 수령의 부패에 대해 대립각을 세우고 있었다. 향회는 과거와 같이 단순히 부세 업무를 보좌하기보다 지역의 불만을 대변하면서 다시 활성화되었다. 중요한 것은 향회에 지방 양반뿐 아니라 부유한 평민들도 있었다는 것이다.[489]

지방 행정에서 양반들의 영향력이 줄어들었다는 사실은 중앙정부에서 파견한 수령과 수령을 보좌하는 향리들의 권한이 강화되었다는 점을 반영한다. 18세기 즈음에 더욱 두드러지게 향촌에 등장한 새로운 권력은 모든 면에서 매우 역동적인 모습을 보이고 있었는데, 이들의 움직임은 영·정조의 탕평책과 흐름을 같이하고 있었다. 그러나 새로운 정치질서는 탕평정치 이후, 몇 십 년 사이에 철저하게 왜곡되었다. 당시 강력한 왕권을 갖지 못한 왕이 왕좌에 오르면서 왕실과 그 권력도 약화되었고 수령으로 임명된 자들이 왕실의 일족이나 이들에게 관직을 부탁하여 임지에 내려가는 경우가 허다했다. 결국 부패한 수령들은 향리들과 사적인 이익을 챙기는 데 공모하였고, 잡다한 부정이 삼정三政에서 나타났다. 이러한 상황은 결국 1862년 삼남지방과 한반도 중앙을 휩쓴 민란으로 연결되었다.

중앙정부에 대항해 잘 조직된 봉기였다고 볼 수는 없지만, 1862년의 민란은 소농들의 자발적인 분노의 표시였을 뿐만 아니라 향촌사회의 부정과 과도한 부세에 저항한 지방의 양반들과 요호부민들이 불만을 즉각적으로 표현한 것이었다. 중앙에서는 부패한 관료들을 문책하고 봉기한 백성들은 사면하고 주모자에 한정하여 처벌하면서 대중의 분노를 누그러뜨렸다. 동시에 대원군은 고종 대에 보수적인 개혁(1864~1873)으로 왕실을 지배하던 외척세력과 삼정의 문란을 종식시킴으로써 널리 퍼져 있던 폐단을 축소시켰다. 대원군의 정책으로 인해 1873년 그가 물러날 때까지 20년 동안 민란은 잠잠해졌다. 이 시기 동안 대원군을 비난하던 여흥민씨들은 그의 개혁을 약화시키는 데 큰 역할을 했다. 그럼에도 불구하고 지역사회를 강타했던 전반적인 변화의 흐름은 계속됐는데, 이는 전통적인 양반 중심의 사회적 계급이 평민을 포함하여 새로 등장한 요호부민들과 같은 세력의 적극적인 행동에 굴복했다는 것을 보여준다. 하지만 각종 부세를 납부해야 했던 피지배층들은 중앙의 정치적 구조 내에서는 큰 의미를 지니지 못하였고 정부와 탐관오리들이 강제하는 비합리적이고 강압적인 부세정책에 대해 점점 큰 불만을 갖게 되었다.

조선의 개항은 이런 내부적 문제들을 더 악화시켰다. 1876년부터 조선은 일본, 중국, 서구의 국가들과 처음으로 근대 무역조약을 맺게 되었는데, 중앙의 권세가들은 외세의 다양한 요구와 급변하는 사회에서 서구의 관습과 생각을 받아들여야 하는 문제와 외국의 경제침투와 부패한 정부로부터 벗어나려는 지방민들의 욕구 등 막중한 과제들을 해결할 능력이 없었다. 이 같은 사실은 자연스레 새로운 사회·종교적 운동으로 이어졌는데, 이것이 바로 동학이었다. 정부의 탄압에도 불구하고, 동학은 고종의 재임기간 동안 향촌을 중심으로 널리 퍼져나갔다. 이는 마침내 1894년 총봉기로 이어졌는데, 동학농민군은 정부군을 연달아 패퇴시켰다. 일본의 개입만 아니었다면 동학군은 아마도 한양에 입성하여 고종으로 하여금 그들의 세 가지 요구를 들어주도록 만들었을 것이다. 동학이 요구한 것은 첫째 외세의 영향을 거부할 것, 둘째 조정의 부정부패를 끝낼 것, 셋째 특정한 사회집단을 향한 불평등한 법과 관습의 폐지가 그것이었다.

동학농민운동이 일어나는 동안 정부는 마지막 무과를 시행하였다. 조선 후기 무과와 다른 진정책들의 효과는, 피지배층 내에서 문화적 혹은 경제적으로 더 혜택을 받은 사회적 행위자들이 정부에서 내리는 신분상승의 덫을 실제 가능하다고 여기는지 여부에 달려 있었다. 19세기에 터져나오던 백성들의 봉기는 이런 가능성이 점점 희박해지기 때문이었다. 그럼에도 이런 불만을 가진 자들이 체제를 전복할 수 있는 능력이 없었다는 것은 이렇게 불만이 널리 퍼져 있는 와중에도 국가가 많은 이들이 갖고 있던 신분상승에 대한 욕구를 제한적으로라도 해결해주었다는 것을 보여준다. 무과제도의 유산은 조선이 근대화를 향해 진통을 겪는 와중에도 계속 남아 있었다. 비록 조선 말 상황에서 과거제도를 다시 부활시키기는 것은 힘들었지만, 백성들의 신분상승에 대한 대중적 욕구는 여전히 계속됐다.

박성빈朴成彬(1871~1938)이라는 아주 흥미로운 인물을 살펴보도록 하자. 비주류 혹은 하층 양반가문 출신의 박성빈은 경상도의 외딴 내륙지역에 거주하고 있었다. 구전에 따르면 박성빈은 무과에 응시하여 급제한 것으로 보이는데 출생연도를 고려했을 때 과거제의 끝 무렵으로 추정된다.[490] 그 후 박성빈은 한양에 머물며 관직을 얻기 위해 재산을 허비했는데, 무산계 정9품 품계 효력부위効力副尉를 얻었으니 그의 노력은 보상을 받은 것으로 보인다.[491] 하지만 이후 박성빈은 서울에서 별다른 성과를 보지 못하고 고향으로 돌아가 여생을 술로 보내게 된다. 풍채가 좋았던 박성빈은 주변 사람들로부터 '박선달朴先達'로 불렸는데, 그가 무과 출신으로 관직을 얻지 못한 사실을 반영하는 듯하다.[492]

이 이야기가 사실이라면 박성빈은 조선 후기 빈한한 가문 출신 젊은이가 무과를 통해 출세하고자 하는 모습을 보여준다는 측면에서 의의가 있다. 박성빈의 아들인 박정희(1917~1979)가 일제강점기 한 작은 마을의 소학교

교사직을 그만두고 만주군관학교에 입학한 것은 우연이 아닐 것이다. 이후 박정희는 해방 이후 남한의 군 장성이 되었고 1961년 5·16 군사쿠데타를 일으켜 정권을 장악하고 18년 동안 한국을 통치하게 된다. 한국의 근현대사 과도기를 거치며, 박성빈의 신분상승에 대한 바람이 초라하게 마무리된 반면, 그 아들인 박정희는 최고의 국가권력을 손에 넣게 되었다. 한국 근현대사의 대격변이 이러한 변화를 가능하게 했지만, 그보다 앞서 조선 후기 무과제도가 출세의 꿈을 꿀 수 있도록 해주었다고 볼 수 있다.

주

[1] '양반兩班'에 대한 자세한 논의는 1장에서 살펴볼 것이다. 한국의 학자들은 '귀족'이라는 용어를 잘 사용하지 않고 조선시대 이전의 고대와 고려시대의 귀족만을 지칭하고 있지만, 독자들은 필자가 사용한 '귀족'을 전근대 한국에서 귀속적인 성격이 강한 가장 높은 수준의 집단을 지칭하는 것으로 이해하면 될 것이다.

[2] 필자는 보토모어T. B. Bottomore를 따라 '사회에서 기능적 혹은 주로 직능적으로 높은 신분인 집단', 즉 인구 나머지에 비해 높은 신분을 유지한 집단이라는 관점에서 '엘리트elite'라는 용어를 사용했다. 따라서 그 집단은 나머지에 비해 우월한 신분을 향유하고 있었다 (Bottomore, 8, 12). 그런데 번역문에서는 문맥에 따라 '엘리트'를 '집권층', '지배층' 등의 다른 용어로 대체한 경우도 있다.

[3] 조선 후기 조정의 중요한 지위는 소수의 지배층이 장악하고 있던 것을 보여준 기념비적인 연구는 다음과 같다. (Wagner, "The Lader of Success in Yi Dynasty Korea", 1~8.)

[4] 필자가 언급한 '방목'은 최종 합격한 자를 기록한 문서를 말한다.

[5] 본 연구에서 '무과武科'는 합격자에게 정식 증서인 '홍패紅牌'를 지급하는 경우만을 지칭한다. 본 연구의 고찰에서 제외한 것은 다음과 같다. (1) 중시重試: 무과급제자들에게 정기적으로 다시 시험을 보게 한 것이다. (2) 도시는 지방의 무과로 정기적으로 문관과 군사의 무예와 경전에 대한 이해도를 점검한 시험이다. 규정짓기 어려운 문제와 언제 특정한 무과가 시행될지 불확실했기 때문에 연구자들은 1402~1894년까지 시행된 무과의 횟수에 대해 일치된 견해를 보이지 않았다. 김영모, 송준호, 차장섭, 원창애에 따르면 무과의 시행횟수는 각각 789회, 744회, 754회, 804회라고 보고 있다. (원창애, 《조선시대 문과급제자 연구》 5장, 주석 7번). 필자가 추계한 무과 시행횟수는 738회로, 원창애가 계산한 800회에

서 무과와 유사한 다양한 다른 시험 62회를 제외해서 얻은 결과이다. 정해은의 연구(《조선 후기 무과급제자 연구》, 한국정신문화연구원 박사학위 논문, 2002, 18~19쪽)에 따르면 131개의 현존하는 《무과방목》은 무과가 시행되었을 시기를 모두 다 다루지는 못한다. 1402년과 1506년에 사이의 경우 고작 두 개의 방목이 존재하는 데 비해 현존하는 방목의 약 3분의 2는 17세기 또는 18세기를 다룬다. 의아하게도 19세기의 경우 오직 12개의 방목만이 전하는데 가장 최근의 방목은 아직 개인이 소장하고 있을 가능성이 있다. 동시에 1894년 이후 혁명적인 변화를 겪으면서 신·구세력이 분리되었고, 국가나 개인 모두 19세기 후반 방목을 수집할 수 없었던 것으로 보인다.

6 《무과방목》과 비교해볼 때, 현존하는 다른 방목들은 상당히 풍부하다. 전체는 아니지만 문과에 급제한 이들은 대부분 알려져 있다. 230번의 사마시 가운데 186회분의 《사마방목司馬榜目》이 남아 있고(80퍼센트), 잡과의 경우 233번 가운데 177회분의 《잡과방목雜科榜目》이 남아 있다(76.4퍼센트). 그러므로 현존하는 방목을 통해 1만 4,607명의 문과급제자를 알 수 있고, 4만 7,997명의 사마시 합격자들 가운데 4만 649명을, 1만 2,000명 가운데 7,627명의 잡과입격자를 확인할 수 있다. (최진옥, 《조선시대 생원진사시 연구》, 집문당, 1998, 21~23쪽; 이남희, 〈조선시대 잡과방목의 자료적 성격〉, 《고문서연구》 12, 1997, 124~127쪽).

7 유시부, 〈해제〉, 《무과총요》.

8 대표적인 연구로 이홍렬과 송준호의 연구가 있다. (이홍렬, 〈무과설행의 정책사적 추이-조선 중기를 중심으로〉, 《사학연구》 18, 1964; 송준호, 〈이조 후기의 무과의 운영실태에 관하여〉, 《전북사학》 1, 1977).

9 심승구, 〈조선 후기 무과의 운영실태와 기능: 만과萬科를 중심으로〉, 《조선시대사학보》 23, 2009(정해은, 앞의 논문, 2쪽, 주7 재인용).

10 김영모, 〈문무과 합격자의 사회적 배경〉, 《조선 지배층 연구》, 일조각, 1977; 정해은, 〈조선 후기 무과입격자의 신분과 사회적 지위〉, 《청계사학》 2, 1994.

11 심승구, 〈조선 선조대 무과급제자의 분석: 1583~1584년의 대량시취 방목을 중심으로〉, 《역사학보》 144, 1994; 심승구, 〈임진왜란 중 무과급제자의 신분과 특성: 1594년(선조 27)의 별시 『무과방목』을 중심으로〉, 《한국사연구》 92, 1996; 정해은, 〈병자호란기 군공 민천인의 무과급제와 신분 변화: 『정축정시문무과방목』(1637)을 중심으로〉, 《조선시대사학보》 9, 1999; 이홍두, 〈무과를 통해 본 조선 후기 천인의 신분변동〉, 《민족문화》 9, 1996; 이홍두, 《조선시대 신분변동 연구: 천인의 신분상승을 중심으로》, 혜안, 1999. 두 번째 조청전쟁은 1636년 음력 12월에 일어났다. 모든 주요한 사료뿐만 아니라 현대의 2차 사료에서도

1636년에 일어났다고 언급하고 있다. 저자는 원문에서 던컨Duncan, 선주 김Sun Joo Kim, 팔레Palais 및 다른 학자들의 방식을 택하여 사료에 나타난 음력 날짜를 양력으로 바꾸어 표기했다. 다음은 용어에 대한 내용이다. 필자는 원문에서 '조일전쟁Korean-Japanese war'과 '조청전쟁Korean-Manchu war'을 사용했는데 이에 대해 의문을 표시하는 독자가 있을 것으로 보인다. 기존의 역사적 관점에서 조선은 외세에 침입을 당했고 항상 수동적으로 묘사하고 있다. 그러나 일본과 만주가 먼저 조선을 침입했으나 필자는 갑자기 공격하는 측에서 전쟁을 일으킨 것은 아니라는 입장이다. 조선이 전쟁을 일으킬 만한 영향력을 행사했다는 것은 아니지만 항상 수동적으로 아무런 역할을 하지 못하고, 당한 것으로 묘사하는 것은 잘못이라고 생각한다. 따라서 필자는 양측의 행위자에게 책임을 지우기보다는 갈등의 양측 국가에 초점을 맞추는 관점에서 용어를 선택했다. 조선을 군사사에서 수동적인 행위자로 묘사하는 것은 일제의 식민통치자들이 만든 '타율성론'이 잔존하고 있다는 사실을 입증하는 것이라고 보고 있다. 이에 해방 이후에 나타난 객관적인 학자들마저도 행위자가 누구인가에 대한 의문 없이 '히데요시의 침입Hideyoshi invasion'이라고 표현하고 있다. 또한 이러한 명명법은 세계전쟁사 내에서 흔하지 않다고 말하기보다는 역사기술적인 특이성이라고 봐야 할 것이다. 왜냐하면 조약에서는 보통 '전쟁'이나 '갈등Conflicts'을 다룰 때 누가 먼저 침략했느냐 혹은 침략국이 피침략국을 어느 정도까지 억눌렀느냐에 대한 설명이 없기 때문이다.

[12] 정해은, 〈무보를 통해서 본 19세기 무과급제자의 관직 진출 양상〉, 《조선시대의 사회와 사상》 조선사회연구회, 1998; 정해은, 〈조선 후기 선천宣薦의 운영과 선천인의 서반직 진출 양상〉, 《역사와 현실》 39, 2001; 장필기 〈조선 후기 『무보』의 자료적 검토〉, 《조선시대 사학보》 7, 1998.

[13] 몇몇 이슈에 있어서는 해방 후 한국 사학자들은 부적절한 근거에 기반해 논의를 진행하기도 했다. 이에 대한 전반적인 비판은 다음 저서를 참고할 수 있다. (Palais, "A Search of Korean Uniqueness" 409~425).

[14] 대부분의 한국 역사가들이 첫 번째 흐름을 강조했지만 서구의 학자들은 후자를 강조했다. 최근 대부분 남한의 거시적인 연구는 이러한 접근 방법을 채택하고 있다. (이태진, 《한국사회사연구》, 지식산업사, 1986; 이기백, 《한국사신론》, 일조각 1990; 한영우, 《다시 찾는 우리 역사》, 경세원, 1997). 북한의 학자들은 마르크스주의 관점에서 몇 번에 걸쳐 수정된 두 가지 관점을 반영하고 있다. (사회과학원 역사연구소, 《조선전사》 33; 손영종·박영해, 《조선통사》, 사회과학출판사, 1987). 북한 역사학계에 대한 전체적인 리뷰를 보기 위해서는 다음 연구를 참

고할 수 있다. (정두희,《북한의 역사학 체계 개관》, 동아연구소 33, 1997; 안병우·도진순,《북한의 역사학 인식》, 한길사, 1990). 한국사에서 시대적 연속성을 강조한 영문 저작으로는 던컨의 연구를 참고할 수 있다. (Wagner, The *Literati Purges*, Palais, *Confucian Statecraft and Korean Institutions*; Palais, *Politics and Policy in Traditional Korea*.)

[15] Thompson, 9~11.

[16] 위의 논의는 베버의 다음 저서에 기반하고 있다. (Weber, *Economy and Society*, 303~307, 392, 926~935, 938)

[17] 이 책의 다른 장에서 논의하듯이 조선 후기의 부유한 피지배층들은 직위, 관품, 관직, 족보 등을 통해 자신을 양반으로 공표하고 있었다. 이러한 흐름을 볼 때, 평민들 사이의 통념상 양반이 증가하고 있었다. 그러나 역사학자들의 실증적인 연구와 분명한 상식에 따르면 존재하는 귀족층은 새로 유입된 이들을 받아들이지 않아 비양반층은 양반 신분이 될 수 없다고 보고 있다.

[18] 영문에서는 '서얼'을 '첩의 아들secondary son'이라고도 번역하고 있다. 팔레의 연구에서는 서얼을 'nothos(pl. nothoi)'로 번역하고 있고 첩은 'secondary wife'로 번역했다. 'secondary son'과 'secondary wife'는 일부다처제였던 고려와 조선시대에 적용할 수 있는 유용한 용어이다. 동시에 필자는 'illegitimate son', 'concubine'을 조선시대 서얼을 표현하는 영어식 표현으로 선택했는데, 제도의 차별적인 측면을 더 전달할 수 있기 때문이다. 본 연구의 뒤에서 살펴볼 것인데 귀족의 서얼은 그의 부친에게 있던 사회적 특권을 다 누릴 자격이 없었다. 왜냐하면 서얼의 모친은 부친과 달리 신분이 낮았기 때문이다. 중인에 대한 정의는 다음 연구를 참고 할 수 있다. (송복, 〈근대이행기 중인 연구의 필요성〉,《한국근대 이행기 중인 연구》, 연세대 국학연구원, 1999, 17~52쪽).

[19] 논쟁이 끝난 것은 아니지만 이 문제에 대해 2004년 한 달 정도 역사학자들이 여러 매체를 통해 토론을 진행한 적이 있다. 당시 참여한 역사학자들은 크게 세 부류로 나눌 수 있다. 우선 한국사 전공자인 이태진, 고석규와 같은 한국 경제사가, 마지막으로 안병직과 에커트Eckert와 같은 서양사 연구자다.

[20] 필자의 상기한 논의에 대해 지적해준 익명의 평자에게 감사를 전하고 싶다.

[21] 조선의 양반에 대해 영어로 서술한 저작은 다음과 같다. (Palais, *Confucian Statecraft and Korean Institutions*, 34~41.)

[22] 김용섭, 정석종 그리고 김석희의 연구를 예로 들 수 있다.

[23] 와그너는 문과급제자의 후손들이 바뀌고 있는 점을 통해 이러한 변화를 잘 보여주고 있

다. (Wagner, "The Ladder of Success in Yi Dynasty Korea")

[24] 대표적인 연구는 다음과 같다. (Wagner, *The Literati Purges*; 송준호, 《조선사회사연구》, 일조각, 1987, Duncan.)

[25] 이성무, 《조선 초기 양반 연구》, 일조각, 1980; 한영우, 《조선 전기 사회경제 연구》, 을유 문화사, 1983; 유승원, 《조선 초기 신분제 연구》, 을유문화사, 1987; 최영호, 〈조선 왕조 전기의 과거와 신분제도〉, 《국사관논총》 26, 1991. 이성무의 연구는 조선시대의 양반을 귀족적 성격을 가진 구별된 사회계층으로 보았으나 와그너와 송준호 그리고 던컨이 규정 한 정도까지는 아니었다.

[26] 최성희, 〈조선 후기 양반의 사환과 가세변동〉, 《한국사론》 19, 1998, 355~356쪽.

[27] 필자의 논의는 스월의 다음 연구에 기반하고 있다. (Sewell, 1~29).

[28] Bourdieu "The Forms of Capital", 241~258.

[29] Bourdieu, *Distinction*, xii, 142~144.

[30] 통일신라 말부터 권세를 누리고 있던 호족豪族들은 10세기부터 중앙정부의 명령을 수행 하는 향리가 되었다.

[31] Duncun, 20, 32~33, 61~63, 78~81, 192~193.

[32] Ibid., 60~63, 80~81, 88~89, 152, 197~199, 218~220.

[33] 송준호의 정의에 따르자면, 조선의 양반은 중요한 성격을 공유하고 있다. 첫 번째로 양반 은 현창한 조상으로부터 뻗어나온 자손을 말한다. 그 자손은 조선 초기부터 관료이거나 학자였는데 양반의 조상으로부터 내려온 족보에 문제가 없다는 것을 보여주어야 했다. 따라서 양반은 낮은 신분의 여자는 첩으로 들이기만 하였고 본부인에게 후사가 없는 경 우에는 부계 혈족 가운데에서 입양함으로써 그의 지위를 물려줄 수 있었다. 두 번째로 양 반의 후손들은 그들만의 유교의식과 교육이 수반된 생활방식을 유지하였다. 세 번째로 양반 후손들의 신분은 세대가 내려가도 일반적으로 사회에 의해, 특히 다른 양반들에 의 해 인정되어야 했다. (송준호, 《조선사회사연구》, 160~164, 242~259쪽).

[34] 장동익, 〈고려 중기의 선군: 경군 구성의 이해를 위한 일시론〉, 442~484쪽(변태섭, 《고려사 의 제문제》, 삼영사 1986); Shultz, 9~12; Park, "Military Officials in Chosŏn Korea", 29~32.

[35] Shultz, 9~109.

[36] 고려시대에 문무관을 동시에 배출한 귀족가문은 '동주東州최씨'이다. 최유청崔惟淸 (1095~1174) 이후 문과에 발을 들여놓기 시작했고 주요한 문신이 후손 가운데 배출되었 다. 그러나 동주최씨 가운데 가장 유명한 이는 최영崔瑩(1316~1388) 장군이다. 최영 장군

은 무관 가운데서도 가장 유명하지만 그의 부친 최원직崔元直은 문과에 합격하였고 높은 관직까지 오르진 못했지만 관직을 역임하였다. 비슷한 귀족가문이 고려시대에는 종종 나타나고 있다. 이러한 당대의 흐름과 고려 후기 귀족의 성격에 대해 살피기 위해서는 다음 저작을 참고할 수 있다. (Shultz, 176~178; Duncan, 120~135; Park, "Military Officials in Chosŏn Korea", 31~41).

[37] Park, "Military Officials in Chosŏn Korea", 37~49.

[38] Ibid., 43~48; Hazard, 15~28.

[39] Park, "Military Officials in Chosŏn Korea", 48~63.

[40] 민현구, 〈조선 중기의 사병〉, 《제13회 동양학학술회의 강연초》, 단국대학교 동양학연구소, 1983, 36~37쪽.

[41] 《태조실록》 2:3b.

[42] Park, "Military Officials in Chosŏn Korea", 74~75.

[43] 《태조실록》 1:43b, 1:50b.

[44] 한영우, 《조선전기 사회경제 연구》, 을유문화사, 1983, 52~53쪽.

[45] 민현구, 앞의 논문, 37쪽.

[46] Park, "Military Officials in Chosŏn Korea", 76.

[47] Ibid., 77~78.

[48] Ibid., 79~80.

[49] Ibid., 80.

[50] Ibid., 83~84.

[51] Palais, *Confucian Statecraft and Korean Institutions*, 433.

[52] 《한국민족문화대백과사전》 오위五衛 조 참조.

[53] 조선의 관등체계는 고려시대부터 적용된 9등체계로 각각 품계는 정正·종從 각 9품으로 나뉘어 있었다. 관료는 관직이 없이 관품만 있는 경우도 있지만 현직에 종사하는 관료는 반드시 그에 어울리는 관품이 있었다. 조선의 중앙관직은 세 개의 구분된 층위가 있다. 대다수의 관료들은 6품 이하의 관직에 종사했다. 이들은 참하관參下官이라고 했는데 조회朝會에는 참여하지 못했다. 참상관과 참하관에 대한 대우가 매우 달랐기 때문에 참하관에서 참상관으로 올라가는 것을 '출육出六'·'승육陞六'이라 하여 명예롭게 생각하였다. 다음은 정3품을 기준으로 당하관과 당상관으로 구분된다. 당상관이 된다는 것은 최고의 의사결정기구에 참여할 수 있다는 것을 의미한다.

54 《한국민족문화대백과사전》 오위도총부五衛都總府 조 참조.

55 Park, "Military Officials in Chosŏn Korea", 86.

56 이와 관련한 중요한 연구는 다음과 같다. 오종록, 〈조선중기 병마절도사제의 성립과 그 운영(상)〉; 오종록 〈조선중기 병마절도사제의 성립과 그 운영(하)〉; 방상현, 《조선 후기 수군제도》, 민족문화사, 1991.

57 Park, "Military Officials in Chosŏn Korea", 87.

58 한영우, 《다시 찾는 우리역사》, 경세원, 1997, 250~51, 254쪽. 조선시대 군사조직에 대한 세밀한 연구는 다음을 참조하고 있다. (차문섭, 《조선시대 군사관계 연구》, 단국대출판부, 1996, 3~8, 249~252, 347~378쪽; 차문섭, 《조선시대 군제 연구》, 단국대출판부, 1973, 1~135쪽).

59 아래에서 의논하겠지만 유교적 통치자confucian ruler는 황제국가나 군주국에서 정형화되었듯이 법이나 강제보다도 도덕적 권고를 이용하여 국가를 통치하기를 더 선호했다. 이러한 세 가지 방법의 층위에 대해서는 페어뱅크Fairbank의 저작에 설명되어 있다. 필자는 이러한 구도를 유교국가였던 조선에도 적용할 수 있다고 본다. (Fairbank, 1~26)

60 Park, "Military Officials in Chosŏn Korea", 89.

61 잡과는 역과譯科, 의과醫科, 율과律科, 음양과陰陽科의 네 과목으로 이루어졌다. Ibid., 89~90.

62 Ibid., 90~91.

63 《태종실록》 3:3a.

64 활의 종류 중에 편전은 가장 작은 활이지만 1,000보步나 되는 가장 긴 사거리를 기록하고 있다. 또한 갑옷을 관통할 정도의 위력이 있었다. 《한국민족문화대백과사전》 활 조 참조.

65 《경국대전》은 개국 이후 두 세기 동안의 국가행정과 사회운영 전반에 관한 기본적인 조항을 담고 있다.

66 심승구, 〈조선초기 무과제도〉, 《북악사림》 1, 1989, 36~45쪽; 윤훈표, 〈조선 초기 무과제도 연구〉, 《학림》 9, 1987, 32~41쪽.

67 심승구, 〈조선초기 무과제도〉, 《북악사림》 1, 1989, 45쪽.

68 Park, "Military Officials in Chosŏn Korea", 103~105. 태종은 10대 시절 고려의 문과에 합격했는데 이를 듣고 변방의 무장으로 있던 이성계가 무척 기뻐했다는 이야기가 있다.

69 격구에 대한 세종 대 논의과정은 다음 기사에서 확인할 수 있다. 《세종실록》 28:8b, 30:15b~16a, 49:35b~36a.

70 이때부터 격구는 조선 후기에 폐지될 때까지 무과 식년시의 주요과목으로 채택되었다.

심승구, 앞의 논문, 40쪽; 이승무, 《한국의 과거제도》, 집문당, 1994, 236쪽.

[71] Park, "Military Officials in Chosŏn Korea", 108.

[72] 《세종실록》 48:25a~b.

[73] 그러나 조선시대에 무과에 합격하는 것이 수월했다고 말할 수는 없다. 이는 과거에 합격하는 연령을 통해 가늠해볼 수 있다. 1402년에서 1591년 사이 2,177명의 무과급제자 중 743명(34.1퍼센트)의 평균연령은 31.1세임에 비해서 문과급제자는 30대 초반이었다. 무과의 특성상 무술 연마에 체력이 필요하여 관념적으로 10대나 20대의 급제자가 대부분을 차지할 것이라고 생각할 수 있지만 실제 무과급제에는 오랜 시간 준비해야 하는 경전에 대한 이해가 반드시 필요했다.

[74] 1605년에 정부는 북방 경비에 필요한 무관을 다른 지역에서 선발하기 위해 정시를 시행했다. 그들은 지방에서 활쏘기 시험을 통과하면 다음 단계의 시험으로 진출할 수 있었다. 《연려실기술》 별집 10:4.

[75] Park, "Military Examination Graduates in Sixteenth-Century Korea", 5.

[76] Ibid., 6~7.

[77] Ibid., 8~10.

[78] 《명종실록》 27:21a.

[79] Park, "Military Examination Graduates in Sixteenth-Century Korea", 11~12.

[80] 한영우, 《다시 찾는 우리역사》, 경세원, 1997, 289쪽.

[81] Palais, *Confucian Statecraft and Korean Institutions*, 16.

[82] 이태진, 《한국사회사 연구》, 지식산업사, 1989, 91~121쪽.

[83] Palais, *Confucian Statecraft and Korean Institutions*, 50~60, 70~75.

[84] 이상백, 《한국사: 근세 초기편》, 476~78쪽, Palais, *Confucian Statecraft and Korean Institutions*, 112에서 재인용.

[85] Palais, *Confucian Statecraft and Korean Institutions*, 15~17, 61~91.

[86] Park, "Military Officials in Chosŏn Korea", 67~71, 149~153.

[87] 문과는 이조에서 총괄 관리하였다.

[88] Park, "Military Examination Graduate in Ealry Chosŏn", 127.

[89] 《세종실록》 49:5b~6a.

[90] 국가는 무과급제자들을 완전히 내금위(內禁衛)에 속할 만한 재능이 있는 자들로 간주하였다. (Park, "Military Officials in Chosŏn Korea", 127)

[91] Ibid.

[92] Ibid., 128.

[93] Ibid., 128~131. 활용한 통계는 필자가 무과합격자를 조사한 자료에서 나온 것이지만 전체적인 결론은 바뀌지 않았다.

[94] 심승구, 〈조선초기 무과제도〉, 《북악사림》 1, 1989, 63~71쪽; 윤훈표, 앞의 논문, 52~60쪽.

[95] Park, "Military Examination Graduates in Sixteenth-Century Korea", 12~15.

[96] 필자가 정리한 데이터 샘플에는 1495~1500년 사이 관직에 있던 사람들에 대한 정보가 포함되어 있다. 왜냐하면 연산군(재위기간: 1494~1506) 동안 처음 무과를 시행한 연도는 1495년이기 때문이다.

[97] Park, "Military Examination Graduates in Sixteenth-Century Korea", 16~19.

[98] 권태환·신용하, 〈조선왕조시대 인구추정에 관한 일시론〉, 《동아문화》 14, 325쪽; Michell, 71~72. 권태환과 신용하의 추정치는 Michell의 추정치보다 낮다. 그들은 공식적인 인구 숫자가 실제 인구수보다 적게 추정되었을지라도, 18~19세기의 기록은 실제 인구수와 호주의 숫자와 밀접한 관련이 있다고 보았기 때문이다. 권태환과 신용하는 여러 시기에 대해 보정을 하여 인구수를 추정하고자 호주에 2.5명을 곱하였고, 그 결과 정부가 추계한 내용을 바탕으로 조선시대 실제 인구는 증가할 수 있다고 보았다. 그들이 강조하였듯이 실제 인구를 추산하기 위해 적용하는 배율에 대한 유효성은 인구조사의 일관성과 상대적으로 호주에 영향을 끼치는 사회변동과 깊은 관련이 있다. (권태환·신용하의 논문 293쪽 참조). 조선시대의 인구와 흐름과 추정이 다르지만 Michell의 방법은 호주에 실제 인구수를 구하기 위해 7.95를 곱한 것을 볼 때 근본적으로 신용하와 권태환의 추정방법과 다르지는 않다. (Michell, 74)

[99] 이성무, 《조선 초기 양반 연구》, 일조각, 1980, 126쪽.

[100] 《명종실록》 7:70b~71a.

[101] Ibid., 22:68b~69b.

[102] Ibid., 30:31a.

[103] 《중종실록》 99:69a~76b.

[104] Park, "Military Examination Graduates in Sixteenth-Century Korea", 12~13.

[105] Ibid., 12~14.

[106] Ibid., 14.

107 1553년에 명종은 권지權知를 관서에서 다시 복설할 수 없는지 가능성 여부를 논의하도록 명을 내리고 있다.《명종실록》15:8b~9a.

108 Park, "Military Examination Graduates in Sixteenth-Century Korea", 14~15.

109 이수광,《지봉유설》《연려실기술》별집 5:77에서 재인용).

110 《연려실기술》별집 5:77에서 재인용.

111 Park, "Military Examination Graduates in Sixteenth-Century Korea", 15.

112 Ibid., 19.

113 Palais, *Confucian Statecraft and Korean Institutions*, 79~88.

114 최용호는 조선 초기 과거제는 관념적으로나 실질적으로 천민을 제외한 모든 사회계층에게 열려 있었던 사실을 강조하고 문과에 합격했던 비양반계층이 있다는 사실을 강조했다. 그럼에도 불구하고 최용호는 관직에 등극하게 되면 그들은 후손들이 특권을 영속적으로 누릴 수 있게 하기 위해 모든 수단을 동원했고 따라서 비양반층이 경쟁에서 성공하는 것은 어렵다는 사실도 인정하고 있다. (최용호,〈조선왕조 전기의 과거와 신분제도〉,《국사관논총》26, 1991, 143~82쪽).

115 과거에 응시하지 못하는 규정은 한영우가 해석한《경국대전》규정을 참고했다. 이러한 제한 규정은 문과뿐만 아니라 무과에도 동등하게 적용되었다. 한영우,《조선 전기 사회 사회경제 연구》, 을유문화사, 1983, 256~273쪽; 심승구,〈조선 초기 무과제도〉,《북악사림》1, 57쪽. 팔레는 상인, 장인匠人 그리고 그 자손들은 과거에 응시하거나 관직에 오르는 것 자체가 금지되었다고 서술하였는데 전거는 명확하게 밝히지 않았다. (Palais, *Confucian Statecraft and Korean Institutions*, 33, 964). 본고에서는 3장에서 개성상인에 대해 설명하며 이 문제에 대해서 좀 더 자세하게 살펴볼 예정이다.

116 Park, "Mikutary Examination Graduates in Early Chosŏn", 133~134.

117 법적으로 명확했던 서얼이나 향리들의 잡과 응시에 대해서도 논란이 있었던 점을 감안하면 이들의 과거 응시부터 규제했던 것이 놀라운 일은 아니었다. 서얼에게 잡과 응시를 허용할 것인가 여부에 대한 규례는 일관적이지 않았다. 조선 초기에 잡과는 장인匠人이나 고려로부터 내려온 향리의 자손들이 응시하고 있었는데 16세기에 들어오면서 양반들이 잡과에 응시하여 이들과 경쟁하고 있었다. 사실 16세기에 잡과합격자 중 64명이 유학幼學 출신으로 밝혀졌다. 하지만 1576년 이후에 유학 출신이 잡과에 합격한 사례는 나타나지 않고 있다. 이남희,〈16, 17세기 잡과 입격자의 전역과 관료진출〉,《민족문화》18, 1995, 258쪽.

[118] 이성무,《조선 초기 양반 연구》, 일조각, 1980, 13쪽.

[119] Park, "Military Officials in Chosŏn Korea", 68~69; Park, "Military Examination Graduates in Early Chosŏn", 135.

[120] 중앙정부의 관직자는 항상 품계를 가지고 있었으나 품계를 가지고 있다고 해서 관직이 있는 것은 아니다. 그래서 품계는 명목상으로만 기능하고 있다. 한량閑良에게 과전을 지급하는 것은 서울에 번상하는 대가였으나 실질적인 이유는 관직이 없는 자들에게 경제적으로 생활할 터전을 마련해 주는 차원이었다. Palais, *Confucian Statecraft and Korean Institutions*, 44.

[121] 《민족문화대백과사전》 한량閑良 조 참조. 도시都試와 관련해서 자세한 설명은 심승구의 다음 연구를 참고할 수 있다. (심승구, 〈조선 초기 도시와 그 성격〉, 《한국학보》 60, 1990, 98~134쪽).

[122] 정도전, 〈조선경국전朝鮮經國典〉 상 《삼봉집》, 214~15쪽; Palais, *Confucian Statecraft and Korean Institutions*, 81~82, 681에서 재인용.

[123] 《민족문화대백과사전》 한량閑良 조 참조.

[124] 급제자 가운데 41퍼센트는 현직 또는 전직 무반이었다. Park, "Military Examination Graduates in Early Chosŏn", 137; 박영진(Eugene, Y. Park), 〈조선 초기 무과 출신의 사회적 지위〉, 《역사와 현실》 39, 2001.

[125] 무과 출신자 부친들은 문무반직을 다양하게 거치고 있는데 절반 이상이 종4품 이상이었다. 주목할 만한 점은 이 중에서 적어도 5분의 1은 종3품 이상의 관직에 임명되었거나 그 이상에 임명된 적이 있는데, 종3품 이상의 실직實職관료의 아들은 제한된 범주 내에서 음직을 사여 받을 수 있었다. (박영진, 앞의 논문, 108쪽).

[126] 133개의 가문들 중 74개는 한 명의 합격자만 배출했고 59개는 2~8명의 합격자를 배출했다. 특징적인 부분은 59개의 가문 중에 49개 가문은 적어도 경상도와 전라도에 기반을 둔 2명 이상의 무과합격자를 배출했다(83.1퍼센트). (박영진, 앞의 논문, 110~113쪽).

[127] 이태진,《한국사회사연구》, 지식산업사, 1984, 91~121쪽; 이태진, 〈14~16세기 한국의 인구증가와 신유학의 영향〉, 《진단학보》 76, 1993, 110~113쪽.

[128] 조선 후기에 등장한 문중에 대한 개념은 다음과 같은 개념을 공유한 사람들로 구성되어 있다. (1) 몇 세대에 걸쳐서 일정한 지역에 거주하는 경우. (2) 시조始祖가 정착한 이후 후손들이 전승된 점. (3) 조상에 대한 제사를 모시고 있는 것. (4) 종산宗山을 유지하고 있는 것. (5) 정기적으로 족보를 편찬하는 것. (6) 돌림자를 사용하고 있는 것. (7) 부계친족 내에서 입양이 이루어진 것. (8) 명망 있는 가문과 통혼관계. Deuchler, 6~14, 283~303.

[129] Deuchler, 29~179.

[130] '당내堂內'라고 하는 부계 친족집단은 오복제五服制에 기초하여 친고조親高祖의 상喪을 치렀다. 송준호,《조선사회사연구》, 일조각, 1987, 20쪽.

[131] Park, "Military Examination Graduates in Early Chosŏn", 143~150; 박영진, 앞의 논문, 111~120쪽. 세 번째 패턴은 와그너의 연구에 따르면 본질적으로 훈구파와 사림파는 사회적 배경이 다르다고 하기보다는 학문적 성향과 정치적 수사법에 있어서 신유학의 신봉 정도에 따라 차이가 나타난다고 하였다. (와그너Wagner,〈이조 사림 문제에 관한 재검토〉,《전북사학》4, 1980, 163~173쪽). 이 기간 동안 밀양박씨의 무과합격자들은 이러한 경향을 잘 보여주고 있다. 8명의 무과합격자 중에 4명이 경상도 출신이었다. 사실 이들 4명 중 3명이 서로 관련이 있다. 같은 지역의 2명은 증조부와 증손자였으며 그에 비해 세 번째 합격자는 부근에 살고 있는 증손자였다. 반면에 네 번째 합격자는 멀리 떨어진 지역에서 거주하고 있었고 나머지 셋과는 비록 11세기 무렵에 살았던 조상으로부터 분화되었지만 먼 친척관계였다. 가까운 부계친척 가운데 문과합격자가 없던 네 번째 합격자와 달리 나머지 세 명은 가까운 부계친척 가운데 문과급제자가 존재했다. 증조부의 사촌이 서울에 살고 있었고 5명의 문과 급제자는 3촌 이내의 친족 범위였다. 그들 가운데에는 15세기 세조의 왕위 찬탈을 도운 공신집단이었고 15세기에 등장한 다른 공신도 있다. 서울의 밀양박씨 가계는 보수적인 공신집단의 면모를 보이고 있다. 그러나 또한 박훈朴薰(1484~1540)과 같이 기묘사화로 훈구에게 축출당한 문과합격자도 있었다. Park, "Military Examination Graduates in Early Chosŏn", 148~149.

[132] 심승구,〈조선 선조 대 무과급제자의 분석〉,《역사학보》144, 1994, 47~48쪽.

[133] 송준호,《조선사회사연구》, 일조각, 1987, 248쪽. 조선에서 사조四祖는 개인의 가계를 밝힐 때 관습적으로 언급해주었다. 그런데 이러한 형식은 중국의 제도에서 유래했지만 외조부를 사조四祖에 포함시킨 것은 조선만의 특징적인 면이라고 할 수 있다.

[134] 한영우,《조선전기 사회경제연구》, 을유문화사, 1983, 264~273쪽.

[135]《민족문화대백과사전》한량閑良 조 참조.

[136] 차문섭,《중종조의 정로위》, 단국대출판부, 1973, 136~157쪽.

[137] 종량從良된 공·사천公私賤도 동일하게 무과에 응시할 수 있는 자격을 부여했다. (《선조실록》17:3a).

[138] Park, "Military Examination Graduates in Sixteenth-Century Korean", 22~23.

[139] 조일朝日 간의 이러한 조정에 대해 확립된 것을 확인하려면 다음 연구를 참조할 수 있다.

(Robinson, Kenneth R. "From Raiders to Traders: Border Security and Border Control in Early Chosŏn, 1392~1450" *Korean Studies* 16(1992), 94~115).

[140] Park, "Military Examination Graduates in Sixteenth-Century Korean", 23~24.

[141] Ibid., 24~25.

[142] Park의 "Military Examination Graduates in Sixteenth-Century Korean"의 논문에서 제시한 통계 외에 심승구의 연구에서도 같은 양상을 확인하고 있다. 심승구, 〈조선 선조대 무과급제자의 분석〉,《역사학보》144, 1994; 심승구, 〈임진왜란 중 무과급제자의 신분과 특성〉,《한국사연구》92, 1996; 심승구, 〈임진왜란 중 무과의 운영실태와 기능〉,《조선시대사학보》1, 1997.

[143] 10개의 현존하는 방목에 기록된 1,060명의 무과급제자들은 1495년부터 1591년 사이 전체 무과합격자의 4분의 1에 해당한다. 그 가운데 내금위를 구성하는 무관은 방목에 따라 12.3~50퍼센트의 비중을 보이고 있다. (Park, "Military Examination Graduates in Sixteenth-Century Korean", 5, 28~29).

[144] Ibid., 30.

[145] 1,060명의 무과급제자 중에 정로위는 어느 곳이든 0~18.3퍼센트를 방목에서 차지하고 있었다. 0~0.9퍼센트는 향리, 동일한 수치의 공생·정병 등도 있다. 물론 이러한 수치는 매우 미미하고 마지막 세 부류의 경우 수치상 채 1명의 급제자도 배출하지 못하고 있다. 그렇지만 이를 통해 조선 초기 비양반층이 무과에 참여하고 있다는 사실을 확인할 수 있다. Ibid., 30~31.

[146] 1,060명의 정보 중에 부친의 신분을 확인할 수 있는 자는 763명인데 이들 중 3품 이상의 문무관직자는 2.1퍼센트였고, 종친부의 관직을 갖는 경우는 1.8퍼센트, 장교elite guard는 13.1퍼센트 그리고 유학은 18.9퍼센트를 차지했다. 나머지는 직역을 가지고 있거나 사마시에 합격한 자들이었다. Ibid., 31~32.

[147] 호장戶長이 차지하는 비율은 0.8퍼센트였는데 비해 정병은 0.1퍼센트에 불과했다. Ibid., 32.

[148] Ibid., 31~33.

[149] 이 양상은 박현朴鉉(1250~1336)을 중시조로 둔 밀양박씨 가문에서 뚜렷이 나타난다. 박현의 직계손들은 문관과 무관이 되었을 뿐 아니라 15세기 말 훈구파들과 신진사대부들을 갈라놓은 정치적 분열 속에서도 정계에 발을 들였다. 1500년부터 1599년까지, 박현의 자손 들 중 적어도 18명의 무관과 9명의 문관, 4명의 기술직 중인, 또 34명의 생원·

진사시 합격자들이 나왔다. 이 중 18명의 무관은 모두 8촌 이내에 무과급제자가 있었던 반면, 12명의 무관만이 8촌 이내 문과급제자와(66.7퍼센트) 14명의 생원·진사시 입격자가 있었다(77.8퍼센트). 그러나 흥미롭게도 11퍼센트의 무과급제자만이 취재에 합격한 가까운 친척이 있었다. 이렇듯 밀양박씨 가문은 내부적인 문무과 차이의 초창기 모습을 보여주면서 이 시기에 지역적으로 더욱 분산되어 버린 양반가문의 분화를 전형적으로 보여준다. 15세기에 관직에 올랐던 박현의 자손들은 두 개의 지역에만 분산돼 있었던 반면, 16세기 자손들은 조선 팔도 중 7개의 지역에 분산되어 있었다. 본서의 2장에서 논의된 바와 같이, 이 가문은 조선 후기에 들어서면서 무과 쪽으로 집중되었다.

150 Ibid., 39~40.

151 Ibid., 40.

152 Ibid., 46~49.

153 조일전쟁에 대해 간단하게 참고할 수 있는 영문저작은 다음과 같다. (Elisonas, 271~290).

154 1570년대까지, 조선의 지배적인 정치적 화두는 도덕적 정통성이었다. 또한 경연에서 대간과 이조 낭관들이 가장 활발하게 언급한 것도 도덕적인 문제였다. 본래 이조 낭관은 후임을 자천제自薦制를 통해 선발할 수 있었는데 이러한 제도 덕택에 정책에 대해 비판을 효과적으로 할 수 있도록 뒷받침했다. 그러나 이러한 시스템은 관련된 관원의 성격에 달린 문제로 실제로는 본인들의 이익이 관련된 붕당의 후임자에게 계승하고 있었다. 조선의 기본 덕목이 '효'가 포함되어 있으므로 모두 조상이나 스승의 기본 이념을 옹호하려는 경향이 있었기 때문에, 붕당에 대한 충성심은 갈수록 세습되어 갔다. (이성무, 〈조선 후기 당쟁의 원인에 대한 소고〉, 《이기백선생고희기념한국사학논총》, 일조각, 1994, 1215~1223쪽).

155 《선조실록》 23:8b, 《선조실록》 43:17b 《경국대전》 이후 1746년에 간행된 《속대전》에서야 조총에 대한 내용이 포함되어 있다. 《속대전》 4:26b~27a.

156 차문섭, 《조선시대 군제연구》, 단국대학교출판부, 1997, 179~431쪽.

157 Palais, *Confucian Statecraft and Korean Institutions*, 417~420, Palais, *Politics and Policy in Traditional* Korea, 322, n.42.

158 Palais, *Confucian Statecraft and Korean Institutions*, 88~91.

159 Palais, Ibid., 112, 809~854, 866~868. 대동법은 정부에서 공인을 통해 필요한 물품을 구입하도록 만들었는데 이러한 환경에서 상업은 발달하고 있었다. 1697년 숙종이 상평통보의 주조를 멈추고 영조 대인 1731년에 주전을 재개하는 동안 조선에서는 디플레이

선이 나타났다. 그러나 사상私商의 활동이 활발하게 나타나면서 조선의 상업은 이전 시기보다 훨씬 자유롭게 전개되고 있었다. (Palais, Ibid, 866~876, 924~963, 980~998).

160 Palais, Ibid., 550~568; Palais, *Politics and Policy in Traditional Korea*, 92~97.

161 1402~1591년 사이의 무과급제자 수는 심승구의 연구에서 인용했다. (심승구, 《조선 초기 무과 연구》, 국민대학교 박사학위논문, 1994). 필자는 1592~1607년 사이 무과급제자를 전체 합격자 숫자에서 조선 초기와 후기의 급제자를 제함으로써 산출하였다. 정해은은 1608~1894년 사이 무과급제자의 추계를 778명의 정시급제자를 포함하여 11만 9,023명으로 산출했다.

162 1460년에 시행되었던 15세기의 두 번의 무과는 여진족 토벌작전과 관련이 있다.

163 서얼들은 두 급의 왜군 머리를 가져와야 했던 것에 비해 양인들은 세 급 이상의 왜군 머리를 가져와야만 조일전쟁이 종결된 이후 정시에 나갈 수 있는 자격이 주어졌는데 총 279명이 이에 해당되었다. 《선조실록》 39:30a, 34b~35b.

164 이기李塈, 《송와잡기松窩雜記》(《연려실기술》 별집 10:3에서 인용).

165 《선조실록》 28:6b.

166 이수광, 《지봉유설》(《연려실기술》 별집 10:3에서 인용).

167 《선조실록》 27:17b.

168 유몽인, 《어우야담》(《연려실기술》 별집 10:3에서 인용).

169 이수광, 《지봉유설》(《연려실기술》 별집 10:4에서 인용).

170 조청전쟁 이전까지의 군사사에 대한 연구는 이전에 다루어졌다. 조선 군사사에 대해 잘 못 서술된 부분을 언급한 영문 성과는 다음 저서를 참고할 수 있다. (Palais, *Confucian Statecraft and Korean Institutions*, 92~101).

171 예를 들면 광해군 대에 조선은 함경도에서 문과를 시행하지 않고 무과만 시행했다. (이수광, 《지봉유설》(《연려실기술》 별집 10:4에서 인용)).

172 《광해군일기》 138:8a~9a. 《광해군일기》는 정족산본을 인용했으며 그렇지 않을 경우 별도로 표시했다. 사실 1618년 강홍립이 참전하던 시기 총 병력은 만 명으로 사수射手 3,500명, 살수殺手 3,000명으로 구성되었다. 《광해군일기》 130:12b~13a). 하지만 1619년 봄 강홍립 군대가 압록강을 넘어 만주로 들어갔을 때에는 병력이 1만 3,000명에 달했다. (《광해군일기》 137:10a).

173 《광해군일기》 143:21a, 23b~24a, 144:13a.

174 《광해군일기》 144:12b~13a.

[175] 《연려실기술》 별집 10:4. 경상도의 무과급제자 중 선별적인 인원에 대한 정보를 제공해 주는 자료에 무과에 합격한 총 인원이 3,000명 이상이라고 기록되어 있다. (《교남과방록》 4, 〈호방〉1:20a). 현대 연구는 이보다 낮은 수치를 제시하고 있다. (이홍열, 〈만과 설행의 정책 사적 추이: 조선 중기를 중심으로〉, 《사학연구》 18, 1964, 229쪽; 송준호, 〈이조 후기의 무과의 운영 실태에 관하여－정다산의 오란설五亂說을 중심으로〉, 《전북사학》 1, 1977).

[176] 《연려실기술》 별집 10:4.

[177] 《인조실록》 33:6a~7a.

[178] Toby, Ronald P. "Carnival of the Aliens: Korean Embassies in Edo-Period Art and Popular Culture" *Monumenta Nipponica* 41,4(1986), 415~456.

[179] 필자는 북벌론에 대한 다음 연구 성과를 기반으로 관련 내용을 서술하였다. (이경찬, 〈조선 효종조의 북벌 운동〉, 《청계사학》 5, 1998, 177~260쪽; 김세용, 〈조선 효종조 북벌연구〉, 《백산학보》 51, 1998, 121~153쪽; 홍종필, 〈삼번의 난을 전후한 효종 숙종연간의 북벌론〉, 《사학연구》 27, 85~108쪽; 박기인, 〈18세기 북벌론과 대청방어전략對淸防禦戰略〉, 《군사》 41, 2001, 245~272쪽).

[180] 홍경래는 1811년 음력 12월 18일에 봉기했는데 양력으로는 1812년 1월 31일에 해당된다. 한국에서의 연구 성과는 음력을 따라 1811년에 홍경래의 난이 일어난 것으로 표기하고 있다. 저자는 원문에서 양력을 기준으로 홍경래의 난 발생연도를 1812년으로 표기하고 있는데 이 책에서는 독자들의 편의를 위해 원문과 달리 음력을 기준으로 해당 연도를 표기하였다.

[181] 1589년에 정부는 그때까지 200여 년간 명나라에 잘못 기록된 태조 이성계李成桂의 세계 世系를 시정해달라는 주청에 성공하면서 증광시를 시행했다. 이 사건은 종계변무宗系辨 誣로 알려져 기념했다. 정해은, 《조선 후기 무과급제자》, 한국정신문화연구원 박사학위 논문, 2002, 21쪽.

[182] 알성시는 왕이 성균관 문묘文廟에 예를 표하는 의식을 동반한다. 춘당대는 창경궁의 안쪽에 위치해 있다.

[183] 정해은, 앞의 논문, 2002, 21~22쪽.

[184] 정해은은 553회의 무과 가운데 선발 인원을 알 수 있는 시험은 총 477회라고 확인하였다. 정해은이 확인한 조선 후기 총 무과급제자의 숫자 11만 9,023명 가운데에는 778명의 정시 급제자가 포함되어 있다. (정해은, 앞의 논문, 33, 35쪽).

[185] 정해은, 앞의 논문, 34쪽.

[186] 최명길, 《지천집遲川集》(《연려실기술》 별집 10:5에서 인용).

¹⁸⁷ 송시열,《우암집尤庵集》(《연려실기술》별집 10:5에서 인용).

¹⁸⁸ 송시열은 개인적으로 교유한 무관들의 행장行狀을 지어주기도 했다. 그 가운데 몇몇은 조선시대 인물전기 모음에 포함되어 있는데 송시열이 지은 행장은 이 저작에 상당부분 포함되어 있다. (이상은,《한국 역대 인물전 집성》5, 민창문화사, 1990).

¹⁸⁹ 《비변사등록》28책 3:2d~3a.

¹⁹⁰ 붕당이 격화되면서 당대 군영으로 조직된 군사력을 어떻게 이용하고 있었는가에 대한 내용은 다음 연구를 참고할 수 있다. (오종록, 〈붕당정치와 군영〉,《역사비평》29, 1995, 301~ 307쪽).

¹⁹¹ 《비변사등록》3책 :465a~466a.

¹⁹² 이러한 방식의 무과급제자들에 대한 처리는 1637년과 1651년에도 있었다. (《연려실기술》 별집 10:5에서 인용한《비변사등록》에서 확인할 수 있다).

¹⁹³ 《숙종실록》17:21b~22a.

¹⁹⁴ 《비변사등록》(《연려실기술》별집 10:6에서 인용).

¹⁹⁵ 《비변사등록》339책, 18:4a~4b.

¹⁹⁶ 《숙종실록》22:1a~2a.

¹⁹⁷ 《숙종실록》8:55b.

¹⁹⁸ 송준호, 〈이조 후기의 무과의 운영 실태에 관하여〉,《전북사학》1, 1977. 전체적인 내용 은 조선 후기 무과에 필요한 무술은 1746년《속대전》에 기록된 대로 다음 내용을 포함하 고 있다. ① 조총, ② 유엽전柳葉箭, ③ 관혁貫革, ④ 편추鞭芻, ⑤ 기창騎槍이 그 다섯 가 지이다. (《속대전》4:24b~27a). 격구나 기사騎射는 시험에 포함되지 않았다).

¹⁹⁹ 송준호, 〈조선 후기의 무과의 운영실태에 관하여〉,《전북사학》1, 1977, 32~33, 35~36.

²⁰⁰ 《효종개수실록》10:2b~3a.

²⁰¹ 《숙종실록》6:4b.

²⁰² 《영조실록》121:17b.

²⁰³ 송준호, 〈조선 후기 무과 운영실태에 관하여〉,《전북사학》1, 1977, 32~33, 35~36쪽.

²⁰⁴ 필자가 작성한 데이터베이스에 따르면 3만 2,327명의 급제자 가운데 2만 7,367명이 이 기간에 급제했으며, 그 가운데 2만 2,141명(80.9퍼센트)의 나이를 확인할 수 있다.

²⁰⁵ 《숙종실록》6:5a.

²⁰⁶ 하지만 읍지에 올라 있는 문무과급제자들이 모두 양반임을 의미하는 것은 아니다. 이런 종류의 자료들을 여러 해 연구한 결과, 필자는 조선 왕조 마지막 무렵의 기록이 상층부

의 신분 변동을 반영하고 있다는 사실을 확인할 수 있었는데, 향안鄕案에 나타난 양반 외 신분의 급제자들이 읍지에도 기록되어 있었기 때문이다.

207 정해은에 따르면 1612년부터 1882년까지 무과에 급제한 1만 6,643명 가운데 1만 6,575명의 직역을―1637년 산정정시 방목에 포함된 5,506명을 제외하고―현전하는 방목을 통해 파악할 수 있다고 한다. (정해은, 앞의 논문, 2002, 80~82쪽).

208 이준구,《조선 후기 신분직역 변동 연구》, 일조각, 1993, 100~111쪽.

209 문반직에서 상기한 관직을 받는 경우 관직에서 출세할 전망은 거의 없다고 볼 수 있다. (정해은, 앞의 논문, 2002, 102~113쪽).

210 정해은, 앞의 논문, 81쪽.

211 《정조실록》 18:52a~b.

212 《정조실록》 54:2b.

213 시마 무츠히코는 조선의 문중에 대한 주요 연구에서 혈연집단을 'clan'이라고 하고, 성관을 'clan seat'이라 칭하고 있다. (Shima, 89). 필자는 이러한 영역英譯에 대해 이의를 제기하지 않으며 특히 이러한 단어로 번역하는 것이 영어권 독자들로 하여금 가장 상류층의 동족집단segments과, 문중lineages, 가계lines와 같은 다양한 하부계층의 혈연집단들을 명확하게 구분할 수 있도록 해주었다는 점을 높이 평가한다. 그러나 필자는 던컨의 연구를 포함한 전근대 한국 연구에서 합의하에 사용하고 있는 '본관씨족descent group'이라는 단어를 혈연집단을 지칭하는 용어로 사용하고자 한다.

214 이러한 종류의 족보는 19세기에 문과, 생진과, 잡과에서도 만들어졌다. 일반적으로 저명한 가문 출신의 합격자들을 각각 기록하고 있다. 무보의 좀 더 자세한 기록 형식에 대해서는 다음 논문 참고할 수 있다. (정해은, 〈무보를 통해서 본 19세기 무과급제자의 관직 진출 양상〉,《조선시대의 사회와 사상》, 조선사회연구회, 1998, 188~189쪽; 장필기, 〈조선 후기 무반 가문의 벌열화와 그 성격〉, 영남대학교 박사학위논문, 1999, 9~11쪽)

215 《무보》, 장서각(2~1741);《무보》, 장서각(2~1742);《무보》, 하버드 옌칭도서관(K2291.7/1748a);《무신팔세보》, 하버드 옌칭도서관(K2291.7/1748a);《만성대동보》;《청구씨보》.

216 추가 정보를 얻기 위해 필자는 다음 자료를 참고하였다;《덕수이씨세보》 12(신~싱); 12b~17b, 66b~102b, 13(신~하) 1a~32a, 15(임~속): 1a~4b;《전의예안이씨족보》 I :36, 3:6~24, 3:50~197;《남성구씨세보》 10:2b~9a, 15b~70a, 85b~102b, II:1a~107b, 12:1a~108b, 125a~146b, 13:1a~141b, 14:1a~151b;《평양조씨세보》 I:2a~6b, 14a~16b, 19b~29a.

217 여섯 개 성관 가운데 19세기 동안에 배출한 무과급제자를 이전 3세기 동안 비교해보면

다음과 같다. 215명의 덕수이씨 무과급제자 가운데 47.9퍼센트, 199명의 전의이씨 급제자 가운데 48.2퍼센트, 155명의 능성구씨 급제자 가운데 36.7퍼센트, 155명의 평산신씨 급제자 가운데 51.6퍼센트, 146명의 평양조씨 급제가 가운데 50퍼센트, 61명의 수원백씨 급제자 가운데 65.6퍼센트, 해평윤씨, 경주김씨, 남원양씨, 밀양박씨, 전주이씨가 유력한 무반 가계에 포함된다. 차장섭은 진주유씨, 해주오씨, 안동김씨, 효령대군 가계인 전주이씨, 경주이씨의 무반계열이 포함된다고 보고 있다. 그러나 차장섭은 수원백씨, 평양조씨, 경주김씨, 해평윤씨, 남원양씨, 밀양박씨의 무반가계는 언급하지 않았다. 차장섭은 조선 후기 정치에서 문신과 함께 중요한 정치적 역할을 했던 '훈구세가'에 주된 관심이 있어서 상기한 성씨를 제외한 것이 아닌가 한다. (차장섭, 《조선 후기 벌열연구》, 일조각, 1997, 85, 200~204쪽). 필자는 차장섭이 살피지 않은 몇몇 무반가계를 선택해서 분석하고 있는데 특히 무예의 출중함 때문이 아니라 당색 때문에 등장한 가문을 선택하였다. 더욱이 다양한 《무보》는 덕수이씨, 전의이씨, 능성구씨, 평산신씨와 같은 무반가계를 포함하고 있지만 완벽하게 무과급제자를 동일하게 수록하고 있지 않다.

[218] 예를 들어 19세기 세도정치기 수십 년간 지배적인 권력을 누렸던 "신新" 안동 김문의 경우 조청전쟁 당시 척화론을 내세웠던 서인 정치가였던 김상헌金尙憲(1570~1652)과 그의 사촌의 후손이었다. (한국역사연구회 19세기 정치사연구반, 《조선정치사》 1, 청년사, 1990, 236~256, 327~339쪽; 차장섭, 《조선 후기 벌열연구》, 일조각, 1997, 58~62, 279~340쪽).

[219] 《명종실록》 6:26a.

[220] 후손들의 내역을 족보에서 확인하기 위해서는 다음 자료를 참고할 수 있다. (《만성대동보》 2:218a).

[221] 1장의 주석 131번을 참고할 것. 조선 초기 박훈 후손의 정치적 활동과 문과급제에 대한 모습을 자세하게 살필 수 있다.

[222] 《민족문화대백과사전》의 박승종과 박자흥 조 참조. 가문에 대한 자세한 내역은 다음 자료에서 확인하였다. (《밀양박씨규정공파대동보》 1:1~2, 4, 45~47쪽, 2: 446~532, 953~1157쪽; 《씨족원류》, 143쪽. 《씨족원류》의 페이지는 현대에 재간행하면서 붙인 것이다. 17세기에 간행된 원본에는 페이지가 없다. 17세기의 일부 북인은 서인과의 인적 관계 덕택에 관직에 올라 중간품계 정도까지 오를 수 있었다고 한다. 이러한 내용은 조선 후기 붕당에 대한 굳어진 이해에 대한 비판으로 임동재의 북인에 대한 논의에서 살필 수 있다.) 미간행 원고를 인용하게 해준 임동재에게 감사를 표한다.(Yim, Dong Jae. *Factional Ties in Seventeenth Century Korea: A Revaluation of Traditional Concepts*, Ph.D. diss., Harvard University, 1976).

223 《민족문화대백과사전》의 이이첨 조 참조. 가문에 대한 자세한 내역은 다음 자료에서 확인하였다. (《광주이씨대동보》 1:3~5, 16~17, 188~190쪽; 《씨족원류》 85~87쪽; 《만성대동보》 1:99a~b.)

224 《덕수이씨세보》 12(신~상): 12b~17b, 66b~102b, 13(신~하):1a~32b, 14(임~상):38b~96b, 15(임~하):1a~32a, 15(임~속):1a~4a.

225 《평산신씨대동보》 1(합편):20~27, 2:136~298. 3:346~891; 《씨족원류》, 624~625쪽. 조선 후기 선전관의 성격은 이후의 장에서 별도로 논의할 것이다.

226 1623년 이후 대북이 모두 제거되었지만 혈연관계는 이를 극복할 수 있을 정도로 영향력이 있었다(그의 누이는 이이첨의 며느리였다). 이기순, 《인조조의 반정공신세력에 관한 연구》, 홍익대 박사학위논문, 1989, 59~63쪽.

227 차장섭은 이러한 무반가계를 '훈무세가勳武勢家'라고 지칭했다. (차장섭, 앞의 책, 65~66, 85~88, 200~202쪽).

228 《영조실록》 103:4a.

229 《무예도보통지武藝圖譜通志》, 학문각, 1970, 35~38쪽.

230 문과급제자가 어떻게 소수의 가문에 집중되었는지 살필 수 있는 영문 저작은 다음과 같다. (Wagner, "The Ladder of Success", 3~6).

231 중인의 기원과 형성에 관한 연구는 다음과 같다. (한영우, 〈조선시대 중인의 신분계급적 성격〉, 《한국문화》 9, 1988; 이성무, 〈조선초기의 기술관과 그 지위〉, 《혜암 유홍렬박사화갑기념논총》, 1971, 193~229쪽).

232 《성원록》, 455, 464쪽(재간행본).

233 《덕수이씨세보》 12(신~상):12b~17b, 66b~102b, 13(신~하):1a~32b, 14(임~상):38b~96b, 15(임~하):1a~32a, 15(임~속):1a~4a; 《씨족원류》, 97~98쪽.

234 《평산신씨대동보》 1(합편):20~27, 2:136~298, 3:346~891; 《능성구씨세보》 1:1a~3b, 10:1a~1b, 2b~9a, 15b~70a, 85b~102b, 2:1a~107b, 12:1a~108b, 125a~146b, 13:1a~141b, 14:1a~151b; 《씨족원류》, 624~625, 713~715쪽. 중종반정과 달리 인조와 인조의 무관 측근이었던 구씨가문과 신씨가문은 반정에 깊숙하게 관여하고 있었다. (이영춘, 《조선 후기 왕위계승 연구》, 집문당, 1998, 135쪽).

235 정해은, 앞의 논문, 224~238쪽.

236 Kenneth Quinones, "Military Officials of Yi Korea:1864~1894." Ph.D diss., Harvard University, 1975, 697~700; Kenneth Quinones, "The Prerequisites for Power in Late Yi

Korea", 144~147.

237 강효석,《청고대방》, 한양서원, 1925.

238 《민족문화대백과사전》 신경진과 구인후 조 참조.

239 필자는 이 분석에서 중추부를 문관직으로 보았지만 설명이 필요하다. 조선에서는 실제 중추부를 다른 명백한 무관직과 함께 병조와 관련된 법규정으로 나열하였다. 반면에 문 관직과 관련된 직책은 이조항목에서 다루고 있다.《대전회통》 4:4:b~5a을 보면 확인할 수 있다. 이렇게 중추부를 무관으로 다루고 있는 것은 관직 자체가 물리적으로 다른 무관들과 함께 왕의 남쪽을 보고 있고 그의 서편에 위치해 있고 동편에는 문관들이 위치 해 있기 때문이다. 이러한 위치 배정은 아마도 고려시대에도 동일한 명칭으로 존재했던 군대나 안보와 관련된 중요한 문제를 심의하던 기관인 중추원에 반영된 것으로 보인다. 전통적으로 중추부를 중앙관직에서 무반으로 간주했지만 적어도 두 가지 이유 때문에 무관으로 보기 힘든 점이 있다. 우선 부서의 여러 장관직은 정3품 이상의 고위직으로 고 려와 조선에서 무관으로 정3품 이상 관직은 없었기 때문이다. 또한 조정에서는 종종 관 직을 산직散職으로 현직이 아닌 문관고위직에게 주었을 뿐만 아니라 재해가 심한 시기 구휼미를 제공한 자들이나 중인에게도 주었기 때문이다.

240 1800~1863년 사이 군영대장을 역임한 56명 가운데 19명이 문신 혹은 음직 출신이었다 (33.9퍼센트). 이 19명 가운데 7명은 외척이었던 안동김씨였다. 반면에 37명 가운데 21명 의 군영대장이 위에서 언급한 유력한 무신가문 출신이었다. (한국역사연구회 19세기정치사 연구반,《조선정치사》 2, 774~776쪽).

241 1593년부터 1882년 사이 음직으로 군영대장직에 오른 자들이 있었지만 대부분은 문과 급제자가 아닌 무과급제자들이 군영대장직을 차지했다.

242 무과급제자 가운데 군영장군직을 획득한 비율은 보다 정확하게 계산할 수 있다. 필자가 분석한 결과에 따르면 조선 후기 무과급제자 2만 7,367명 가운데 단지 123명(0.5퍼센트) 만이 군영장군직을 획득하였다. 필자가 분석한 데이터베이스에서 무관귀족 출신으로 우대된 3,700여 명의《무보》에 기록된 자들 가운데 3,200명을 제외하였기 때문에 3만 567명(2만 7,367명과, 3,200명의 합계) 가운데 3,700명 이상(12퍼센트 이상)이 관직에 나아간 것으로 추측할 수 있다. 그러나 필자가 종합한 자료에 양반이 아닌 경우 자료에 기록되 지 않은 경우도 많아 조선 후기 무과급제자를 약 9만 명이나 제외하였기 때문에 실제 조 선 후기 무과급제자 가운데 군영장군직에 오른 이들은 12퍼센트보다는 0.5퍼센트에 더 근접한다고 볼 수 있다.《무보》에 기록된 3,700명이 넘는 급제자들은 장필기의 다음 자

료에서 인용했다. (장필기, 《조선 후기 무반 가문의 벌열화와 그 성격》, 영남대 박사학위논문, 1999, 7쪽 주 1 참조).

[243] 이동희, 〈19세기 전반 수령의 임명실태〉, 《전북사학》 11·12합본, 1989, 212~219쪽.

[244] 6품직을 제수 받았던 장원급제자의 경우라도 예외 없이 장래에 대해 가문이나 지역적 배경을 염두에 두고 장래를 생각하고 있었다. (정해은, 《조선 후기 무과급제자 연구》, 정신문화연구원 박사학위논문, 2002, 199~210쪽). 와그너Wagner도 필자의 의견에 동의했다. 그는 1992년도에 문과급제자에 대한 토론에서 장원급제가 입사入仕 이후 관력에 결정적인 유리함을 가져다준다는 근거는 발견하지 못했다고 했다. 필자도 10여 년 이상 임명에 대한 기초자료를 통해 개별 사례들을 조사해본 결과 이에 동의한다.

[245] 조선 후기 무과급제자들의 평균연령이 32.4세였기 때문에 선전관청에 선전관으로 오른 자들이 무관귀족 출신이고 어린 나이에 무과에 급제했던 것은 놀랄 만하다. 선전관청에 천거되는 것은 무관직의 이후 관력에 있어서 중요한 의미를 갖는다고 볼 수 있다. (정해은, 《무보》를 통해서 본 19세기 무과급제자의 관직진출 양상》, 《조선시대의 사회와 사상》, 1998, 194쪽). 1776~1894년 사이 무과 출신으로 군영대장을 거친 72인 가운데 선천을 받은 이는 60명으로 전체의 86퍼센트를 차지했다. (정해은, 〈조선 후기 선천의 운영과 선천인의 서반직 진출양상〉, 《역사와 현실》 39, 2001, 156~157쪽).

[246] 차장섭은 자신의 연구에서 조선 후기 주요한 아홉 개 무반가문 가운데 여섯 개 가문의 당색을 확인했다. 소론과 노론, 남인이 그것이다. (차장섭, 앞의 책, 202~204쪽).

[247] 이시언은 무과에 급제한 이후 조일전쟁 전까지 관직에서 떠나 있다가 북인이었던 이산해李山海(1539~1609)의 천거로 등용되었다. 이후 광해군 대에 무반직의 중요한 관직에 제수되었다. 그는 1623년 북인들이 물러나게 되었던 인조반정에서 살아남았지만 서인들은 그의 충성심에 대해 의문을 품었다. 1624년에 일어난 이괄의 난 때에 다른 34명과 연좌되어 참수되었다. (《민족문화대백과사전》 이시언 조 참조).

[248] 《민족문화대백과사전》 이수량 조 참조.

[249] 《민족문화대백과사전》 남태징 조 참조.

[250] 이태진, 《조선 후기의 정치와 군영제 변천》, 한국연구원, 1985; 오송록, 〈붕당정치와 군영〉, 《역사비평》 29, 1995.

[251] 서울에 기반을 둔 귀족 관료집단은 세 가지 특징적인 주거형태를 보이고 있다. 경저京邸, 별야別墅, 향제鄕第가 그것인데 첫 번째는 서울에 있는 집이고, 두 번째는 서울로부터 하루 거리에 있는 곳에 위치한 별채인데 한강변에 위치한 경우가 많다. 그리고 세 번째는

연고지인 향촌에 위치한 집을 말한다. 특별한 별채를 별업別業이나 야소野所라고도 하는데 이것들은 임시거처로 중앙관료들이 은둔하는 장소이거나 은퇴 후의 거처로 사용되었다. 권세 있는 중앙양반은 이 세 가지 거처를 모두 유지하였다. 그러나 18세기 중반 들어 권세가들의 거처에 대한 두 가지 새로운 현상이 나타나기 시작했다. 첫 번째로 서울의 양반은 서울 외곽 한반도의 서중부近畿에 위치한 별채와 도성 안의 집을 두는 현상이다. 두 번째는 더 지방화한 양반들은 단지 향촌의 거주지만 소유하고 있었다. 주로 영호남지방에 은거하고 있던 향촌의 사족들은 근기 이외의 지역에 혈연적 기반을 가지고 있는데 이들을 진정한 향촌 지배층이라고 볼 수 있다. 이들은 향촌 내에서는 가장 영향력 있는 집단을 형성하고 있었다. 반면에 예를 들면 충청도와 같이 서울 양반이 별채를 유지하고 있는 곳에서의 향촌세력의 권한은 더 제한적이었다. 정승모, 〈京邸·郷第·別墅와 조선 후기 문화의 지역성〉, 189~204쪽(정두희·에드워드 슐츠, 《한국사에 있어서 지방과 중앙》, 서강대학교 출판부, 2003.)

[252] 한국역사연구회 19세기 정치사반, 《조선정치사》1, 1990, 165쪽.

[253] 이태진, 〈18세기 남인의 정치적 쇠퇴와 영남지방〉, 《민족문화논총》11, 1990.

[254] 이중환, 《택리지》(한국역사연구회 19세기 정치사연구반 편, 《조선정치사》 상, 청년사, 1990, 190쪽에서 재인용).

[255] 직부전시에 대한 기원은 심승구의 아래 연구를 참조할 수 있다. (심승구, 《조선 초기 무과연구》, 국민대학교 박사학위논문, 1994, 60~67쪽).

[256] 정해은, 《조선 후기 무과급제자 연구》, 한국 정신문화연구원 박사학위논문, 2002, 64쪽.

[257] 조선의 다양한 무예시험은 취재取才, 시재試才, 무과武科, 중시重試로 크게 네 종류로 나눌 수 있다. 시험은 비교적 간단하게 군영에서 병사와 관리를 선발하기 위해 시행했다. 군영은 무예 시사試射, 내시사內試射, 별시사別試射, 도시都試를 실시하여 군영의 병사들에게 무재武才를 권장하였다. 선발시험이나 무예를 경연하는 시험과 달리 무과는 적어도 이론상 관직을 보장하였다. 마지막으로 중시는 일종의 승진시험으로 볼 수 있다. (정해은, 앞의 논문, 66쪽, 주석 178).

[258] 정해은, 앞의 논문, 2002, 73~74쪽.

[259] 결국 한 종목에서만 만점을 받은 자에게 전시 이전의 무과를 면제해주는 제도를 제한하려는 노력에도 불구하고 국가는 그 입장을 정조 때부터 1863년 12월까지 적어도 네 번이나 바꾸었다. (정해은, 앞의 논문, 74~78쪽). 경향京郷 간의 격차가 벌어지고 있었지만 향반들이 특권적인 문과에 응시를 멈출지 여부는 명확하지 않았다. 향반들은 아마도 문과

제도에 대해 찬성할 수도 있지만 단순히 정치 혹은 지역적인 차별 때문에 최종 인재로 선발되지 않을 수도 있었다. 이상적으로는 영호남지방에서 과거에 응시하는 숫자의 변동에 대해 기록되어 있어야 하지만, 필자는 문과급제자의 거주지에 대해서만 알 수 있는 현존 자료를 발견했고 단지 문과제도에 대해 찬성하는 사람들의 지역적 배경에 대해 언급한 2차 연구나 1차 자료는 발견할 수 없었다. 수십 년간 조선의 문과제도에 대해 연구한 와그너 교수는 1990년대 초에 그러한 기록은 보지 못했고 그 존재에 대해서도 의문이 든다고 언급했다.

[260] 《인조실록》 28:33b.

[261] 정해은, 〈조선 후기 무과 입격자의 신분과 사회적 지위: 숙종~정조 년간의 『무과방목』 분석을 중심으로〉, 《청계사학》 2, 1994, 196, 238~240쪽.

[262] 조강과 그의 아들은 현존하는 《무과방목》에서 확인할 수 있다. (《김해향안급김해읍지절략金海鄕案及金海邑誌節略》 16b~17a, 《창녕조씨시중공파보昌寧曺氏侍中公派譜》》 I :4~6, 26~27).

[263] 가문에서 작성한 방목과 본가의 족보를 포함하여 18세기 자료에는 남평조씨를 창녕조씨로 기록하고 있다. 흥미롭게도 17세기 초반 공식적인 방목에 김해가의 먼 서울 친척으로 남평조씨를 기록하고 있다. 18세기에 김해가는 그의 처가 족보에 창원조씨로 기록하고 있다. 아마도 이 두 가지 경우로 볼 때 후계가문의 변이 추세가 남평에서 남원으로 다시 창원에서 창녕으로 변한 것을 반영한다고 할 수 있다.

[264] 후대 족보와 비교해볼 때, 17세기에 편찬된 현존하는 가장 오래된 《만성보》, 《씨족원류》는 서로 연관되지 않은 후계분파를 기록하고 있다. 그 기록에는 향리에 기원을 두거나 혹은 서로 상충되는 내용이 담겨 있다. 예를 들면 창녕조씨와 의성김씨의 후계에서 《씨족원류》는 고려시기의 족보 내용을 두 가지로 적고 있다. 심지어 이를 통해 볼 때, 이들은 향리가에 기원을 두고 있다는 설이 보다 명확해 보이기도 한다. (이수건, 《영남사림파의 형성》, 영남대출판부, 1984, 3~4쪽; 《한국 중세 사회사 연구》, 일조각, 1998, 30~33쪽, 《씨족원류》, 663쪽).

[265] 《백씨대동보》 I :23~24, 7: I ~17, 89~106, 265~70; 《씨족원류》, 663쪽.

[266] 김준형, 〈조선 후기 울산 지역의 향리층 변동〉, 《한국사연구》 56, 1987, 75쪽; 성해은, 《조선 후기 무과급제자 연구》, 87~88쪽.

[267] 필자의 연구는 강응환의 가계와 가족이력에 대해 살펴본 송준호의 연구에 기반하고 있다. (송준호, 《조선사회사연구》, 일조각, 1987, 376~415쪽).

[268] Pratt, Kieth and Richard Rutt, *Korea: A Historical and Cultural Dictionary*. Surrey, UK:

Curzon Press, 1999, 204.

[269] 이태극, 〈새 가사주해歌辭註解 삼편三篇〉, 《국어국문학》 25, 1962.

[270] 기旗가 상징하는 것은 동서남북 방향이다.

[271] 예를 들면 이조에서는 기근이 들었을 때 칠원현감漆原縣監이었던 강응환이 기근을 효과적으로 구제하였고 그의 월봉을 백성들에게 나누어 주었다고 칭송하고 있다. 《정조실록》 13:40b~41a). 강응환과 그의 아들 강재호는 무장지역에서 실시한 무과에 급제자로 등재되어 있다. 《호남지》 2:103b).

[272] Park, "Military Officials in Chosŏn Korea", 205.

[273] 《광해군일기》 130:27a.

[274] 《비변사등록》 6책 Ⅰ:464d~465b.

[275] 《정조실록》 39:27a.

[276] 김인걸, 〈조선 후기 향촌사회 구조의 변동〉, 《변태섭박사화갑기념사학논총》, 1985, 767~792쪽; 안병욱, "The Growth of Popular Consciousness and Popular Movement in the 19th Century: Focus on the Hyanghoe and Millan" Korea Journal 28 (April 1988)", 4~19쪽; 김현영, 〈조선 후기 향촌 사회 중인층의 동향〉, 《한국근대이행기 중인 연구》, 연세대출판부, 1999, 411~447쪽; 박성종, 〈18~19세기 전라도에서의 신향세력의 대두〉, 《이기백선생고희기념한국사학논총》 2, 1994, 1339~1367쪽; 한국역사연구회 19세기연구반, 《조선정치사》, 283~308쪽.

[277] 이러한 흐름을 대표적으로 주목한 연구는 다음과 같다. (송준호, 〈신분제를 통해서 본 조선 후기 사회의 성격의 일면〉, 《역사학보》 133, 1992, 1~62; Fujiya Kawashima, "A Study of the Hyangan: Kin Group and Aristocratic Localism in the Seventeenth and Eighteen-Century Korean Countryside", Journal of Korean Studies 5(1984): 30~24; 정진영, 〈조선 후기 동성촌락의 형성과 발달〉, 《역사비평》 28(1995 봄호), 335~343쪽).

[278] 지방 양반들이 식민지기에 세운 다양한 교육·문화 기구에 대한 내역은 최근에 편집한 김해의 지방읍지에서 발견할 수 있다. 《국역김해읍지》). 19세기의 새롭게 맺어진, 예를 들면 남평문씨와 같은 가문의 인척관계에 대한 정보를 얻기 위해서는 《창녕조씨시중공파보》 2: 50~51쪽을 참고할 수 있다: 조상 대대로 살아온 지역에 거주하는 후손들에게 남아 있는 양반이라는 정체성이 1945년 이후까지 지속되었던 것은 조선 왕조의 끝으로 향하는 사회변화의 패턴이 지역과 후손에 따라 크게 변하고 있던 사실을 보여준다. (송준호, 〈신분제를 통해서 본 조선 후기 사회의 성격의 일면〉, 《역사학보》 133, 1992, 57~62쪽).

[279] 송준호, 〈조선 후기 사회의 과거제도〉, 《국사관논총》 63, 1995, 89쪽.

[280] 최진옥, 《조선시대 생원生員·진사進士 연구》, 집문당, 1998, 265쪽.

[281] 필자의 의견은 부르디외의 다음 저작을 기반으로 하고 있다. (Bourdieu, Pierre. "The Form of Capital" In *Handbook of Theory and Research for the Sociology of Education*, ed. John G.Richardson, West port, CT:Greenwood Press, 1986, 243~248).

[282] Kawashima Fujiya, 11~16.

[283] 성씨의 원류를 기록한 《성원록姓源錄》에 따르면 왕조 말에 중인이 증가하고 있었다. 이것은 중인이 기술자들로만 이루어진 것이 아니라는 것을 보여준다.

[284] 성사제成思齊의 《두문동선생실기杜門洞先生實記》와 장석진의 《두문동유사杜門洞遺事》 같은 다양한 사료에서 충신의 이름이 일치하는 것은 아니다.

[285] 《영조실록》 127:60b.

[286] 《선조실록》 203:10a.

[287] 오성, 〈한말 개성지방의 호의 구성과 호주〉, 《이기백선생고희기념한국사학논총》 2, 일조각, 1994, 1708, 1725쪽.

[288] 국사편찬위원회, 《한국사》 33, 172, 348쪽.

[289] 오성, 《조선 후기 상인 연구》, 일조각, 1989, 24~53쪽; 강만길, 《조선 후기 상업자본의 발달》, 고려대출판부, 1973, 120~32쪽; 국사편찬위원회, 《한국사》 33, 172, 348~52쪽; Palais, Confucian Statecraft and Korean Institutions, *Harvard Journal of Asian Studies* 44.2(1984), 857~61, 974~78.

[290] 개성상인들은 왕조 말기 제국주의와 함께 들이닥친 근대상업자본에 간단하게 압도당했다. (Eckert Carter j. *Offspring of Empire: The Koch'ang Kims and the Colonial Origins of Korean Capitalism, 1876~1945.* Seatle, WA:University of Washington Press, 2000, 8~11).

[291] 《중경과보中京科譜》와 《팔세보八世譜》에는 124명의 개성 출신 문과급제자 명단과 각 인물의 최종 관직까지 기록하고 있다. 관원의 명단 가운데 39.5퍼센트는 수령과 같은 지방관으로, 14.5퍼센트는 3품 이상으로 진출할 수 있었다. 《중경과보》 1:1a~14a). 이러한 양상은 서울 근처에 살고 인구가 많고 경제적으로 위상이 높은 지역에 살더라노 고위관직으로 오르는 것은 매우 힘든 일이었다는 것을 확인해준다.

[292] 최근에 알려진 한국학중앙연구원의 자료에 따르면 4만 649명 가운데 559명이 개성 출신이다.

[293] Peterson, "Yangban and Merchant in Kaesŏng", *Korea Journal 19*(December, 1979), 4~15.

[294] Palais, *Comfusion Statecraft and Korean Institutions*, 33, 964.

[295] 이러한 배제는 15세기 후반에 효력을 나타냈고 이후 1865년《대전회통大典會通》에서 볼 수 있듯이 후속 법률과 함께 지속되었다. (《대전회통》 3:1a~b).

[296] 선조는 신잡과의 대화에서 과거에 개성에서는 문에 통달한 이가 있다는 말을 듣지 못한 데 비해 지금은 몇몇이 있다는 소문을 들었다고 한다. (《선조실록》 203:10a). 2장에서 살펴 보았듯이 조선 후기에 가장 두드러지는 무신가문으로서 평산신씨는 실질적으로는 문관 이었던 신잡과 그의 동생이었던 무관인 신립의 후손이었다.

[297]《현종개수실록》 4:54a.

[298] 네 종류의 명단은 조선 후기에 편찬된 개성읍지에 다양하게 실려 있다. 1782년 명단과 1855년 읍지에는 1648년 읍지 내용에 추가명단을 더했다. 반면에 1802년 읍지에 실린 명단은 이전 읍지에 있던 많은 합격자들이 빠져 있다. 반면에 이전 읍지에는 실려 있지 않은 사람들이 실리기도 했다. (《송도지松都誌》(1648),《송도지松都誌》(1782),《송도속지松都續誌》(1802),《중경지中京誌》(1855)).

[299] Park, 〈Local Elites, Descent, and Status Consciousness in Nineteenth-Century Korea〉,《한국사에 있어서 지방과 중앙》, 서강대학교출판부, 2003, 212~213쪽.

[300] 1648년부터 나타나는 무과급제자 375명 가운데 8명만이 1648년의 명단(2.1퍼센트)에 있고, 181명(48.2퍼센트)은 1782년 명단에 나타나고 있다. 그리고 110(29.3퍼센트)명이 1802년 명단에 있고 340명(90.6퍼센트)은 1855년 명단에 있다.

[301]《선조실록》 203:10a.

[302] 상동.

[303]《숙종실록》 25:23b~24a.

[304] Peterson, "Hangban and Merchant in Kaesong", *Korea Journal 19*(December, 1979), 12~15.

[305] 오수창,《조선 후기 평안도 사회 발전 연구》, 일조각, 2002, 157~158쪽.

[306] 정해은, 앞의 논문, 2002, 124~140쪽.

[307] 관서지방에 위치한 정주는 조선 전 시기에 걸쳐 서울 다음으로 많은 문과급제자를 배출해냈다.

[308] 오수창, 앞의 책, 331~341쪽.

[309] 만주지방에 대한 함경도 백성들의 관심은 청의 조청朝淸 국경지역에 대한 지배권 약화와 관련이 있다. 그 결과 조선인들이 만주로 거주지를 옮기게 되었다. (강석화,《조선 후기 함경도의 지역 발전과 북방 영토의식》, 서울대학교 박사학위논문, 1996, 217~221쪽).

[310] 예를 들면, 평안도 정주에 기반을 두고 있는 향촌 지배층이었던 밀양박씨 가문은 박흥둔 朴興遯의 후계로 19세기에 다수의 문과급제자와 생원진사시 합격자를 배출하고 있었다. 박흥둔은 연산군 대 사화로 대사간직에서 내려와 유배되었다고 한다. 이러한 내용은 후손들이 기록한《조선신사대동보》,《한국계행보》를 참고하여 확인할 수 있다.

[311] 《비변사등록》16책 2:364a~365b. Sun Joo Kim은 최근 홍경래의 난 연구에서 서북지방의 지배층에 대해서 중앙정부와 양반들이 구분짓는 방식에 대해 고찰하고 있다. 그리고 서북지방의 지배층들이 중앙과 지위에 대해 협상안을 찾는 과정을 보여주고 있다. '홍경래의 난'의 원인에 대해 설명하면서 Sun Joo Kim은 봉기에 성리학적 지식을 겸비한 향촌지배세력, 준지배계층 그리고 하층민들이 활발하게 봉기에 가담했다고 설명한다. 심지어 민간의 도참사상도 봉기에 원인을 제공했다고 살피고 있다. (Sun Joo Kim, *A Region Protests: Marginalized elite, regional discrimination, and the tradition of prophetic belief in the Hong Kyŏngnae rebellion of 1812*, Seatle, WA: University of Washington Press, 2007, 27~69). 최근 근대 이행기 관서민의 동향에 대한 논의는 다음 저작을 참고할 수 있다. (Hwang, K. M. From the Dirt to Heaven: Northern Koreans in the Chosŏn and Early Modern Eras, *Harvard Journal of Asiatic Studies* 62.1, June 2002. 135~178; Hwang, K. M. Beyond Birth: Social Status in the Emergence of Modern Korea. Cambridge, MA: Harvard Asia Center, Harvard University Press. 2004, 273~89).

[312] 《광해군일기》154:5a.

[313] Wagner Edward W., "The Civil Examination Process as Social Leaven: The Case of the Northern Provinces in the Yi Dynasty Korea", *Korea Journal* 17(1977), 22~27.

[314] Wagner, "The Ladder of Success in the Yi Dynasty Korea", *Occasional Paper on Korea* 1(1974), 3~6.

[315] Wagner Edward W., "The Civil Examination Process as Social Leaven: The Case of the Northern Provinces in the Yi Dynasty Korea", *Korea Journal* 17(1977), 22~25.

[316] 오수창, 앞의 책, 99~126쪽.

[317] 오수창, 앞의 책, 205~209쪽.

[318] 강석화, 앞의 논문, 24~60쪽.

[319] 더욱이 그들은 특별히 용호군龍虎軍에 배속되기도 했는데 이러한 사실을 통해 당시 국왕의 배려가 있던 사실을 확인할 수 있다.

[320] 또한 정조 대에 무과급제자들은 선전관으로 등록되어 적어도 내금위에서 6개월 이상 복무하고 난 후에야 관직에 제수될 수 있었다.

321 오수창, 앞의 책, 210~232쪽.

322 문과급제자이거나 중앙관직에 종사하는 등, 북부지방의 지배층에 속해 있던 자들은 중앙정부의 서북 차별에 대해 강한 불만이 있었지만 봉기에 참여하려고 하지 않았다. (Sun Joo Kim, *A Region Protests: Marginalized Elite, Regional Discrimination, and the Tradition of Prophetic Belief in the Hong Kyungnae Rebellion of 1812*. Seattle, WA: University of Washington Press, 151~157).

323 송준호, 《조선사회사연구》, 일조각, 1987, 159쪽.

324 전경목은 영호남지방 양반가문에 대한 사례 연구에서 서울의 양반가문과 상기한 관계를 유지하는 데에, 과거에 합격자를 내지 않은 가문이 도덕적 가치, 학문적 명성, 지방에서의 사회적인 관계 등만으로 양반 지위를 유지할 수는 없다고 보았다. 전경목은 한양에 거주하는 양반과의 관계망은 조선 후기 지방에 거주하는 양반들에게 상당히 중요한 의미가 있다고 언급했다. (전경목, 《고문서를 통해서 본 우반동과 우반동 김씨의 역사》, 신아출판사, 2001, 247~290쪽). 전경목은 상기한 관계를 조금 과장한 것 같지만 반면에 조선 후기 근본적인 세습적인 지위에 대해서는 간과하였다. 그럼에도 불구하고 전경목은 조선 후기 지방귀족이 중앙귀족과 관계를 형성하여 지위와 관직을 얻는 조선 후기 현상에 대해 논리적인 설명을 하고 있다.

325 향리와 양반 사이의 관계는 이훈상의 다음 저작에서 논의하고 있다. (이훈상, 〈조선 후기 읍치 사회의 구조와 제의〉, 《역사학보》 147, 1995, 47~94쪽).

326 조선 후기 무관들을 별도로 설명한 최초의 영미권 연구자인 황경문은 무반이 문관가계와 구분되어 있고, 무반은 지배계급으로 양반의 최하등급과 동등하게 생각할 수 없다고 보았다. 사실 그는 무반을 왕조 말기나 심지어 식민지기까지 확대된 그들의 지위에 관해서 서얼이나 중인 그리고 향리와 같은 계층으로 구분하고 있다. (Hwang Kyung Moon, *Beyond Birth: Social Status in the Emergence of Modern Korea*. Cambridge, MA: Havard University Asia Center, 2004, 290~354). 조선 후기 무관들은 다양한 사회적 배경을 가지고 있었다. 다음 장에서 살펴보겠지만 중앙의 무신들은 양반의 구성원이라는 강한 결속력이 있었는데 물론 중앙 문과 출신 귀족과 남부지방의 향반들을 포함하고 있다. 황경문은 무관직을 가지고 있거나 무관을 배출하는 가계는 귀속적인 사회적 속성이 있는 것으로 그의 연구에서 과대평가하고 있다. 양반가계의 일부만 기록하고 있는 《만성대동보》와 서울의 중인 가계를 포함하고 있는 《성원록》은 둘 다 두드러지는 무과급제자나 무관의 가계를 다수 담고 있다. 물론 조선 후기 호적에도 명백하게 평민인 가계에서도 상기한 인물을 확인할 수 있다.

[327] Palais "Confucianism and the Arisocratic/Breaucratic Balance in Korea", *Harvard Journal of Asiatic Studies* 44:2 (December 1984) 455~467; *Palais, Politics and Policy in Traditional Korea*, Cambridge: Harvard University Press, 1992. 279~282.

[328] 장필기, 《조선 후기 무반가문의 벌열화와 그 성격》, 영남대학교 박사학위논문, 1999, 91~159, 162~163쪽.

[329] 장필기, 앞의 논문, 175쪽.

[330] 잡과입격자의 혼인관계에 대한 분석은 다음 연구를 참조할 수 있다. (최진옥, 〈조선시대 잡과 설행과 입격자 분석〉, 《조선시대 잡과 합격자 총람》(이성무, 최진옥, 김희복 편), 정신문화연구원, 11~47쪽).

[331] 《창녕조씨시중공파보》 1, 26~27; 《포산곽씨세보苞山郭氏世譜》 16:63b; 《영일정씨세보迎日鄭氏世譜》 1:47~51; 《백씨대동보》 7:8~9; 《씨족원류》, 338, 620, 663쪽; 《만성대동보》 1:243a, 2:114b~115a, 235a~b, 2238b, 243b~244a.

[332] 조선시대 양자 입양을 할 수 있는 친족의 범위에 관한 논의를 포함하여 조선의 입양에 관한 중요한 영문 저작으로는 다음을 참고할 수 있다. (Peterson, *Korean Adoption and Inheritance: Case Studies in the Creation of a Classic Confucian Society*. Ithaca, NY: Cornell East Asia Program, 1996, 163~190).

[333] Ibid., 100~106, 173~178.

[334] 상기 정보는 다음 자료를 통해서 확인했다. (《안동김씨세보》 3: 341, 344, 350~351, 518~519 쪽, 《씨족원류》, 213쪽).

[335] Peterson, *Korean Adoption and Inheritance*, 173~178.

[336] 고종의 즉위는 음력으로 1863년 12월이나 양력으로 전환하면 1864년 1월이다.

[337] 《안동김씨세보》 3: 341, 344, 350~351, 394~396, 518~519쪽; 《씨족원류》, 213쪽. 김익수는 홍경래의 난 당시 선천宣薦부사였지만 홍경래에게 항복하였다. 김병연에 대해서는 다음을 참고할 수 있다. (《민족문화대백과사전》 김병연 조 참조).

[338] 《민족문화대백과사전》 어윤중, 어재연, 어효첨 조 참조. 족보와 관계된 정보는 《함종어 씨세보》 1:1a~5a, 3:1a~1b, 7b~8b, 8:4b~8a, 9:31a~33b, 14:15a~16b, 15:34b~36a, 20:4b; 《씨족원류》, 777쪽 참조.

[339] 박충원과 후손들에 대한 논의는 다음 자료에 근거하고 있다. (《밀양박씨규정공파대동보》; 《만성대동보》 1:215a~217a; Edward W. Wagner and Song Chun-ho, CD~ROM 《보주조선문과방목》; Edward W. Wagner and Song Chun-ho, 《이조사마방목집성》, 필자의 무과에 대한 자료).

340 오정방의 논의는 다음 자료에 기초하여 서술했다. (《만성대동보》 2:103a~106b, 필자가 작성한 무과급제자에 대한 데이터베이스에 근거).

341 전형택, 《조선 후기 노비신분 연구》, 일조각, 1989, 31, 207~209, 267쪽; Palais, *Confucian Statecraft and Korean Institutions*, 227~229, 1059, n.83, 1059~1060, n.84.

342 송준호, 〈조선시대의 과거와 양반 및 양인(I): 문과와 생원진사시를 중심으로〉, 《역사학보》 69, 1976, 114~116쪽.

343 《비변사등록》 37책 3:678c~679b.

344 추증과 가설직에 대한 왕조의 다양한 법규정은 다음을 참고할 수 있다. (《대전회통》 I:68a~69b).

345 관직 임명에 대한 다양한 규정은 다음을 참고할 수 있다. (《대전회통》 3:64b~66a).

346 예를 들면 1837년 초반 조정에서는 기근에 공진公賑을 행하기 위해 500개의 공명첩을 발행했다. (《헌종실록》 3:12b).

347 《비변사등록》 21책, 2:702a~703c.

348 정3품을 기준으로 당상관堂上官과 당하관堂下官으로 구분되어 있다.

349 《비변사등록》 20책, 2:646a~b; 21책, 2:702a~b; 44책 4:315d.

350 《비변사등록》 57책, 5:597c~d, 5:610b.

351 《비변사등록》 20책, 2:646b~647a; 21책, 2:702b~703c, 44책, 4:315c~316b.

352 이 문제에 대해서는 다양한 품종개량, 시비법의 개량, 이앙법의 도입 그리고 벼농사 기술의 발전 때문에 농업생산물이 증가했다고 알려져 있다. (국사편찬위원회 《한국사》 33:32~42쪽; 《비변사등록》 20책, 2:646d).

353 Palais의 추정은 훨씬 적게 잡은 추계라고 볼 수 있는데 다음 연구를 참조할 수 있다. (Palais, *Confucian Statecraft and Korean Institutions*, 362~367).

354 《비변사등록》 37책, 3:624b.

355 《비변사등록》 37책 3:668c~d.

356 《비변사등록》 38책, 3:742b.

357 이남희, 〈조선시대(1498~1894) 잡과입격자의 진로와 그 추이〉, 《조선시대의 사회와 사상》, 조선사회연구회 편, 1998, 246~269쪽.

358 윤재민, 〈조선 후기 사회변동과 예술: 중인문학〉, 《역사비평》 25, 1993, 333~344쪽.

359 남원에서는 지방 향리들이 오늘날까지 자신들의 모임을 지속하고 있었다. (本田 洋, 〈吏族と身分·統の形成──南原地域の事例から〉, 《韓國朝鮮の文化と社會》 3, 2004, 23~74쪽).

360 이훈상, 《조선 후기의 향리》, 일조각, 1990, 235~246쪽; 이훈상, 〈조선 후기 읍치사회의 구조와 제의〉, 《역사학보》 174, 1994, 47~94쪽.

361 신영아, 《한국근대사상사연구》, 일지사, 1987, 186~194쪽.

362 이남희, 앞의 책, 271쪽.

363 현존하는 자료는 다시 수집하여 《대한제국관원이력서》(국사편찬위원회, 1972)로 재간행되었다.

364 필자는 조선 후기와 근대 서울 중인가문의 흥기와 변화양상 그리고 현대 한국의 계보에 대한 담론에서 차지하는 위상에 대해 새로운 연구를 진행하고 있다. 이러한 담론은 선대에 대한 환상을 가진 평민, 양인의 후손 가문 대다수가 관심을 갖고 있다.

365 장필기, 《조선 후기 무반가문의 벌열화와 그 성격》, 영남대학교 박사학위논문, 1999, 7쪽 주석 1번.

366 윈스턴 로Winston Lo에 따르면, 중국의 지배층과 국가에서 공통적으로 인정하는 무인의 이상은 '유장儒將'과 문관 지휘관인데 이들은 광범한 지식을 바탕으로 '병가兵家'의 역할을 효과적으로 할 수 있었기 때문이다. (Lo, Winston W. "The Self-Image of the Chinese Military in Historical Perspective", *Journal of Asian History* 31.1 (1997): 15~20). 필자는 이러한 모습이 조선 후기 사회에도 적용된다고 생각한다.

367 필자는 1982년 일조각에서 간행된 본을 사용했다. 이 책의 서문은 이병도가 작성했다. 계보에 대한 정보는 다음을 참고했다. (《평양조씨세보》 1:2a~6b, 14:1a~2a, 4a~5b, 20b; 《씨족원류》, 297~298쪽, 《만성대동보》 2:82a~84b).

368 《순조실록》 4:35b.

369 《민족문화대백과사전》 서유대 조 참조.

370 《만성대동보》 1:13b~15a.

371 《정조실록》 48:31b; 《민족문화대백과사전》 이주국 조 참조.

372 대부분의 주요한 자료에서 신헌은 신관호申觀浩로 기록되어 있다. 그는 1868년에 이조에서 그가 이름을 바꾼 것을 보고했고 고종이 이를 승인하고 있다. (《승정원일기》 2724:69a).

373 《무보》(장서각, 2~1741), 2:35a; 《만성대동보》 2:44a, 45a, 48a.

374 김정희는 위원魏源(1794~1857)이 지은 《해국도지海國圖志》를 통독하였는데 그와 달리 박규수는 위원이 군사기술과 다른 기예를 익혀 서양과 대적해야 한다는 주장을 무시했다.

375 《민족문화대백과사전》 신헌 조 참조.

376 1876년 조일 간 강화도조약 체결 당시 신헌은 근대적인 외교 교섭에 대해 아주 한정적인

지식만 있었다. 1882년 조미수호조규 당시 중국에서 미국의 진권대표들과 숭국인이 초
안을 작성하여, 미국의 전권대표가 고종에게 최종 승인을 받기 위해 가져갔다.

377 이 연구를 검토한 익명의 논평자는 18세기에 중인은 '권력층'이었다고 언급했다. 하지만
조선 후기 중인은 특히 서울의 장인들은 상당한 경제적·문화적 자산을 축적하고 있다고
증명한 연구 성과가 인용하기 어려울 정도로 많고, 필자는 그들이 권력을 갖지 않은 '피
지배층'이라고 해서 그들의 중요성을 결코 격하하지 않았다. 오히려 필자는 양반귀족을
나머지 사회계급과 구별하는 것은 하층민들을 구별하는 어떠한 경계 중에서도 가장 근
본적인 것이라고 강조했다.

378 이러한 혜택에 대해서는《숙종실록》5:20b를 참조할 것.

379 Palais, *Politics and Policy in Traditional* Korea, 97~109, 275~276.

380 유몽인,《어우야담》《연려실기술》별집 10:3에서 인용).

381 심승구, 〈임진왜란중 무과급제자의 신분과 특성: 1594년(선조 27)의 별시무과방목을 중
심으로〉,《한국사연구》92, 1996, 69~122쪽; 심승구, 〈임진왜란중 무과의 운영실태와
기능〉,《조선시대사학보》1, 1997, 109~146쪽.

382 이홍두는 1592년부터 1720년 사이 하층민들의 무과 응시 경향의 중요한 변동에 대해 연
구하였다. 첫 번째 피크는 1592년에서 1623년 사이로 이전의 최저점에 이어 나타난 증
가 추세였다. 다음 피크는 1623년에서 1653년 사이 그리고 또 다른 피크는 1674년에서
1720년 사이였다. (이홍두,《조선 후기 신분변동 연구: 천인의 신분 상승을 중심으로》, 2000,
269~307쪽).

383 이수광,《지봉유설》《연려실기술》별집 10:4에서 인용).

384 《광해군일기》143:21a~b, 144:12b~13a, 15a~b.

385 《광해군일기》153: 92(태백산본: 중초본). 권수는 153이고 페이지는 국사편찬위원회에서
발간한 책자를 기준으로 92쪽이다.

386 《광해군일기》174:2a(정족산본: 정초본).

387 《수교집록》4, (兵典, 制科)(정해은, 앞의 논문, 2002, 38쪽에서 인용).

388 《수교집록》4, (兵典, 制科)(정해은, 앞의 논문, 2002, 38쪽에서 인용). 함경도의 경우 수군이
없으므로 함경도 사람으로 죄를 범한 경우 함경도 내의 가장 먼 변방에 충군充軍하였다.

389 《인조실록》36:41b~42a. 1장에서 정리했듯이, 1430년 세종은 예조에서 과거급제자로
범죄를 저지른 자는 현직에 있는 관리와 같이 대우하여 처벌하고 그래서 의금부는 이들
의 최초 심문을 맡는다는 권고를 따르고 있다.

390 《수교집록》4, (兵典, 制科, 崇禎戊辰承傳)(정해은, 2002, 38쪽에서 인용).

391 《인조실록》19:61b, 23:13b, 《수교집록》4(병전, 제과, 康熙壬子承傳)(위의 내용은 정해은의 박
사학위논문 38쪽에서 인용).

392 《숙종실록》5:9b.

393 《승정원일기》265:14a.

394 《신보수교집록》4(형전, 推斷 康熙甲寅承傳)(정해은, 앞의 논문, 2002, 42쪽).

395 《숙종실록》7:16b.

396 정해은, 앞의 논문, 42쪽.

397 《속대전》5:1b~2a. 이 규정이 의미하는 것은 죄를 기소당한 사람이 그의 잘못을 인정한
다면 고문을 받지 않는다. 다른 말로 하자면 무죄인 사람일지라도 고문을 받을 수 있고
조사 중에 그가 결백을 주장하더라도 인정되지 않을 수 있다. 명백하게 이러한 조항은
기소된 자들에게 구제책이 아니었다. 의금부에 기소된 자들도 동일한 상황에 직면해야
했다.

398 정해은에 따르면 당대의 명문가 가운데에서 과거에 합격한 숫자는 대략 잡과에 50.4퍼
센트, 문과에 40.5퍼센트, 생원진사시 38.6퍼센트, 무과에 30.2퍼센트가 합격한 것으로
나타난다. (정해은, 앞의 논문, 147쪽).

399 정해은이 분석한 자료에 따르면 조선 후기에 부친의 전력이 밝혀진 1만 6,528명의 급제
자 가운데 적어도 648명(3.9퍼센트)은 아들의 방목에 부친의 직역이 양반이 아닌 것으로
밝혀져 있다. (정해은, 앞의 논문, 2002, 54~55쪽, 164, 278~279쪽 참조). 정해은은 면천된 54
명이 포함된 5,506명과 서얼들을 1637년 산성정시 급제자 가운데에서 제외하였으므로
필자가 독립적으로 추론한 8.0퍼센트가 더 합당할 것으로 보인다. 정해은은 남한산성에
서 치러진 무과를 이전과 달리 낮은 신분들이 대거 합격했기 때문에 다른 무과와 구별하
여 분석하고 있다.

400 정해은, 앞의 논문, 2002, 90, 279쪽.

401 정해은, 앞의 논문, 2002, 80~82쪽. 필자는 무과급제자들이 급제했을 당시 직역에 관한
정해은의 자료를 사용했다. 필자의 데이터베이스에서는 여러 자료로부터 부가석으로
급제자를 포함시켰는데, 이런 경우 직역에 관한 정보가 대부분 불명확하기 때문이다.

402 정해은, 앞의 논문, 87~89쪽.

403 그렇지만 한량 출신들은 법전의 규정과 달리 실제 나아갈 수 있는 품관에는 한계가 존재
하고 있었다. (정해은, 앞의 논문, 89~90쪽).

[404] 정해은, 앞의 논문, 84쪽.

[405] 《지구관청일기知皷官廳日記》7:189b. 박태식의 가문에 대해서는 족보와 방목榜目을 통해 확인할 수 있다. 1882년 5월에 박태식은 약 2,600명이 합격한 대규모 무과에서 급제하였고, 그 가운데 2,061명은 직부直赴에 응시였다. 《승정원일기》 2898:31.b~32.a, 85b, 2899:14.a~b). 당시 서재필이 합격자에 포함되었던 문과에서 23명만을 선발하였던 것에 비해 무과의 규모는 비교적 대규모로 시행되었고 뽑는 인원도 많았다. 문과급제자 18명의 성관은 조선시대 문과급제자의 3분의 2 정도가 등록되어 있을 정도로 명문가의 가계만 싣고 있는 《만성대동보》에서 확인할 수 있다. (Wagner, "The Ladder of success in Yi Dynasty Korea", *Occasional Papers on Korea No.1*(April 1974), 3). 흥미롭게도 《승정원일기》는 23명의 문과급제자를 등재하고 있는데 비해 무과급제자는 단지 장원급제한 이의 이름만 언급하고 있다. 《승정원일기》 2899:14a~b). 《지구관청일기》에 따르면 박태식과 다른 무위소武衛所 관원들은 실제 왕에게 사은숙배하는 동안 다른 무과급제자들은 밖에서 대기하고 있었다. 《지구관청일기》 9:54b).

[406] 《일성록》 권12816, 고종 3년 10월 4일.

[407] 무과급제자들의 군종軍種 숫자가 22개에서 72개로 증가한 것은 조선 후기에 새로운 군영이 창설되었기 때문이다. 동시에 지방의 군직군에 소속된 사람들의 무과급제 비율이 하위관직 수준에서 중앙군직군보다 높은 합격률을 보이고 있지만, 군직군의 소속은 중앙과 지방에서 비슷한 수준을 보이고 있다. (정해은, 앞의 논문, 2002, 90~102쪽).

[408] 정해은, 앞의 논문, 2002, 85~86쪽.

[409] 면천인 급제자의 거주지 중 75.2퍼센트가 경기도였는데 이들은 대부분 미천한 신분 출신으로 어영군과 속오군에 소속되어 청군과 대치하고 있었다. 정해은은 대부분의 군직은 원래 노비 출신이라고 보았다. 특히 정시에 합격한 사람들 중 564명(10.2퍼센트)이 면천인으로 기록되어 있고, 1637년 무과에 합격한 인원 가운데 최대 85퍼센트 정도는 이전에 노비 신분이었을 것으로 추정하고 있다. (정해은, 〈병자호란기 군공軍功 면천인免賤人의 무과 급제와 신분 변화: 《정축정시문 무과방목丁丑廷試文武科榜目》(1637)을 중심으로〉, 《조선시대 사학보》 9, 1999).

[410] 오늘날에도 남한에서 김해김씨와 밀양박씨가 가장 많은 인구수를 보이고 있다는 측면에서 이 숫자는 중요한 의미가 있다. 2000년 인구조사에 따르면 전체 인구 4,598만 5,289명 가운데 김해김씨는 412만 4,934명(9.0퍼센트), 밀양박씨는 303만 1,478명(6.6퍼센트)를 차지하고 있다. (통계청, "행정구역 성씨 본관별 가구 및 인구"). 이 결과는 1960과 1985년에

시행되었던 인구조사의 패턴과 같다. (《한국성씨대관》 46~47, 62, 270~71, 276쪽, 《성씨의 고향》 225, 745쪽). 흥미롭게도 오성이 조사한 19세기 후반과 20세기 초의 경기지방 인구조사에 따르면 김해김씨, 밀양박씨가 전체 호주 가운데 각각 1, 3위에 위치해 있다. 아마도 왕조 말기 혹은 더 빠르게 가장 많은 성씨가 차지하는 비중은 고정되었을 것으로 보인다. (오성, 《한국근대상업도시연구》, 국학자료원, 1998, 179쪽). 왕조 말기가 되면서 가장 많은 인구수를 보인 성관집단은 전체적으로 명확해진 것으로 보인다.

[411] 실제로 김해김씨의 일부는 신라의 마지막 왕이었던 경순왕敬順王(재위기간: 927~935)의 후손을 자칭하는 경우와, 임란 당시 귀화한 일본 장수 김충선의 후손을 자칭하는 경우가 있다. 둘 다 김유신의 후손을 칭하는 김해김씨보다 훨씬 적다.

[412] 현대 한국에서 족보에 대한 비판적인 인식을 인정하나 이기백은 한국 사회에서 족보가 차지한 위상에 대한 통찰력 있고 흥미 있는 논의를 제시하고 있다. (이기백, 〈족보와 현대 사회〉, 《한국사시민강좌》 24, 1999).

[413] 1637년의 실제 급제자 기록은 5,506명이다. 실제 합격한 인원과 방목에 기록된 인원의 차이에 대한 설명은 정해은의 다음 논문을 참고할 것. (정해은, 〈병자호란시기 군공면천인의 무과급제와 신분변화〉, 《조선시대사학보》 9, 1999, 75~76쪽).

[414] 2002년 10월의 회의에서 조선의 무과급제자 가운데 양반이 아닌 사람들의 비중이 어느 정도인지 묻는 필자의 질문에 정해은은 확실하지는 않지만 조선 후기 무과급제자 가운데 대략 30퍼센트 정도가 사실상 양반이라고 할 수 있을 것으로 언급했다. 그리고 나머지는 중간계층과 피지배층으로 구성되어 있다고 보았다.

[415] 이준구, 〈조선 후기의 무학武學고〉, 《대구사학》 23, 1983, 49~81쪽.

[416] 이준구, 《조선 후기 신분직역 변동 연구》, 일조각, 1993, 34~92, 125~64쪽.

[417] 안병욱, 《19세기 향회와 민란》, 서울대학교 박사학위논문, 2000, 10~36쪽.

[418] 김준형, 《조선 후기 단성지역의 사회변화와 사족층의 대응》, 서울대학교 박사학위논문, 2000, 95~116쪽.

[419] 김준형, 앞의 논문, 116~132쪽. 김준형은 앞선 울산-단성과 함께 조선시대 호적이 비교적 온전히 남아 있는 지역-호적을 통해 같은 그림을 제시하고 있다. (김준형, 〈조선 후기 울산 지역의 향리층 변동〉, 《한국사연구》 56, 1987). 김준형은 새로운 향리층에 대한 논의는 김필동이 먼저 제시한 패러다임에 기초하고 있다. (김필동, 〈조선 후기 지방 이서집단의 조직 구조〉1, 《한국학보》 28, 1982, 79~116쪽; 김필동, 〈조선 후기 지방이서집단의 조직구조〉 2, 《한국학보》 29, 1982, 87~116쪽).

420 이훈상, 《조선 후기의 향리》, 일조각, 1990, 42~44쪽, 주석 4. 이훈상과 김준형은 지방
    행정에서 새로운 계층의 등장이 증가하거나 구 향리들이 새로 등장한 계층에 대해 우위
    를 보이는 19세기의 사회현상이 더 중요하다는 물음에 동의하고 있지 않다. 신흥세력이
    토착 향리들의 자리를 위협하는 정도는 지역에 따라 달랐다.
421 장영민, 〈조선시대 원주 거주 사마시 급제자와 양반 사회〉, 조선사회연구회 편, 《조선시
    대의 사회와 사상》, 1998, 209~239쪽.
422 이러한 가문의 경우 양반가보다 훨씬 덜 자세하게 족보를 기록하였을 것이다. 그들은 또
    한 자주 '파'가 없어진 내력에 대해서도 언급을 하고 있지 않다. 동시에 필자가 족보를
    통해 조선 초기나 중기까지 소급해서 인물정보를 추적해나갈 때에 서얼은 이후에 기록
    된 후손들보다 더 잘 기록되어 있었다. 이것은 조선 초의 서얼들은 족보 편찬자들에게
    훨씬 덜 낙인찍혀 있었을 것이라는 점을 말해준다. 흥미롭게도 조선 초기 서얼들은 잡과
    에 입격했지만 세습적인 기술관 가문을 일으키지는 않았다. 반면에 조선 중기에 양반들
    은 세습적으로 가문을 통해 전승하는 모습이 나타나고 있었다. 반면에 조선 후기에 서얼
    들은 무과에만 합격하였고 그의 후손들은 일반적으로 과거에 합격하지 못했다. 조선시
    대 내내 서얼들은 관에 자신의 형편을 호소했고 점차 이전에는 유력한 양반가에게만 허
    락되었던 최고의 명성을 갖고 과거에 경쟁할 수 있는 권리를 획득해갔다. (송준호, 〈조선
    시대의 과거와 양반 및 양인〉, 《역사학보》 69, 1976, 113~123쪽). 그렇기는 하지만 1880년대까
    지 그들은 중앙정계에서 의사결정을 할 수 있는 수준까지 입지를 넓히지는 못했다. 이러
    한 발전과정에 대한 영어권 저작으로는 다음을 참고할 수 있다. (Hwang Kyoung Moon,
    Beyond Birth, Cambridge, MA: Harvard University Asia Center, 2004).
423 이수건, 《한국중세 사회사연구》, 일조각, 1984, 346~352쪽.
424 개별적인 호가 신분의 상승과 이동을 겪는 내역을 확인하기 위해서는 다음의 영문 저작
    을 참고할 수 있다. (Somerville, "Stability in Eighteenth Century Ulsan", *Korean Studies Forum 1*,
    1976~77, 11~12).
425 몇몇 눈에 띄는 평민가문들은 직역과 이름 그리고 성관까지도 바꾸어 족보에 기록하고
    있다. 자세한 내용은 '김준형, 앞의 논문, 278~290쪽'을 참고할 것.
426 정해은, 《조선 후기 무과급제자 연구》, 한국정신문화연구원 박사학위논문, 2002, 7~9쪽.
427 정해은, 〈병자호란기 군공 면천인의 무과급제와 신분변화: 《정축정시문무과방목》(1637)
    을 중심으로〉, 《조선시대사학보》 9, 1999, 93~99쪽.
428 궐내에 난입한 죄에 대해서는 60대의 장과 고신告身의 진행을 추탈追奪했으며 1년 정배

에 처했다. (《일성록》218책, 정조 10년 9월 1일).

429 정해은이 자세하게 분석한 1674년부터 1800년 사이, 무과에 급제한 만 명에 대한 연구와 케네스 퀴노네스Kenneth Quinones의 1864년부터 1910년 사이 무관들에 대한 연구에서 피지배층 출신의 무과급제자와 그의 후손들은 관직을 얻지 못했다고 한다. (정해은, 앞의 논문, 187~243쪽; Quinones, "Military Officials of Yi Korea", 691~700).

430 규정에는 45년 이상 기한을 채웠다면 관품을 받도록 규정하였고 이에 정조는 상언한 조운수의 부친을 가자加資하였다. (《일성록》232책 정조 11년 2월 6일).

431 정해은, 앞의 논문, 210~255쪽.

432 《신묘별시문과방목辛卯別試文科榜目》, 《숙종실록》 12:27b, 《승정원일기》 226:34a, 281:57b, 285:53a.

433 《숙종실록》60:25b, 44b~45a.

434 《숭정삼갑신강도부별과방목崇禎三甲申江都府別科榜目》 서序(정해은, 앞의 논문, 2002, 9쪽에서 재인용).

435 Bourdieu, Distinction, 65~66.

436 송찬식, 《조선 후기 사회 경제사의 연구》, 일조각, 1997, 622~630쪽; 백승종, 〈위조족보의 유행〉, 《한국사시민강좌》 24, 1999.

437 3절에서 살펴보았듯이 문화자본은 체화된 상태, 객관화된 상태, 제도화된 상태라는 세 가지 관점에서 볼 수 있다. (Bourdieu, The Form of Capital, In handbook of theory and research for the sociology of education, ed. John Richardson, Weestport, CT:Greenwood Press, 1986, 243~248).

438 《대전회통》4:40a.

439 목판으로 인쇄된 서사문학의 기원, 확산 그리고 쇠퇴에 대한 연구는 다음 연구를 참고할 수 있다. (한국고소설연구회, 《고소설의 저작과 전파》, 아세아문화사, 1995, 223~297쪽).

440 소설은 현대소설이나 조선 후기 한글소설 모두를 말한다. 예를 들면 조선 후기의 한글소설은 중세 유럽의 로맨스와 더 상응한다고 볼 수 있다.

441 《경국대전》에 따르면 문무과급제자는 같이 홍패를 받는데 비해 생진시 입격자나 잡과 입격자는 백패白牌를 지급받았다. (《경국대전》 3:53a). 백패와 홍패의 형식은 조선 왕소 말까지 변하지 않았는데, 이 내용은 《대전회통》에도 그대로 반영되어 있다.

442 《비변사등록》 1책: 388d~389a.

443 이만성, 《행호일기杏湖日記》(《연려실기술》 별집 9:23~24에서 재인용).

444 예를 들어 1873년에 관은 홍패를 다시 발급하도록 했고 포도청으로 하여금 도둑을 잡도

록 지시했다. (《일성록》135책 고종 10년 5월 3일).

445 세조는 이러한 예를 정시에서 장원을 차지한 조카인 영순군永順君에게 행하였다[이수광, 《지봉유설》(《연려실기술》별집 9:9; 이익진李翼晋, 《명신록名臣錄》(《연려실기술》별집 9:10)].

446 《연려실기술》9:25.

447 행사에서 과거에 누가 몇 등으로 합격했는지 발표하는 것에 대해서는 소홀했다. 그래서 이름을 호명하지 않았지만 참석한 모든 사람들이 누가 장원급제인지 알고 있었다. 왜냐 하면 장원급제를 제외한 모든 이름이 호명되었기 때문이다.

448 심수경沈守慶, 《청천견한록聽天遣閑錄》(《연려실기술》별집 9:25에서 재인용).

449 면역에 대해서는 다음 기록을 참고할 수 있다. (《비변사등록》49책 4:730c~d; 64책 6:411d).

450 심수경, 《청천견한록》(《연려실기술》별집 9:25에서 재인용).

451 필자가 확인 가능한 한 1865년 《대전회통》에서 '회방'이 명문화되었다. 이 추가 조항은 아마도 널리 관습화된 내용을 반영한 것으로 보인다. (《대전회통》1:68b).

452 《순조실록》26:20a~b.

453 하사금을 받은 이들은 모두 조선 왕조의 고위관직자들이었다. 순종은 그들을 개인적으 로 전통에 대한 존중과 개인적으로 아는 사람들에 대한 배려 때문에 공경을 표시한 것으 로 보인다. (《순조실록》10:16a, 14:13b).

454 필자의 논의는 스콧의 다음 연구에 기반하고 있다. (Scott James C. *Domination and the Arts of Resistance: Hidden Trascripts*. New Haven, CT: Yale University Press, 1990, 2~9, 19~23, 45~62, 71~96, 150~179, 184~206).

455 이훈상, 《조선 후기의 향리》, 일조각, 1990, 149~174쪽.

456 윤광봉, 〈축제의 연구〉, 최인학, 최래옥, 임재해 공저, 《한국민속연구사》, 일조각, 1994, 390쪽.

457 임재해, 《한국민속과 전통의 세계》, 지식산업사, 1991, 267~268쪽.

458 임재해, 앞의 책, 268~269쪽.

459 박유전과 박만순은 전설적인 판소리 창자로 19세기에 활동하였는데 대원군의 비호로 무 과에 급제했다고 알려지기도 했다. (정노식, 《조선창극사》, 현길출판사, 1974, 43, 57~59쪽).

460 판소리에 관한 영문저술은 다음을 참고할 수 있다. (Cho Tong-il, "The General nature of P' ansori", *Korea Journal* 26.4(April 1986): 10~21).

461 한국학계에서 군담소설은 '영웅소설'로도 알려져 있다. 이러한 작품들은 반드시 전쟁을 사건으로 이용하고 있고, 그동안 영웅이 승리를 위해 주인공으로 등장한다. 서대석은 두

가지 다 완벽한 것은 아니지만 군담소설을 영웅소설보다 포괄적으로 보고 있다. (서대석, 《군담소설의 구조와 배경》, 이화여대 출판부, 1985, 11~14쪽).

[462] 호랑이는 다른 소재로 대체되는데 예를 들면 왜구가 대표적이다. 수년간 필자는 주제에 있어 변형이 나타나는 경우를 경기도 고양, 충청도 부여, 경상도 김해의 구전소설에서 확인할 수 있었다.

[463] 《비변사등록》 250책, 13:250d.

[464] 서대석, 앞의 책, 228~240쪽; 조동일, 《한국문학통사》 3, 지식산업사, 1991, 470~475쪽.

[465] 조동일, 앞의 책, 462~463쪽.

[466] 소설의 세부적인 내용과 구성은 판본에 따라 크게 바뀌는데 필자는 두 가지 판본을 확인하고 있다. (Lee, Peter H,, trans. *The Record of the Black Dragon Year*. Seoul: Institute of Korean Culture, Korea University, 2000; 《임진록》).

[467] 필자가 참고한 책은 영문으로 번역된 《징비록》이다. (Yu Sŭng-nyong, *The Book of Corrections*, trans. Byonghyon Choi.).

[468] 서대석, 220~231쪽; 조동일, 앞의 책, 462~475쪽.

[469] 서대석, 앞의 책, 231~240쪽.

[470] 《민족문화대백과사전》 임경업 조 참조. 필자가 참고한 19세기 경판본 〈임장군전〉은 다음에 실린 영역본을 활용했다. (Im Changgun chun. Kim Ki~Hyŭn, trans. In Han'guk kkjŭn munhak chŭnjip, ed. Koryu Taehak~kyo Minjok Munhwa Yŭnguso, -15:219~293. Seoul: Koryu Taehaikyo Minjok Munhwa Yunguso, 1995, 219~293).

[471] 조동일, 《민중영웅 이야기》, 문예출판사, 1992, 277쪽.

[472] 아래에서 살펴보는 바와 같이, 모든 무장들이 신격화되지는 않았다.

[473] 허목, 《미수기언》(《연려실기술》 4:77에서 재인용).

[474] 《국조기사》(《연려실기술》 6:4).

[475] 조흥윤, 《한국의 무巫》, 정음사, 1984, 105쪽.

[476] 조흥윤, 《무巫와 민족문화》, 민족문화사, 1994, 300~303쪽; 조흥윤, 《한국 무巫의 세계》 민족사, 1997, 247쪽.

[477] Walraven, Boudewijn. *Culture and the State in Late Chosŏn Korea*, ed. JaHyun Kim Haboush, Martina Deuchler Cambridge, MA: Harvard University Asia Center, 1999, 188~192.

[478] 전근대 한국의 사회정치적인 안정성을 강조한 연구는 다음과 같다. (Palais "Confucianism

and the Aristocratic/Bureaucratic Balance in Korea", *Harvard Journal of Asiatic Studies* 44:2 (December1984))

[479] Sewell, William H., jr. "A Theory of Structure: Duality, Agency, and Transformation", *American Journal of Sociology Vol.98*, No.1 (Jul.,1992)

[480] 고려의 몰락에 대해 참고할 만한 영문 연구는 다음과 같다. (Duncan, John B., *The Origin of Chosŏn Dynasty*. Seatle, WA: University of Washington Press,2000).

[481] 이와 관련된 영문서적으로는 다음 연구를 참고할 수 있다. (Haboush, Jahyun Kim. *A Heritage of Kings: One Man's Monarchy in the Confucian World*. New York: Columbia University, 1988).

[482] 통치자로서의 영조와 정조의 모습은 하부시Haboush와 정옥자의 다음 저작에서 자세하게 논의하고 있다. (Haboush, 1982, 정옥자, 《정조의 수상록 '日得錄' 연구》, 일지사, 2000, 45~86, 123~146쪽.

[483] 필자는 청이 피지배층을 지배하기 위해 군사적인 정복에 주로 의존한다고 하지는 않았다고 보았다. 그러나 19세기에 나타난 민란 이전에 청이 목적을 달성하기 위해 적당한 자원을 동원하는 것은 유럽과 비교해볼 때에도 매우 주목할 만하다. 중국과 유럽에서의 국가 형성과 변화에 대한 비교사적 논의를 진작시키기 위해 웡Wong의 다음 연구를 주목할 수 있다. (Wong, R. Bin. *China Transformed: Historical Change and the Limits of European Experience*, Ithaca, NY: Cornall University Press, 1997, 71~104). 일본에 대한 필자의 관점은 일본이 자국 내에서 일어난 광대한 사회경제적 변화를 다룰 방법을 찾지 못했음에도 불구하고 도쿠가와의 국가권력은 같은 시기 조선 후기의 국가권력보다 비교적 명백하다는 것이다. 이러한 변화를 이용할지 억제할지에 대한 도쿠가와의 딜레마는 다음의 저작을 참고할 수 있다. (Totman, Cornard. *Early modern Japan*. Berkeley, CA: University of California Press, 1993, 316~47).

[484] Bourdieu, *Distinction*, 142~144.

[485] Park, "Local Elites, Descent, and Status Consciousness in Nineteenth-Century Korea", (정두희, 에드워드 슐츠, 《한국사에 있어서 지방과 중앙》, 서강대학교 출판부, 2003).

[486] 조선 후기 마지막 몇 십 년의 본질에 대해 광범위하게 연구를 진행했던 이태진은 2001년 8월 3일 회의에서 고종은 개혁의 기치를 추진하는 데 있어서 저명한 귀족가문들보다 재능 있는 비양반층을 더 신뢰했다고 필자에게 설명했다.

[487] 김영모, 〈무과합격자의 사회적배경〉, 《조선 지배층 연구》, 일조각, 1977; 정해은, 〈조선 후기 무과입격자의 신분과 사회적 지위〉, 《청계사학》2, 1994.

[488] 안병욱, 《19세기 향회와 민란》, 서울대학교 박사학위논문, 1988, 37~44쪽.

[489] 안병욱, 앞의 논문, 65~118쪽.

[490] 박성빈은 명문가 출신은 아니었다. 1970년에 간행된 《고령박씨대동보》에 따르면 직계조
상 누구도 문·무과에 합격한 적이 없었고, 17세기 초반 이후로 관직이나 관품을 받은 자
가 없었다. 더욱이 후손들이 1504년 이후 성주에 자리 잡았다고 할지라도 《성주읍지》의
여러 판본에서 이들을 확인할 수 없었다. 결정적으로 처가의 인척관계에서도 명문가와는
관련이 없었다. 또 중요한 점으로는 명문 양반가의 족보가 후손과 처가의 부계에도 자세
한 정보를 제공해주는 것과 반대로 이 가문의 정보가 소략하다. 따라서 박성빈의 경력에
대한 자세한 사항은 좀 더 설명을 필요로 한다. 후손과 마을주민의 이야기에 따르면 박성
빈은 무과에 급제했다고 하지만 필자는 공식적으로 《무과방목》이나 읍지, 《무보》 및 다른
문서를 통해 확인할 수 없었다. 그렇지만 필자는 이러한 사실을 완전히 무시할 이유는 없
다고 본다. 19세기 《무과방목》은 숫자가 매우 적고 반면에 《무보》와 지방읍지가 다루는 범
위가 서울의 무벌가문에 호의적으로 선별된 정보만 다루고 있다고 알려져 있기 때문이다.

[491] 고령박씨 족보에는 그를 강원도 영월군수로 기록하고 있다. 그러나 필자는 《일성록》,
《각사등록》, 《관보》를 포함한 해당 시기 군수에 대해 검색 가능한 데이터베이스에서 그
를 찾을 수가 없었다. 수령 임명에 대한 기록은 1894년 동학농민운동 당시 해당 시기에
기록이 없는 예외를 감안하더라도 완벽하게 작성되었기 때문에 박성빈은 임명을 받은
적이 없거나 혹은 인정받은 자리를 역임한 적이 없는 것으로 보인다. 만약 박성빈이 수
령직을 역임했다면 단지 종9품 무관으로 30대의 젊은 나이에 정3품직에 오른 것으로,
다른 사람과 비교해볼 때에 천문학적인 상승이라고 볼 수 있을 정도로 주목할 만하다.
흥미롭게도 박성빈이 동학운동 때문에 수령직을 맡을 수 없었다고 설명되는 반면, 다른
설명에서는 박성빈이 동학도를 진압하기 위해 군대를 이끌었다고 묘사하기도 하고, 다
른 쪽에서는 박성빈이 동학도에 가담했다고도 한다. 이러한 상반된 이야기는 동학에 대
한 평가가 1945년 이후 남한의 담론에서 반란rebellion에서 혁명revolution으로 변하는
상황을 반영하는 것으로 보인다. 박성빈에 대한 설명은 그의 아들인 박정희가 독재를 하
던 시기에 등장했고, 많은 사람들이 후자를 돋보이게 하려고 노력했다. 박성빈의 성취에
대한 이러한 과장은 동학에 대해서라면 올바른 쪽을 찾아가고 있다. 전체적으로 볼 때에
적어도 박성빈의 생애에 대한 미화는 다름 아닌, 그의 아들 박정희가 간행한 회고록에서
나온 것이다. (박정희, 〈나의 어린시절〉, 《월간조선》 4(1984. 4), 84~95쪽).

[492] 박정희, 〈나의 어린시절〉, 《월간조선》 4(1984. 4).

참고문헌

● **연대기자료**

《태조실록》, 《태종실록》, 《세종실록》, 《명종실록》, 《선조실록》, 《광해군일기》, 《중종실록》, 《현종개수실록》, 《인조실록》, 《숙종실록》, 《영조실록》, 《정조실록》, 《효종개수실록》, 《순조실록》

《승정원일기》

《비변사등록》

《일성록》

《연려실기술》

이기李墍, 《송와잡기松窩雜記》(《연려실기술》 별집 10:3)

이수광, 《지봉유설》(《연려실기술》 별집 10:3)

유몽인, 《어우야담》(《연려실기술》 별집 10:3)

최명길, 《지천집遲川集》(《연려실기술》 별집 10:5)

송시열, 《우암집尤庵集》(《연려실기술》 별집 10:5)

이만성, 《행호일기杏湖日記》(《연려실기술》 별집 9:23~24)

이익진李翼晉, 《명신록名臣錄》(《연려실기술》 별집 9:10)

심수경沈守慶, 《청천견한록聽天遺閑錄》(《연려실기술》 별집 9:25)

허목, 《미수기언》(《연려실기술》 4:77)

《국조기사》(《연려실기술》 6:4)

● 법전

《대전회통》

《속대전》

● 족보

《남성구씨세보》

《능성구씨세보》

《대한제국관원이력서》(국사편찬위원회, 1972)

《덕수이씨세보》

《만성대동보》

《무보》

《밀양박씨규정공파대동보》

《백씨대동보》

《성씨의 고향》(중앙일보사, 1983)

《씨족원류》

《안동김씨세보》

《영일정씨세보》

《전의예안이씨족보》

《창녕조씨시중공파보》

《청구씨보》

《평양조씨세보》

《평산신씨대동보》

《포산곽씨세보》

《한국성씨대관》(창조사, 1971)

《함종어씨세보》

● 기타 자료

《교남과방록》

《김해읍지》(한국인문과학원, 1991)

《두문동선생실기杜門洞先生實記》(서울대 규장각한국학연구원 奎 4647)

《두문동유사杜門洞遺事》

《무예도보통지武藝圖譜通志》(학문각, 1970)

《보주조선문과방목》

《삼봉집》(민족문화추진회, 1982)

《성원록姓源錄》(고려대학교중앙도서관, 1982)

《송도지松都誌》(서울대 규장각. 一簑古 915.12,1648), 《송도지松都誌》(서울대 규장각. 奎 4983, 1782), 《송도속지松都續誌》(서울대 규장각. 奎 4790, 1802), 《중경지中京誌》(서울대 규장각. 奎 14462, 1855)

《수교집록》(서울대학교 규장각, 1997)

《숭정삼갑신강도부별과방목崇禎三甲申江都府別科榜目》

《신묘별시문과방목辛卯別試文科榜目》

《신보수교집록》(서울대학교 규장각, 1997)

《조선신사대동보朝鮮紳士大同譜》(조선신사대동보발행연구소, 1913)

《이조사마방목집성》

《중경과보中京科譜》

《지구관청일기知穀官廳日記》

《택리지》(한길사, 1992)

《한국계행보》(보고사, 1992)

《호남읍지》(서울대 규장각, 奎 12175)

Yu Sŏng-nyong, (trans. Byonghyon Choi), *The Book of Corrections*, (Berkeley, CA : Institute of East Asian Studies)

● 논문 및 단행본

Bourdieu, Pierre. *Distinction: A Social Critique of the Judgment of Taste*. Trans. Rich-ard Nice. Cambridge, MA: Harvard University Press, 1984.

_____, "The Forms of Capital." In *Handbook of Theory and Research for the Sociology of Education*, ed. John G. Richardson, 241~58. Westport, CT: Greenwood Press, 1986.

Cho Tong-il (Tong-il Cho). "The General Nature of P'ansori." *Korea Journal* 26.4 (April 1986):

10~21.

Deuchler, Martina. *The Confucian Transformation of Korea: A Study of Society and Ideology*. Cambridge, MA: Council on East Asian Studies, Harvard University, 1992.

Duncan, John B. *The Origins of the Chosŏn Dynasty*. Seattle, WA: University of Washington Press, 2000.

Eckert, Carter J. *Offspring of Empire: The Koch'ang Kims and the Colonial Origins of Korean Capitalism*, 1876~1945. Seattle, WA: University of Washington Press, 1991.

Elisonas, Jurgis. "The Inseparable Trinity: Japan's Relations with China and Korea." In *The Cambridge History of Japan, vol. 4: Early Modern Japan*, ed. John Whitney Hall, 235~300. Cambridge, UK: Cambridge University Press, 1991.

Fairbank, John K. "Introduction: Varieties of the Chinese Military Experience." In *Chinese Ways in Warfare*, ed. Frank A. Kierman, Jr. and John K. Fairbank, 1–26. Cambridge, MA: Harvard University Press, 1974.

Haboush, JaHyun Kim. *A Heritage of Kings: One Man's Monarchy in the Confucian World*. New York: Columbia University Press, 1988.

Hwang, Kyung Moon. "Bureaucracy in the Transition to Korean Modernity: Secondary Status Groups and the Transformation of Government and Society, 1880~1930." Ph.D. diss., Harvard University, 1997.

_____, "From the Dirt to Heaven: Northern Koreans in the Chosŏn and Early Modern Eras." *Harvard Journal of Asiatic Studies* 62.1 (June 2002): 135~78.

_____, *Beyond Birth: Social Status in the Emergence of Modern Korea*. Cambridge, MA: Harvard University Asia Center, 2004.

Kawashima, Fujiya. "A Study of the Hyangan: Kin Group and Aristocratic Localism in the Seventeenth–and Eighteenth–Century Korean Countryside." *Journal of Korean Studies* 5 (1984): 3~38.

Kim, Sun Joo. *A Region Protests: Marginalized Elite, Regional Discrimination, and the Tradition of Prophetic Belief in the Hong Kyŏngnae Rebellion of 1812*. Seattle, WA: University of Washington Press, forthcoming.

Lo, Winston W. "The Self–Image of the Chinese Military in Historical Perspective." *Journal of*

Asian History 31.1 (1997): 1~24.

Michell, Tony. "Fact and Hypothesis in Yi Dynasty Economic History: The Demographic Dimension." *Korean Studies Forum* 6 (Winter–Spring 1979/1980): 65~93.

Palais, James B. *Politics and Policy in Traditional Korea*. Cambridge, MA: Council on East Asian Studies, Harvard University, 1975.

———, "Confucianism and the Aristocratic/Bureaucratic Balance in Korea." *Harvard Journal of Asiatic Studies* 44.2 (1984): 427~68.

———, "A Search for Korean Uniqueness." *Harvard Journal of Asiatic Studies* 55.2 (1995): 409~25.

———, *Confucian Statecraft and Korean Institutions*.

Park, Eugene Y. "Military Officials in Chosŏn Korea, 1392~1863." Ph.D. diss., Harvard University, 1999.

———, "Military Examination Graduates in Early Chosŏn: Their Social Status in the Fifteenth Century." *The Review of Korean Studies* 3.1 (July 2000): 123~56.

———, "Military Examination Graduates in Sixteenth–Century Korea: Political Upheaval, Social Change, and Security Crisis." *Journal of Asian History* 35.1 (2001): 1~57.

———, "Local Elites, Descent, and Status Consciousness in Nineteenth–Century Korea: Some Observations on the County Notable Listings in the *Chosŏn Hwanyŏ Sŭngnam*." In *Han'guksa e issŏsŏ chibang kwa chungang* (The periphery and the center in Korean history), ed. Chŏng Tu-hŭi and Edward J. Shultz, 205~25. Seoul: Sŏgang Taehakkyo Ch'ulp'anbu, 2003.

Park, "Local Elites, Descent, and Status Consciousness in Nineteenth–Century Korea", 216~223.(정두희, 에드워드 슐츠, 《한국사에 있어서 지방과 중앙》, 서강대학교 출판부 2003).

Peterson, Mark A. "Hyangban and Merchant in Kaesŏng." *Korea Journal* 19 (December 1979): 4~18.

———, *Korean Adoption and Inheritance: Case Studies in the Creation of a Classic Confucian Society*. Ithaca, NY: Cornell East Asia Program, 1996.

Pratt, Keith, and Richard Rutt. *Korea: A Historical and Cultural Dictionary*. Surrey, UK: Curzon Press, 1999.

Quinones, C. Kenneth. "The Prerequisites for Power in Late Yi Korea: 1864~1894." Ph.D. diss., Harvard University, 1975.

_____, "Military Officials of Yi Korea: 1864~1910." In *Che 1-hoe Han' gukhak kukche haksul hoeйi nonmunjip* (Papers of the 1st International Conference on Korean Studies), 691~700. Sŏngnam: Han' guk Chŏngsin Munhwa Yŏn' guwŏn, 1980.

Robinson, Kenneth R. "From Raiders to Traders: Border Security and Border Control in Early Chosŏn, 1392~1450." *Korean Studies* 16 (1992): 94~115.

Scott, James C. *Domination and the Arts of Resistance: Hidden Transcripts.* New Haven, CT: Yale University Press, 1990.

Sewell, William H., Jr. "A Theory of Structure: Duality, Agency, and Transformation." *American Journal of Sociology* 98.1 (July 1992): 1~29.

Shima, Mutsuhiko. "In Quest of Social Recognition: A Retrospective View on the Development of Korean Lineage Organization." *Harvard Journal of Asi-atic Studies* 50.1 (June 1990): 87~129.

Shultz, Edward J. *Generals and Scholars: Military Rule in Medieval Korea.* Honolulu, HI: University of Hawaii Press, 2000.

Thompson, E. P. *The Making of the English Working Class.* London: V. Gollancz, 1963.

Toby, Ronald P. "Carnival of the Aliens: Korean Embassies in Edo-Period Art and Popular Culture." *Monumenta Nipponica* 41.4 (1986): 415~56.

Wagner, Edward W. *The Literati Purges: Political Conflict in Early Yi Korea.* Cambridge, MA: Council on East Asian Studies, Harvard University, 1974.

_____, "The Ladder of Success in Yi Dynasty Korea." *Occasional Papers on Korea* 1 (1974): 1~8.

_____, "The Civil Examination Process a Social Leaven: The Case of the Northern Provinces in the Yi Dynasty Korea." *Korea Journal* 17 (1977): 22~27.

_____, "Yijo Sarim munje e kwanhan chaegŏmt' o" (A reevaluation of the problem of the Yi dynasty Sarim). *Chŏnbuk sahak* 4 (1980): 163~73.

Wagner, Edward W., and Song Chun-ho. *CD-ROM Poju Chosŏn munkwa pang-mok* (CD-ROM Annotated Chosŏn civil examination rosters). CD-ROM. Seoul: Tongbang Midiŏ, 2001.

_____, "Yiji sama pangmok chipsŏng" (Collection of Yi-dynasty licentiate examination rosters). Unpublished collection of photocopied candidate entries from rosters.

Walraven, Boudewijn. "Popular Religion in a Confucianized Society." In *Culture and the State in Late Chosŏn Korea*, ed. JaHyun Kim Haboush and Martina Deuchler, 160~98. Cambridge, MA: Harvard University Asia Center, 1999.

Weber, Max. *Economy and Society: An Outline of Interpretive Sociology*. Ed. Guenther Roth and Claus Wittich, trans. Ephraim Fischoff. New York: Bedminster Press, 1968.

Wong, R. Bin. *China Transformed: Historical Change and the Limits of European Experience*. Ithaca, NY: Cornell University Press, 1997.

Yim, Dong Jae. "Factional Ties in Seventeenth Century Korea: A Reevaluation of Traditional Concepts." Ph.D. diss., Harvard University, 1976.

강만길, 《조선후기 상업자본의 발달》 고려대출판부, 1973.

강석화, 《조선후기 함경도의 지역 발전과 북방 영토의식》 서울대학교 박사학위논문, 1996.

강효석, 《청고대방》 한양서원, 1925.

국사편찬위원회, 《한국사》 33, 1991.

권태환·신용하, 〈조선왕조시대 인구추정에 관한 일시론〉 《동아문화》 14.

김세용, 〈조선 효종조 북벌연구〉 《백산학보》 51, 1998.

김영모, 〈문무과 합격자의 사회적 배경〉 《조선 지배층 연구》 일조각, 1977.

김인걸, 〈조선후기 향촌사회 구조의 변동〉 《변태섭박사화갑기념사학논총》, 1985.

김준형, 〈조선후기 울산 지역의 향리층변동〉 《한국사연구》 56, 1987.

김준형, 《조선후기 단성지역의 사회변화와 사족층의 대응》 서울대학교 박사학위논문, 2000.

김필동, 〈조선후기 지방 이서집단의 조직구조〉 1 《한국학보》 28, 1982.

_____, 〈조선후기 지방이서집단의 조직구조〉 2 《한국학보》 29, 1982.

김현영, 〈조선후기 향촌 사회 중인층의 동향〉 《한국근대이행기 중인 연구》 연세대출판부, 1999.

민현구, 〈조선 중기의 사병〉 《제13회 동양학학술회의 강연초》 단국대학교 동양학연구소, 1983.

박기인, 〈18세기 북벌론과 대청방어전략對淸防禦戰略〉 《군사》 41, 2001.

박성종, 〈18~19세기 전라도에서의 신향세력의 대두〉《이기백선생고희기념한국사학논총》 2, 1994.

박영진Eugene, Y. Park, 〈조선 초기 무과 출신의 사회적 지위〉《역사와 현실》 39, 2001.

방상현, 《조선후기 수군제도》 민족문화사, 1991.

백승종, 〈위조족보의 유행〉《한국사시민강좌》 24, 1999.

변태섭, 《고려사의 제문제》 삼영사, 1986.

本田 洋, 〈吏族と身分伝統の形成-南原地域の事例から〉《韓國朝鮮の文化と社會》 3, 2004.

사회과학원 역사연구소, 《조선전사》 33.

서대석, 《군담소설의 구조와 배경》 이화여대출판부, 1985.

송복, 〈근대이행기 중인연구의 필요성〉《한국근대 이행기 중인 연구》 연세대국학연구원, 1999.

손영종·박영해, 《조선통사》 사회과학출판사, 1987.

송준호, 〈조선시대의 과거와 양반 및 양인: 문과와 생원진사시를 중심으로〉《역사학보》 69, 1976.

_____, 〈이조 후기의 무과의 운영 실태에 관하여-정다산의 五亂說을 중심으로-〉《전북사학》 1, 1977.

_____, 《조선사회사연구》 일조각, 1987.

_____, 〈신분제를 통해서 본 조선후기 사회의 성격의 일면〉《역사학보》 133, 1992.

_____, 〈조선후기 사회의 과거제도〉《국사관논총》 63, 1995.

송찬식, 《조선후기 사회 경제사의 연구》 일조각, 1997.

신영아, 《한국근대사상사연구》 일지사, 1987.

심승구, 〈조선초기 무과제도〉《북악사림》 1, 1989.

_____, 〈조선초기 도시와 그 성격〉《한국학보》 60, 1990.

_____, 《조선초기 무과 연구》 국민대학교 박사학위논문, 1994.

_____, 〈조선후기 무과의 운영실태와 기능: 만과萬科를 중심으로〉《조선시대사학보》 23, 2009.

_____, 〈조선 선조대 무과급제자의 분석: 1583~1584년의 대량시취방목을 중심으로〉《역사학보》 144, 1994.

_____, 〈임진왜란 중 무과급제자의 신분과 특성: 1594년(선조 27)의 별시무과방목을 중심으로〉《한국사연구》 92, 1996.

_____, 〈임진왜란 중 무과의 운영실태와 기능〉《조선시대사학보》1, 1997.

안병우·도진순, 《북한의 역사학 인식》 한길사, 1990.

안병욱, The Growth of Popular Consciousness and Popular Movement in the 19th Century:
Focus on the Hyanghoe and Millan, *Korea Journal* 28 (April 1988).

안병욱, 《19세기 향회와 민란》 서울대학교 박사학위논문, 2000.

오성, 《조선후기 상인연구》 일조각, 1989.

_____, 〈한말 개성지방의 호의 구성과 호주〉《이기백선생고희기념한국사학논총》 2 일조각,
1994.

_____, 《한국근대상업도시연구》 국학자료원, 1998.

오수창, 《조선후기 평안도 사회 발전연구》 일조각, 2002.

오종록, 〈조선중기 병마절도사제의 성립과 그 운영(상)〉《진단학보》 59, 1985.

_____, 〈조선중기 병마절도사제의 성립과 그 운영(하)〉《진단학보》 60, 1985.

_____, 〈붕당정치와 군영〉《역사비평》 29, 1995.

와그너Wagner, 〈이조 사림 문제에 관한 재검토〉《전북사학》 4, 1980.

원창애, 《조선시대 문과급제자 연구》 국학자료원, 2004.

유승원, 《조선초기신분제연구》 을유문화사, 1987.

윤광봉, 〈축제의 연구〉, 390쪽(최인학, 최래옥, 임재해 공저, 《한국민속연구사》 일조각, 1994).

윤재민, 〈조선후기 사회변동과 예술: 중인문학〉《역사비평》 25, 1993.

윤훈표, 〈조선 초기 무과제도 연구〉《학림》 9, 1987.

이경찬, 〈조선 효종조의 북벌 운동〉《청계사학》 5, 1998.

이기백, 《한국사신론》 일조각, 1990.

_____, 〈족보와 현대사회〉《한국사시민강좌》 24, 1999

이기순, 《인조조의 반정공신세력에 관한 연구》 홍익대 박사학위논문, 1989.

이남희, 〈16, 17세기 잡과 입격자의 전역과 관료진출〉《민족문화》 18, 1995.

_____, 〈조선시대 잡과방목의 자료적 성격〉《고문서연구》 12, 1997.

_____, 〈조선시대(1498~1894) 잡과입격자의 진로와 그 추이〉《조선시대의 사회와 사상》 조
선사회연구회 편, 1998.

이동희, 〈19세기 전반 수령의 임명실태〉《전북사학》 11·12합본, 1989.

이상백, 《한국사: 근세 초기편》 을유문화사, 1959.

이상은, 《한국 역대 인물전 집성》 5 민창문화사, 1990.

이성무, 〈조선초기의 기술관과 그 지위〉 《혜암 유홍렬박사화갑기념논총》 1971.

_____, 《조선초기 양반연구》 일조각, 1980.

_____, 〈조선 후기 당쟁의 원인에 대한 소고〉 《이기백선생고희기념한국사학논총》 일조각, 1994.

이수건, 《영남사림파의 형성》 영남대출판부, 1984.

_____, 《한국 중세 사회사연구》 일조각, 1998.

이승무, 《한국의 과거제도》 집문당, 1994.

이영춘, 《조선후기 왕위계승 연구》 집문당, 1998.

이준구, 〈조선후기의 武學攷〉 《대구사학》 23, 1983.

_____, 《조선 후기 신분직역 변동 연구》 일조각, 1993.

이태극, 〈새 가사주해歌辭註解 삼편三篇〉 《국어국문학》 25, 1962.

이태진, 《조선 후기의 정치와 군영제 변천》 한국연구원, 1985.

이태진, 《한국사회사연구》 지식산업사, 1986.

_____, 〈18세기 남인의 정치적 쇠퇴와 영남지방〉 《민족문화논총》 11, 1990.

_____, 〈14~16세기 한국의 인구증가와 신유학의 영향〉 《진단학보》 76, 1993.

이홍두, 〈무과를 통해 본 조선 후기 천인의 신분변동〉 《민족문화》 9, 1996.

_____, 《조선시대 신분변동 연구: 천인의 신분상승을 중심으로》 혜안, 1999.

이홍열, 〈만과설행의 정책사적 추이 – 조선중기를 중심으로–〉 《사학연구》 18, 1964.

이훈상, 《조선후기의 향리》 일조각, 1990.

_____, 〈조선후기 읍치사회의 구조와 제의〉 《역사학보》 174, 1994.

_____, 〈조선후기 읍치 사회의 구조와 제의〉 《역사학보》 147, 1995.

임재해, 《한국민속과 전통의 세계》 지식산업사, 1991.

장동익, 〈고려 중기의 선군: 경군 구성의 이해를 위한 일시론〉 《고려사의 제문제》 삼영사, 1986.

장영민, 〈조선시대 원주 거주 사마시 급제자와 양반 사회〉, 209~238쪽(조선사회연구회 편, 《조선시대의 사회와 사상》, 1998).

장필기 〈조선후기 《무보》의 자료적 검토〉 《조선시대사학보》 7, 1998.

_____, 〈조선후기 무반 가문의 벌열화와 그 성격〉 영남대학교 박사학위논문, 1999.

전경목, 《고문서를 통해서 본 우반동과 우반동 김씨의 역사》 신아출판사, 2001.

전형택, 《조선후기 노비신분 연구》 일조각, 1989.

정노식, 《조선창극사》 현길출판사, 1974.

정두희, 《북한의 역사학 체계 개관》 동아연구소 33, 1997.

정승모, 〈경저·향제·별서와 조선후기 문화의 지역성〉, 189~204쪽(정두희, 에드워드 슐츠, 《한국사에 있어서 지방과 중앙》, 서강대학교 출판부 2003).

정옥자, 《정조의 수상록 '日得錄' 연구》 일지사, 2000.

정진영, 〈조선후기 동성촌락의 형성과 발달〉 《역사비평》 28(1995 봄호).

정해은, 〈조선후기 무과 입격자의 신분과 사회적 지위: 숙종~정조 년간의 '무과방목' 분석을 중심으로〉 《청계사학》 2, 1994.

_____, 〈무보를 통해서 본 19세기 무과급제자의 관직 진출 양상〉 《조선시대의 사회와 사상》 조선사회연구회, 1998.

_____, 〈병자호란기 군공 면천인의 무과급제와 신분 변화: 《정축정시문무과방목》(1637)을 중심으로〉 《조선시대사학보》 9, 1999.

_____, 〈조선후기 宣薦의 운영과 선천인의 서반직 진출 양상〉 《역사와 현실》 39, 2001.

_____, 《조선후기 무과급제자 연구》 한국정신문화연구원 박사학위논문, 2002.

조동일, 《한국문학통사》 3 지식산업사, 1991.

조흥윤, 《한국의 무》 정음사, 1984.

_____, 《무와 민족문화》 민족문화사, 1994.

_____, 《한국 무의 세계》 민족사, 1997.

조동일, 《민중영웅 이야기》 문예출판사, 1992.

차문섭, 《조선시대 군사관계연구》 단국대출판부, 1996.

_____, 《조선시대 군제연구》 단국대출판부, 1973.

_____, 《중종조의 정로위》 단국대출판부, 1973.

차장섭, 《조선후기 벌열연구》 일조각, 1997.

최성희, 〈조선후기 양반의 사환과 가세변동〉 《한국사론》 19, 1998.

최영호, 〈조선왕조 전기의 과거와 신분제도〉 《국사관논총》 26, 1991.

최진옥, 《조선시대 생원진사시 연구》 집문당, 1998.

_____, 〈조선시대 잡과 설행과 입격자 분석〉 《조선시대 잡과 합격자 총람》(이성무, 최진옥, 김

  희복 편) 정신문화연구원, 1990.

한국고소설연구회,《고소설의 저작과 전파》아세아문화사, 1995.

한국역사연구회 19세기 정치사연구반,《조선정치사》1 청년사, 1990.

한영우,《다시 찾는 우리 역사》경세원, 1997.

_____,《조선전기 사회경제연구》을유문화사, 1983.

_____,〈조선시대 중인의 신분계급적 성격〉《한국문화》9, 1988.

홍종필,〈삼번의 난을 전후한 효종 숙종연간의 북벌론〉《사학연구》27.

〈부록 표 A〉

무과 급제 후 도달한 최고고위관직 현황(대표적 무관출신 가문에 한정)(1592~1894)

관직/품계	덕수이	능성구	평양조	수원백
무관직				
대장大將/ 종2품, 영장營將/정3품	29	19	25	9
선전관宣傳官/정3품~종9품	53	23	19	13
오위도총관五衛都摠管, 부총관/정2품~종2품	3	6	1	4
경력經歷/종4품	2	1	1	–
기타 오위 체아직/정3품~종6품	12	9	5	1
수문장/종6품	–	–	–	1
병마절도사/종2품, 수군절도사/정3품	34	23	27	13
기타 지방 감영 무관직/종3품~정4품	4	2	5	2
종군/종2품, 별장/정3품	3	6	1	2
기타 지방 군직/정2품~종2품	13	11	12	1
문관직				
병조판서/정2품	–	3	–	–
형조판서/정2품	2	–	1	–
공조판서/정2품	2	1	–	1
병조참판/종2품	1	2	3	2
형조참판/종2품	1	–	–	–
호조참판/종2품	–	–	1	–
공조참판/종2품	1	1	–	–
참판/종2품	–	–	–	1
병조참의/정3품	–	1	1	–
중추부中樞府/정2품~정3품	7	12	7	2
낭관/정5품~종6품	2	1	–	1
비변사 낭관備邊司郎官	1	1	2	1
지훈련원사知訓鍊院事, 동지훈련원사同知訓鍊院事/정2품~종2품	3	–	1	1
훈련원정訓鍊院正, 부정副正, 첨정僉正/정3품~종4품	18	3	8	4
훈련원 승지/정3품	9	4	6	2
훈련원/정5품~종6품	–	3	1	–
훈련원, 종친부, 돈녕부 도정,부정/정3품~종4품	10	1	–	5
훈련원, 종친부, 돈녕부 주부主簿/종6품	3	–	–	–
동지의금부사同知義禁府事/종2품	1	–	–	–

판사/종1품, 도사/종5품(돈녕부, 의빈부)	–	1	1	–
사직서영社稷署슈 참봉/정5품, 종5품~종9품	1	–	1	–
한성판윤, 참윤/정2품, 종2품	2	1	3	2
관찰사/종2품	–	1	2	1
부사/정2품~종3품	29	25	13	7
목사/정3품	3	2	1	1
수령/종4품~종6품	24	33	27	12
변지/정2품~종6품	14	6	4	2
찰방/종6품	1	1	–	1
무직문산계無職文散階	5	4	2	1

〈부록 표 B〉

1674~1774년 사이 지방에서 실시된 도시都試 내역

연도	지역(도)	세부 지역 정보	병종
1712	평안		별무사
1717	경기	강화	장의려壯義旅
1718	황해		별무사
	경상	동래	별기위
1719	평안	의주	별무사
	평안	강계	별무사
	평안	선천	별무사
	평안	창성昌城	별무사
	평안	삼화	별무사
1729	강원		별무사, 권무군관
1736	황해		추포무사
	경상		별무사
1751	경기		선무군관
	충청		선무군관
	경상		선무군관
	전라		선무군관
	황해		선무군관
	강화		선무군관
	황해		향기사鄕騎士

* 전거: 이긍익, 《연려실기술》, 「관직전고」, 과제 4, 무거武擧

조선 후기의 변화에 대한 연구는 해방 이후 새로운 시각을 바탕으로 상당량이 축적되어 왔다. 최근에는 《조선왕조실록》을 비롯한 연대기 자료와 그 외 다양한 자료들이 발굴되고 상당 부분 디지털화되면서 조선시대 연구는 깊이를 더하고 있다. 지금까지 이뤄진 조선시대 연구의 흐름은 다양한 분야에서 진행되어 그 특징을 일일이 살피는 일이 더 어려워졌다. 그럼에도 역사의 진행을 '발전'이라는 측면에 주목한 연구들이 대부분이라는 사실엔 큰 이견이 없을 것이다. 이러한 일련의 연구는 식민사관이 만연하던 시기에 퍼져 있던 부정적 역사관을 극복하는 데 중요한 역할을 했으며 새로운 시각에서 조선시대사를 정리하는 데 큰 기여를 했다. 특히 경제사를 기반으로 조선 후기를 설명한 연구들이 상기한 흐름에서 주목된다. 이에 따르면 조선 후기 사회에는 생산력 발전을 기반으로 교환경제가 나타났고 교환경제의 성장은 상업 발달로 이어져 새로운 사회로 나아가기 위한 '축적'이 이뤄졌다고 보았다. 경제사 연구에서는 이러한 경제적 배경을 기반으로 조선 후기 사회에 정치적·사회적 변화가 나타나 사회구조가 질적인 변화를 겪게 된다고 정리하고 있다.

물론 최근에는 경제학계를 중심으로 이와는 반대되는 연구 결과를 도출하고 있기도 하다. 경제학의 관점에서 시도된 일련의 연구들은 조선 후기 기록물 가운데 장기적인 시계열을 확인할 수 있는 물가자료 등을 활용해 조선 후기의 경제지표를 계량화하고 있다. 나아가 이를 토대로 통계화된 수치를 기반으로 조선은 19세기 초반을 기점으로 침체에 접어들었다고 정리하였다. 농사에 가장 중요한 수리시설이 파괴되었지만 이를 복구하기 위한 국가 차원의 기구들은 이미 제 힘을 쓸 수 없는 상태였고, 결국 조선은 농업생산력을 회복할 수 없게 되었다는 것이다. 또한 상업과 관련된 이자율, 가격통합성 등의 지표들도 발달과는 무관하게 비우호적으로 악화되어, 19세기에 접어들면서 조선은 '맬서스 함정Malthusian trap'에 빠지게 되었다고 설명하였다.

위에서 제시한 것처럼 조선 후기라는 동일한 시기에 대한 상반된 역사서술은 정반대의 결론을 도출하고 있다 하지만 역사를 단순히 발전 혹은 쇠퇴로만 해석하려는 이분법적 역사관에 기초하고 있다는 점에서 보면 출발점은 같다. 생산력과 시장, 신분제의 해체 그리고 근대화로 이어지는 길은 서로 밀접하게 연결된다고 이해한 것이다. 그러나 실제 역사에서 발전과 변화는 다양한 형태로 나타났으며 역사에서 '보편적 법칙'은 사실상 허상에 가깝다는 연구가 최근 다수 등장하였다. 교역과 시장의 기원에 대한 고찰이나 역사적 변동의 원인이 '공급supply'보다는 '수요demand'의 측면에 있다는 견해까지, 지금까지 축적과 그에 따른 변화에 주목했던 관점과 다른 관점으로 역사를 새롭게 해석하는 움직임이 영·미권 연구자들을 중심으로 나타났다. 이미 서양사를 중심으로 오래전에 이용되기 시작한 이러한 관점의 변화를 조선시대사에 적용시킬 경우 조선 후기의 변화를 해석하는 시각에도 큰 변화를 줄 수 있을 것이다.

유진 Y. 박 교수의 책은 이러한 관점에서 한국사 연구에 새로운 시각을 제공해주고 있다. 조선 후기의 사회적 변화를 피지배층의 시각과 국가 차원의 노력 양쪽에서 검토함으로써 신분 상승에 대한 요구가 사회를 어떻게 변화시키는지 그리고 국가에서는 이들의 요구에 대응하기 위해 어떻게 구조를 바꾸는지 세밀하게 접근하여 변화를 읽어내고 있기 때문이다. 생산력의 발달과 축적의 지속이 없다면 역사의 발전은 불가능하다는 이분법적인 사고로 드러나지 않는 전근대 사회의 움직임을 살폈다는 점에서 큰 의미가 있다. 특히 저자는 그동안 크게 주목되지 않았던 무인의 시선으로 조선 지배층과 사회구조의 특징을 부각시키고 있다. 무인들이 필요로 했던 사회적 지위에 대한 열망이 어떻게 사회구조에 투영되었고 정부에서는 그러한 무인들의 요구에 어떻게 대처했는지 추적한 저자의 연구는 조선의 변화와 유지에 대해 새로운 차원에서 접근한 방법론으로 평가할 수 있을 것이다.

또한 저자는 부르디외의 '문화자본cultural capital'이라는 개념을 도입하여 조선 후기 역사변화에 접근하고 있다. 백성들이 왜 전망이 밝지 않은 무과에 지속적으로 응시했는지 그 배경에 주목하면서 조선 후기 사회의 동력을 새로운 시각으로 조명하고 있다. 경제적 지표가 아닌 문화를 역사적 변화의 동력으로 바라봤다는 측면에서 기존 연구와 차별되는 시각을 견지한 것이다. 특히 지배층과 피지배층의 이분법적인 구도 아래에서 잘 드러나지 않았던 무인의 움직임을 보학譜學 지식을 바탕으로 생생하게 추적해내고 있다.

다음으로 저자는 무인을 통한 한국사의 변화를 이야기하면서 한국사 연구자들이 통념적으로 받아들이고 있던 보편적인 개념에 대해 문제를 제기한다. 이는 단순한 용어의 수정이라는 측면을 넘어 한국사를 바라보는 시각과 연계되는 중요한 문제다. 대표적인 예로 조선시대 지배층인 '양반'에 대한 호칭 문제를 들 수 있다. 지배층을 어떻게 부르는지에 대한 문제는 사회의 성격 규정과도 깊은 관련이 있는, 역사 연구에서 중요한 문제 가운데 하나이다. 저자는 원문에서 조선시대 지배층이었던 '양반'을 '귀족aristocracy'이라고 지칭하고 있다. 귀족은 서양 봉건시대에 토지에 대한 배타적 권리를 포함한 특권을 세습하는 신분집단을 말한다. 한국사에서는 아직 논란이 있기는 하지만 고려시대의 지배층을 귀족으로 규정한 바가 있다. 따라서 조선의 양반을 귀족으로 지칭하기 위해서는 양반이 보이는 귀족적 특성을 살핌과 동시에 양반이 고려시대의 지배층과 어떻게 다른지 혹은 어떤 점에서 공통의 특징을 갖고 있는지 비교·검토가 필요하다. 저자가 조선시대 양반을 왜 귀족으로 지칭하는지 원저작에서 직접 서술하고 있지는 않다. 하지만 조선시대 지배층의 지위에 대한 특권적 권력과 족보를 바탕으로 확인한 특권의 세습 관련 내용을 기반으로 양반을 귀족으로 지칭한 것으로 보인다. 즉, 조선시대 지배층을 귀족으로 지칭한 것은 단순히 영어권 연구자들의 이해를 돕기 위한 선택이 아니라 조선시대 사회의 성격에 대한 고민이 담긴 결과라고 볼 수 있다. 한국사학계에서 고려시대의 지배층을 귀족으로 볼 것인지 여부도 논쟁이 있었지만 양반의 성격에 대한 논의는 최근 한국사학계에서 활발하게 검토되지 않은 문제였다. 양반의 성격에 대한 저자의 문제제기는 큰 틀에서 조선시대의 성격에 대한 종합적인 검토 필요성을 다시 제기한 것이라고 생각한다.

용어에 대한 필자의 고민은 1592년의 '임진왜란'과 17세기 초반 일어난 두 차례의 '호란胡亂'으로 이어지고 있다. 저자는 조선에서 일어났던 두 차례의 전쟁을 '조일전쟁Korean-Japanese war'과 '조청전쟁Korean-Manchu war'이라고 부르고 있다. 저자가 두 차례의 외침을 한국의 학계에서 익숙하게 사용하고 있는 용어 대신 새로운 용어로 쓴 것은 '임진왜란'과 두 차례의 '호란'이 조선이 동등한 전쟁의 주체가 아닌 침입을 당하는 수동적인 존재로 인식될 수 있는 용어라는 염려 때문이다. 저자는 일본과 만주족이 먼저 조선을 침입했지만 조선도 전쟁에 주체적인 상대로 존재했다고 보고 있다. 침입한 국가에 초점을 맞추기보다는 양측의 행위자 모두가 대등하다는 관점에서 용어를 선택할 필요성을 제기하고 있다. 조선을 수동적인 행위자로 묘사하는 것은 일제의 식민통치자들이 만든 '타율성론'이 잔존하고 있음을 증명하는 것으로 볼 수도 있기 때문이다. 이같은 시각에서 저자는 최근 연구에서도 임진왜란을 행위자가 누구인가에 대한 의문 없이 '히데요시의 침입Hideyoshi invasion'이라고 표현하는 방식에 문제를 제기한다. 결론적으로 이러한 기존 명칭은 외재적인 요인을 전쟁의 주요한 요인으로 간주하고 있다는 점에서 전쟁의 성격을 올바로 드러내주는 명칭은 아니라고 보았다. 따라서 저자는 '조일전쟁', '조청전쟁'과 같이 전쟁의 상대국을 명확히 밝히는 방식으로 두 차례 전쟁의 명칭을 바꿔 사용하고 있다. 저자의 새로운 용어 사용과 문제제기는 앞서 이야기한 것과 같이 단순한 용어의 문제가 아닌 한국사를 바라보는 시각과 깊은 연관이 있다. 이러한 저자의 인식이 그동안 당연하게 받아들였던 한국사 연구의 기존 문제들에 대해 다시 활발한 논의를 불러일으킬 수 있을 것으로 기대한다.

번역이 완성되고 책의 출간을 기다리는 지금, 역자는 펜실베니아 대학University of Pennsylvania에서 강사Lecturer 자격으로 한국사를 강의하고 있다. 이곳에서 학생들이 한국과 한국사에 대해 생각보다 높은 관심을 보이는 것에 놀라면서, 한국사에 대한 영어 참고문헌이 매우 부족하다는 사실에 안타까움을 동시에 느끼게 된다. 결국 한국어나 한국사에 익숙하지 않은 학생들에게 소개할 자료를 찾다보면 부득이하게 중국사나 일본사 논저를 선택해야 할 경우가 많다. 한국에 대한 관심이 급속하게 증가하고 한국사를 연구하려는 외국 연구자들이 늘어가는 지금, 유진 Y. 박 교수의 책은 서양의 관점에서 한국사를 이해하려는 이들뿐만 아니라 무인과 조선 후기를 연구하는 한국사 연구자들에게도 큰 도움을 줄 것이다. 역자의 번역이 영·미권 학자들의 연구 경향을 파악하여 한국사를 서술하려는 연구자들에게 조금이나마 도움이 되었으면 하는 바람이다.

유진 Y. 박 교수를 처음 만난 것은 2008년 2학기 서울대학교 국사학과 대학원에서 최초로 개설된 영어 강의에서였다. 영어로 된 한국사 관련 논저들을 읽고 토론하면서 영미권의 한국사 서술에 대해 생각하는 시간이 이어졌다. 그리고 종강 이후 이 책을 읽으면서 한국사 연구자들에게 단순히 외부에서 바라본 한국사라는 측면을 넘어 다양한 관점과 시각으로 조선 후기사를 해석하는데 도움을 줄 것이라 생각해 번역하기로 마음먹었다. 번역을 시작한 지 꽤 많은 시간이 흘렀다. 원 저작의 용어를 한국사학계에서 일반적으로 사용하는 용어로 바꾸는 일은 처음 생각했던 것보다 많은 시간이 필요했다. 한국사에서 거의 사용하지 않는 단어를 읽기 쉽고 저자의 의도에 맞게 선정해내는 작업도 예상했던 번역시간을 훨씬 더 지연시켰다. 오랜 시간을 들여 번역을 완성했지만 역자의 역량 부족으로 저자가 의도했던 본문의 의미가 잘못 전달되지 않기를 바라면서 이만 줄이고자 한다.

이 책의 출간을 앞두고 많은 분들의 도움에 대해 지면을 빌려서라도 감사함을 전하고 싶다. 우선 공부한다는 핑계로 여러 의무를 저버린 역자를 항상 물심양면으로 응원해준 가족들이 있었기에 번역을 완수할 수 있었다. 책의 출간을 허락해준 도서출판 푸른역사, 그리고 마지막 원고를 읽고 오류를 바로 잡아준 동학同學분들에게도 깊은 감사의 뜻을 전하고 싶다. 이 번역서가 원저자의 의도를 잘 전달해 한국사 연구자들에게 조금이나마 도움이 되기를 바랄 뿐이다.

찾아보기

조선 무인의 역사, 1600~1894년

⊙ 2018년 7월 29일 초판 1쇄 발행
⊙ 2019년 12월 6일 초판 3쇄 발행
⊙ 지은이   유진 Y. 박
⊙ 옮긴이   유현재
⊙ 디자인   이보용
⊙ 펴낸곳   도서출판 푸른역사
　　우) 03044 서울시 종로구 자하문로8길 13
　　전화: 02) 720-8921(편집부) 02) 720-8920(영업부)
　　팩스: 02) 720-9887
　　전자우편: 2013history@naver.com
　　등록: 1997년 2월 14일 제13-483호

ⓒ 푸른역사, 2019

ISBN　979-11-5612-115-2　93900

• 잘못 만들어진 책은 교환해드립니다.